사회복지학개론

서보준 · 김우호 · 김영자 · 서민호

사회복지학개론

서보준 · 김우호 · 김영자 · 서민호

KNOWLEDGE COMMUNITY 공동체

현재 우리나라의 경제규모는 선진국으로 도약해 나가는 시점에 있으며 경제성장으로 인한 빈부의 격차가 커지고, 더불어 국민의 복지서비스에 대한 요구가 확대되어 가고 있다. 이러한 현실 속에서 빈곤층의 급격한 증가와 학교폭력, 청소년 자살, 실업률, 가족해체 문제, 저출산, 고령화 문제 등 복잡하고 다양한 사회문제에 직면하고 있다.

이러한 시대의 흐름 속에서 사회복지에 대한 관심은 급증하고 있다. 사회복지실천현장에서 역할을 수행하는 사회복지사에게는 지침서의 역할을, 사회복지사가 되기 위해 대학에 들어와 사회복지를 전공하는 학생들과 시험 준비 및 사회복지에 관심을 가지고 있는 일반인들에게는 안내서로서의 활용을 할 수 있도록 하려는 목적에서 이 책을 집필하였다.

이 책은 여러 교수님들이 공동작업으로 분담하여 집필하였기에 각 영역 간 체계성과 논리성에서 미흡한 점이 있을 수 있다. 이 점은 향후 수정·보완해 완성도를 높이도록 하겠다.

제1영역에서는 사회복지의 주요 이론으로서 사회복지의 기초적인 개념 및 이념과 가치, 윤리, 구성, 역사에 대해 서술하였다. 학문으로서의 사회복지를 연구하고, 직업으로서의 사회복지를 수행하기 위해서는 보다 사회복지에 대한 구체적인 개념 및 이념과 가치, 윤리, 구성, 그리고 역사에 대해서 명확하게 이해를 해야 할 필요가 있기 때문이다.

제2영역에서는 사회복지의 정책 및 행정 분야와 사회보험제도에 대해 서술하였다. 사회복지의 정책적·행정적 접근방법으로써 정책과 행정을 이해하고 사회보험의 개념과 특성 및 기능을 비롯한 우리나라 사회보험제도의 현황에 대해 살펴보았다.

제3영역에서는 사회복지실천방법과 관련된 주요 내용으로 개별사회사업, 집단사회사업, 지역사회복지에 대해 서술하였다. 사회복지의 실천영역을 이해하기 위해 사회복지실천에서의 개별사회사업의 정의와 원칙, 실천과정과 개입모델을 언급하였다. 또한 집단사회사업과 지역사회복지의 정의와 유형, 접근방법과 개입모델 및 실천과정과 지역사회의 다양한 사회문제를 해결하기 위한 사회복지사의 역할에 대해 살펴보았다.

제4영역에서는 사회복지실천분야로서 아동, 청소년, 가족복지, 노인복지, 장애인복지, 여성복지, 의료사회복지, 자원봉사 등 각 현장에 대해 살펴보았다.

이 책이 출간되기까지 저자들은 지난 한 해 동안 끊임없이 이 책에 대한 열정과 정성을 쏟아 담았다. 따라서 이 책이 사회복지를 공부하는 모든 학생들과 일반인들에게 도움이 되길 바라며, 사회복지에 대한 이해의 폭을 넓혀 행복하고 아름다운 복지사회가 구축될 수 있도록 한 걸음 나아가는 길에 기여하길 바란다. 끝으로 이 책이 출간되기까지 많은 격려와 관심을 가져주신 선・후배들에게 감사를 드린다. 특히 바쁜 일정에도 기꺼이 출간을 허락하신 도서출판 공동체 가족 여러분에게 깊은 감사를 드린다.

2023년 3월

대표저자 서 보 준

chapter 05 사회복지정책

chapter 06 사회복지행정

chapter 07 사회보험

chapter 08 사회복지실천방법

chapter 09 아동복지

chapter 10 청소년복지

chapter 11 가족복지

chapter 12 노인복지

chapter 13 장애인복지

chapter 14 여성복지

chapter 15 의료사회복지

chapter 01

사회복지에 대한 이해

Chapter

01 사회복지에 대한 이해

제1절 사회복지의 개념과 의미

최근 현대사회에서 복지와 관련된 다양한 사회문제들의 증가와 이에 따른 국민적 관심이 높아지면서 사회복지는 미래 국가발전을 위한 주요한 정책의 일부로 자리매김하고 있다. 하지만 사회복지란 인간의 삶의 질을 향상시키는 것인가에 대해서는 명확히 정의하기 어렵다. 왜냐하면 사회복지(social welfare)라는 용어는 시대와 국가에 따라 그 의미가 다르며, 또한 학자들의 견해에 따라 해석하는 그 의미가 다르기 때문에 반드시 동일한 뜻으로 사용되지 않고 있기 때문이다. 사회복지가 지닌 어의적인 뜻을 살펴보면 다음과 같다.

사회복지(social welfare)라는 용어는 '사회(social)'와 '복지(welfare)'라는 두 단어의 합성어이다. 웹스터사전에 의하면, '복지(welfare)'란 '평안히 잘 지내는 상태', 즉 '건강, 행복, 풍요 및 번영의 상태'를 의미한다. 따라서 복지(welfare)는 안정된 삶, 생활욕구가 충족된 삶, 행복한 삶을 의미하며, 인간이 가치 있는 존재로 행복하고 충실한 삶을 살고자 하는 우리의 이상이자 목표의 의미를 가진다고 할 수 있다.

이러한 어의적 의미를 갖는 사회복지의 개념을 구체적으로 정의하기 위해서 사회복지라는 용어가 갖는 이념적인 측면과 실체적인 측면을 살펴보면 다음과 같다.

이념적인 측면에서의 사회복지는 국가와 사회가 추진하고 있는 사회복지 시책들의 목표라고 할 수 있으며, 바람직한 사회, 즉 빈곤이나 불행이 없는 사회, 국민 대다수가 자유롭고 평등한 생활을 영위할 수 있는 사회를 의미한다고 말할 수 있다(배기효 외, 2009). 그러나 현대사회는 이상과는 달리 여러 가지 어려운 상황에 처하는 사람들이 끊임없이 발생하게 되어 사회 전체의 공동 책임으로 인간 생활의 불행을 제거하려고 한다.

사회복지는 풍요의 이념, 상호관계의 이념, 개발계획의 이념을 지향하고 있다(Wickenden, 1965). 즉, 인간은 기본적 욕구를 충족시키기 위하여 물질적으로 풍부하기를 바라고, 그들의 인간관계를 통한 사회적 욕구를 충족시키기 위하여 사회적으로 평등하기를 바라며, 이러한 물질적 풍부와 사회적 평등은 정치, 사회 및 경제적 개발계획의 구체화로 가능하다(전재일 외, 2009).

실체적 개념으로의 사회복지는 이념적 개념인 만족하고 행복한 삶을 달성하기 위한 현실적인 수단으로 사회복지제도들이나 서비스들을 의미하며, 사회복지학의 주요 대상이라고 할 수 있다(배기효 외, 2009).

사실상 사회복지라는 용어가 매우 다양하게 활용되고 있다 할지라도 크게 나누어 본다면 좁은 의미와 넓은 의미로 구분하여 이해할 수 있다(조흥식 외, 2009).

좁은 의미의 사회복지는 일반적으로 사회복지 대상범주를 빈곤계층, 아동, 노인, 장애인 등의 사회적 약자로 한정하여 경제적 지원과 교육, 훈련, 재활, 치료 등의 서비스를 제공하는 것을 의미한다. 영국의 구빈법(poor law)과 같은 빈곤계층을 대상으로 한 공공부조와 19세기 후반 영국과 미국의 박애사업이 좁은 의미의 사회복지의 초기 형태이며, 현재의 사회보장제도에서는 주로 공공부조 사회복지서비스 등이 좁은 의미의 사회복지로 이해되고 있다. 따라서 사회복지사 전문직의 주된 활동영역이 이 영역이라고 할 수 있다.

넓은 의미의 사회복지는 대상범주가 전체 사회구성원을 대상으로 전통적인 공공부조와 사회복지서비스 외에 소득, 건강, 주택, 교육, 고용 그리고 문화를 포함하여 생활의 다양한 측면에서 비복지를 해결하고 적극적으로 인간다운 삶의 질을 확보하려는 사회서비스들을 총칭한다. 실제 넓은 의미의 사회복지는 사회복지전문직의 활동범위를 뛰어넘는 것이며, 정부부처의 소관업무로는 보건복지부뿐만 아니라 고용노동부, 국토교통부, 교육부 그리고 문화체육관광부 등에 광범위하게 걸쳐 있다.

제2절 사회복지의 기준

사회복지의 개념적 한계를 명확히 하기 위한 기준으로 윌렌스키와 르보(Wilensky & Lebeaux, 1965)는 사회복지활동의 특성을 다섯 가지로 설명하고 있다.

첫째, 공식적 조직에 의해 제공되는 활동이 사회복지활동이다. 즉, 사회복지사업을 목적으로 설립된 사회복지 시설 및 기관에서 제공되는 활동이나 공동모금회 기업의 사회공헌팀과 같은 사회복지활동을 할 수 있는 제도적 근거로 설립된 조직에 의해 수행되는 활동이 사회복지로 이해된다는 것이다. 이와 같은 기준에서 개인적인 원조는 사회복지활동이 아니다.

둘째, 사회복지활동은 사회적으로 승인된 목적과 방법으로 수행되고 사회적 책임을 가지는 활동이다. 즉, 불법행위를 지원하는 것은 행위 자체가 원조행위라고 하더라도 사회적 승인을 받을 수 없기 때문에 사회복지활동이 될 수 없으며, 방법도 사회복지사업이나 관련법규에서 정한 범위 내에서 이루어져야 한다.

셋째, 사회복지활동은 이윤추구를 배제한 활동이어야 한다. 즉, 영리를 목적으로 하는 것은 사회복지가 아니라는 입장이다. 그러나 최근 영리조직들의 사회복지 참여가 인정되고 확대되고 있어 절대적 기준이 되기는 어렵지만 사회복지가 이윤추구만을 목적으로 해서는 안 될 것이다.

넷째, 인간의 소비욕구에 직접 관계한다는 것이다. 즉, 사회복지는 인간이 의식주를 비롯한 다양한 결핍에 대한 직접적인 욕구충족의 활동이다. 예를 들면, 적절한 경제정책을 통해 소득을 증가시켜 간접적으로 빈곤을 감소시킬 수 있으나 이는 사회복지활동이 아니다. 사회복지는 굶주린 사람들에게 식사를 제공하고, 병에 걸렸을 때 치료를 받게 하는, 즉 직접적으로 욕구를 충족시키는 활동이다.

다섯째, 사회복지활동은 인간의 욕구에 대한 통합적 관심을 가지고 접근하는 활동이다. 즉, 통합적 관심이란 개인적인 경제적 결핍이나 신체적 고통의 해소에 초점을 둔 활동이 아니라, 사회적 · 심리적 · 경제적 욕구들에 광범위한 관심을 가지고 이 욕구의 충족을 위해 다양한 형태로 접근한다는 것을 의미한다.

송근원과 김태성(1993)은 윌렌스키와 르보(Wilensky & Lebeaux, 1965)가 제안한 사회복지 개념의 기준을 더욱 구체화시켜 다음과 같이 일곱 가지로 제시하였다.

첫째, 사회복지는 기본적인 필요를 개별적으로 해결하는 것이다. 사회복지는 사람들의 개별적인 필요에 따라 차별적인 급여를 제공하는 것과 같은 원칙을 중시한다. 반면 국방이나 환경서비스와 같은 공공서비스는 개별적 방식이 아니라 일률적 · 집합적 방식으로 제공되며, 이러한 이유로 사회복지 개념에 포함되기 어렵다.

둘째, 사회복지는 사람들의 기본적인 필요를 직접적으로 해결한다. 이는 인간의 경제적 욕구에 대한 간접적 해결방식을 추구하는 경제정책과는 달리, 직접적으로 현금을 지원하는 것과 같은 방식이 사회복지의 차별성임을 의미한다.

셋째, 사회복지는 기본적인 필요를 비시장적으로 해결한다. 자본주의에서 인간의 욕구충족을 위한 소득은 1차적으로 시장에서 노동력을 제공한 대가로 획득된다. 그러나 사회복지는 일반적으로 사회보장정책과 같은 재분배를 통해 시장기제 바깥에서 이루어진다. 그러나 현대사회에서 많은 사회복지는 시장기제와 관련되어 있다. 예를 들면, 보육 프로그램을 통해 여성인력이 노동시장에의 참여를 장려함으로써 가계소득을 높이려고 하는 정책은 사회복지와 시장기제가 연결되어 있는 정책으로 볼 수 있다.

넷째, 사회복지는 기본적인 필요를 공식적인 조직이나 제도를 통하여 해결한다. 이는 앞서 설명한 윌렌스키와 르보(Wilensky & Lebeaux, 1965)가 말한 사회복지 활동은 공식적 조직을 통해 수행되는 활동을 의미한다는 것과 같은 내용이다.

다섯째, 사회복지는 기본적인 필요를 비영리적 부문에서 해결한다. 전통적으로 사회복지는 비영리조직에 의해서 주도되어 왔다. 그러나 최근의 복지다원주의 경향은 사회복지 영역에서의 영리조직의 활동을 인정하는 추세이며, 노인복지 영역과 개별사회서비스 분야에서 활성화될 전망이다.

여섯째, 사회복지는 일방적인 이전이다. 자본주의 시장의 기본적인 원리는 등가의 교환이다. 그러나 전통적으로 사회복지는 소외계층 수급자에 대하여 대가 없는 일방적 이전의 형태로 수행되어 왔다. 최근에는 사회복지서비스에 대한 일부 이용자 부담을 부가하는 경우가 보편적인 형태로 나타나고 있으며, 또한 관점에 따라서 아동복지 프로그램은 현시점에서는 일방적인 이전이지만 장기적으로 보면 미래사회의 국가 생산성 증대라는 측면에서 하나의 투자라는 관점으로 파악할 수도 있다.

일곱째, 사회복지는 기본적인 필요 가운데 소비적인 필요를 해결한다. 전통적으로 사회복지는 사회적 욕구에 의한 소비욕구를 대상으로 하여 소득보장을 중심으로 발전한 것이 주지의 사실이다. 즉, 국민연금의 경우 노후생활의 소비에의 필요를 해결하기 위한 프로그램이라고 할 수 있다. 그렇지만 현재 사회복지의 다양한 형태들 중에는 보육 프로그램, 건강보험처럼 생산적 필요와 높은 관련을 가진 프로그램이 있어 일률적으로 파악하는 데에는 한계가 있다.

제3절 사회복지의 관점

1. 잔여주의와 제도주의

오늘날 사회복지에서는 잔여적(the residual) 복지와 제도적(the institutional) 복지의 두 가지 개념이 보편화되어 있다. 이 서로 상충되는 견해는 윌렌스키와 르보(Wilensky & Lebeaux, 1965)가 사회복지 개념을 잔여적인 것과 제도적인 것으로 규정한 이래 가장 널리 인용되고 있다.

잔여적 관점에서는 사회복지를 개인의 욕구가 1차적으로 가족과 시장에서 충족되고, 그렇지 못할 경우에만 잠정적 · 일시적으로 사회가 나서서 돕는 것으로 간주한다. 다시 말해서, 개인의 문제를 그의 과실로 인해 발생하는 것으로 가정하여 개인이 자력으로 문제를 해결할 수 있을 때까지만 구호하는 것이 사회복지라는 것이다. 그리고 사회복지대상자는 사회에 의존적인 사람으로서 가급적 의존상태에서 벗어나기 위해 스스로 노력해야 하는 도덕적 의무가 있으며, 그러한 사회적 기대를 저버릴 경우 비난과 경멸의 대상이 된다(Kirst-Ashman, 2003). 또한 가족과 시장을 보완하는 것이 사회복지이고, 가족과 시장을 통해 욕구가 충족되는 상태로 회복되면 사회복지는 중단된다는 점에서 '잔여적'이다.

제도적 관점은 잔여적 관점과 달리 사람들의 욕구를 정상적인 것으로 간주한다. 따라서 사회는 욕구를 가진 사람을 도와야 할 의무가 있고, 사회구성원은 사회복지 급여와 서비스를 받을 권리(시민권, 복지수급권)가 있다. 제도적 사회복지는 개인의 욕구충족을 목적으로 하는 사회복지가 가족, 경제, 정치, 교육, 종교와 같은 사회제도들과 동등한 수준에서 1차적·정상적으로 제도화되어 있으며, 평등주의 이념에 따라 모든 국민들에게 보편주의적으로 제공되는 것이다(Titmuss, 1974). 이 두 가지의 관점을 비교해 보면 다음 <표 1-1>과 같다.

〈표 1-1〉 사회복지의 잔여적 관점과 제도적 관점 비교

잔여적 관점	제도적 관점
① 그 욕구가 예외적인 것이다.	① 그 욕구가 산업화로 인해 생기는 것으로 언제나 예상된다.
② 문제의 상황이 긴급하고 위급하다.	② 문제가 현대 생활의 복잡성 속에 잠재해 있다.
③ 자신이 가진 자원이나 노력을 다 쓴 후에 비로소 도움을 받게 된다.	③ 파괴되기 전에 도움이 마련되어 있다.
④ 문제와 서비스 때문에 오명(stigma)을 남기게 된다.	④ 문제나 서비스 어느 것 때문에도 오명(stigma)이 남지 않는다.
⑤ 부조는 일시적 개선 또는 마지못해 하는 최종적인 수단으로서의 시혜나 자선이며, 되도록 빨리 종결짓고자 한다.	⑤ 서비스는 예방과 재활을 강조하는 제도적인 것이며 영구적일 수도 있다.

출처 : Johnson(1982), p. 15.

이 두 관점은 철학적으로 정반대의 위치에 있고, 또 역사적으로 볼 때 잔여적 관점에서 제도적 관점으로 변화되어 왔지만, 대체로 두 관점이 혼합되어 있는 것이 현실이다.

2. 선별주의와 보편주의

사회복지정책의 특징들을 설명하고 연구하는 데 있어 선별주의와 보편주의라는 용어가 자주 사용되고 있다. 국가가 사회복지의 자원을 국민에게 제공하는 방법으로 선별주의(selectivism)에 입각한 방법과 보편주의(universalism)에 입각한 방법으로 구분할 수 있다(박광준, 2004). 사회복지는 사회적 약자인 빈곤을 전제로 하는 특정한 계층 · 집단에 대하여 제공되는 특수한 선별적인 제도인가 아니면 일반 국민에 대하여 개방되고 일반적인 보편적 제도인가라는 문제와 연결되고 있다(신동순, 2007). 즉, 기초생활보장과 같은 제도가 선별주의에 근거한 프로그램이라고 할 수 있으며, 사회보험제도는 보편주의에 근거한 프로그램이라고 할 수 있다.

선별주의 프로그램은 사회복지의 대상을 사회적 취약계층으로 한정하려는 목적을 가지며, 사회복지에 소요되는 비용을 제한하려는 보수주의 이데올로기에 부합한다. 이는 중상소득계층에 의한 집중적 급여활용을 방지하여 재정의 절감을 도모힐 수 있다는 장짐을 가진다. 반면에 보다 넓은 수혜계층을 가지는 보편주의 프로그램에 비하여 정치적 지지기반이 협소하며, 빈자에 대한 스티그마(stigma) 부여, 자격 있는 빈자의 신청 기피, 부정수급, 과다한 행정운영비로 인한 비용-비효율성(cost inefficiency), 수급자와 비수급자 간 통합 저해 등의 단점이 있다.

보편주의 프로그램은 사회적 취약계층만이 아니라 사회구성원 전체를 대상으로 하며, 건강, 소득, 주택, 교육, 여가활동 등 광범위한 영역에서 구성원들의 욕구에 대응한 정책이다. 선별적인 프로그램이 사후적 조치라고 한다면 보편주의는 사전적 예방조치라고 할 수 있다.

보편주의적 급여는 대상이 일정한 범위와 기준에 속하면 누구나 권리로 받을 수 있어 자산조사 등으로 인한 스티그마(stigma) 문제가 없으며, 광범위한 정치적 지지기반을 형성하고, 사회적 통합을 증진시킬 수 있다. 반면 사회복지 급여가 필요하지 않은 대상에게도 서비스가 제공될 수 있어 급여의 비효율성(benefit inefficiency)이 초래될 수 있다는 단점이 있다.

한편 선택주의－보편주의 이분법(the universal-selective dichotomy)은 사회복지대상자 선정 문제를 단순화하여 이해를 쉽게 한다. 그러나 현실은 이런 이분법으로 파악하기 힘들 정도로 복잡하다. 다시 말해서, 자산조사가 있으면 선택주의, 그렇지 않으면 보편주의라고 할 수 없는 경우가 현실 사회복지에 적지 않게 존재한다는 것이다.

선별주의와 보편주의에 대한 개념을 비교하면 <표 1－2>와 같다.

〈표 1–2〉 선별주의와 보편주의의 장단점

구 분	선별주의	보편주의
주요 내용	사회복지대상자들을 사회적·신체적·교육적 기준에 따라 구분한 다음 복지서비스를 제공한다. 자산조사(means test)를 통해 원조의 필요가 있다고 인정된 사람들, 즉 결손가정, 장애인, 무능력자, 노인, 빈민 등만을 복지서비스의 대상으로 본다.	보편주의는 전 국민을 사회복지의 대상자로 삼는 것을 말하는데, 시민권(citizenship)에 입각해 하나의 권리로 복지서비스를 제공하고, 복지 수혜 자격과 기준을 균등화한다.
장 점	서비스를 도움이 필요한 사람에게 집중시킬 수 있고, 자원의 낭비가 없으며, 비용이 적게 든다.	최저소득을 보장함으로써 빈곤을 예방할 수 있고, 수혜자에게 심리적·사회적 낙인을 가하지 않으며, 행정절차가 용이하고, 시혜의 균일성을 유지할 수 있으며, 모든 시민의 구매력을 일정 수준에서 유지(유효수요)함으로써 경제적 안정과 성장에 기여한다.
단 점	자산조사 과정과 일반 시민들과의 사회적 관계에서 낙인을 피할 수 없다.	한정된 자원을 꼭 필요한 부분에 효과적으로 사용하는 데 한계가 있다.

제4절 사회복지와 사회사업

1. 사회복지와 사회사업의 개념

사회복지와 사회사업이라는 용어는 혼용되어 사용되고 있다. 실제로 사회복지는 폭넓은 의미를 가지며, 사회사업, 공공복지 그리고 기타 관련된 프로그램과 활동을 포함한다(Skidmore & Thackeray, 2000).

사회복지와 사회사업은 흔히 활동을 가져오는 개념으로 학자들의 견해에 따라 그 의미가 다르기 때문에 이 두 가지 개념을 명확히 규정한다는 것은 쉬운 일이 아니다. 우리나라의 경우, 1950년대부터 1970년대 중반까지 미국 등 서구의 영향을 받아 '사회사업(social work)'이라는 개념이 교육이나 실천현장에서 통용되었다. 그러나 1970년대 후반에 이르면서 '사회사업의 토착화' 과제가 제기되었고, 당시 우리나라의 사회문제를 고려할 때 '사회복지'라는 광의의 제도적 접근이 필요하다고 하여 학계나 실천현장에서 '사회사업(social work)'이라는 이념적 접근이 우위를 차지하게 되었다. 그리하여 1980년대에는 사회사업과 사회복지라는 용어가 혼용되어 오다가 1990년대에 이르러 '사회복지'라는 용어로 통일되는 경향이 나타나게 되었다(박종삼, 2002).

이상과 같은 사회복지와 사회사업의 두 개념을 <표 1-3>과 같이 비교해 보고, 여러 학자들의 사회복지와 사회사업의 개념 정의를 살펴보면 <표 1-4>, <표 1-5>와 같다.

〈표 1-3〉 사회복지와 사회사업의 비교

구 분	사회복지	사회사업
어의적	이상적 측면을 강조	실천적 측면을 강조
목적적	환경지향적	인간지향적
대상적	전체적, 불특정적	부분적, 특정적
방법적	제도, 정책, 고정적	지식, 기술, 역동적
기능적	사전적, 예방적, 적극적	사후적, 치료적, 소극적

출처: 전재일 외(2009).

〈표 1-4〉 사회복지에 대한 여러 학자들의 개념

학 자	개념 정의
Solomon, A. (1921)	사회사업이란 문화적인 이상, 특히 경제 면에 상응하는 국민생활 양태를 도입·보호하는 것을 목표로 하는 국가 및 사회적 노력의 총체를 말하지만, 이들 모든 노력이란 문화가 뒤떨어져 있거나 또는 그것을 방해하고 있는 사회계층의 건강, 도덕 및 경제적 관계를 향상시키는 것을 목적으로 하는 행위이다.
미국사회사업교육 협회(1954)	사회사업은 인간과 환경 간의 상호작용을 이루는 사회적 관계에 초점을 두는 활동을 통하여 개인들의 사회적 기능을 단독으로나 집단적으로 향상시키고자 함에 있으며, 그 기능으로서는 손상된 능력의 회복, 개인적·사회적 지원의 제공, 사회적 기능장애의 예방을 들고 있다.
Friedlander, W. A. (1955)	사회복지란 개인과 집단을 원조하여 건강상의 만족스러운 기준에 도달할 때까지 행하는 계획적인 사회적 서비스와 시설의 조직적인 제도이다.
Dunham, A. (1967)	사회복지는 가족, 아동생활, 건강, 사회적응, 여가, 생활수준 및 사회적 관계성과 같은 영역에 있어서 인간의 욕구를 해결하는 것을 도와줌으로써 사회적 행복을 추진하기 위한 조직적 노력이다.
Rescher, N. (1970)	복지란 다차원적인 것으로 한 사람의 인간의 복지를 고려할 때도 복합적인 구성요소가 포함된다. 그중에서도 특히 중요한 것은 신체적인 면에서의 복지(건강), 물리적인 복지(풍요, 번영, 부), 정신적·심리적인 복지(정신적 안정, 정신적 위생)이다.
Romanyshin, J. M. (1971)	사회복지란 한정적으로는 사회적 약자에 대한 재정적 원조나 서비스를 의미하며, 다른 한편으로는 국민의 보편적 욕구에 대한 공동의 책임을 의미한다.
국제연합 (1971)	개인, 집단, 지역사회, 제도 및 사회적 수준에 있어서 보다 나은 사회적 기능 또는 사회적 관계를 목표로 한 사회적 서비스 및 인간의 복지를 가능하게 하는 과정이다.
Barker, R. L. (1987)	사회복지는 사회의 유지에 기본적인 사회적·경제적·교육적·건강적 욕구를 충족시키는 사람을 돕는 프로그램, 급부 및 서비스에 대한 국가의 체계이다.

출처 : 박경일 외(2002), 박종삼 외(2002) 재정리.

〈표 1-5〉 사회사업에 대한 여러 학자들의 개념

학 자	개념 정의
Friedlander, W. A. (1955)	사회사업은 개인으로 하여금 개인을 집단의 일원으로서 사회적·인간적인 만족과 독립을 성취하도록 원조하여 주고 인간관계에 관한 과학적 지식과 숙련을 기초로 한 전문적 활동이다.
국제연합(1971)	사회과학과 기타 과학에서 도출되어 사회개발의 훈련 및 조사에 교육적으로 인정받는 사업에 의해 지지된 지식, 방법 및 철학의 체계에 주로 기초를 두는 훈련에 의해서 터득된 사회복지 분야에 있어서 사람들의 사회적 욕구를 충족시키기 위한 전문적인 운영방법이다.

출처 : 박경일 외(2002), 박종삼 외(2002) 재정리.

이상과 같은 여러 학자들의 개념 정의를 살펴보면 사회복지는 개인 및 집단과 지역사회의 문제에 관심을 두고 이들의 사회적 욕구를 충족시키기 위한 제반 법률, 프로그램 및 서비스 체계이며, 사회사업은 이를 이루기 위한 사회사업가들의 전문적인 활동이라고 할 수 있겠다.

2. 사회복지의 분야

사회복지는 대상자의 연령, 성별, 지역, 문제의 성격, 서비스 기능의 종류 등에 의하여 다양한 사업과 프로그램을 시행하고 있는데, 이러한 사회복지활동을 일정한 기준에 따라 분류하고 체계화한 활동영역을 사회복지의 분야라고 한다. 사회복지의 분야는 사회의 변화에 의하여 개발되기도 하고 스스로 기능의 변화를 추구하기도 하며, 인간관계의 기술이 전문화되면서 점점 분화가 촉진되기도 한다(김민주 외, 2009).

이와 같이 사회복지의 분야는 역사적·기능적 특성을 가지는 것으로서 다양한 분야를 설정하고 있다.

① **경영주체에 따른 분야** : 공적사회복지, 민간사회복지
② **소재지역에 따른 분야** : 도시사회복지, 농촌사회복지, 국제사회복지
③ **방법기술에 따른 분야** : 개별사회사업, 집단사회사업, 지역사회조직, 통합적 사회사업
④ **법령에 따른 분야** : 국민기초생활보장사업, 아동복지사업, 장애인복지사업, 노인복지사업, 모자복지사업
⑤ **사회복지 대상의 성격에 따른 분야** : 빈곤, 저소득자, 아동, 청소년, 노인, 모자, 부녀, 장애인, 노동자, 환경 및 생명, 농민 등에 대한 보호나 복지

위와 같은 분야 이외에도 일반적으로 사회복지의 분야를 대상별 성격에 따라 분류하면 다음과 같다.

① 가족복지
② 아동복지
③ 청소년복지
④ 노인복지
⑤ 장애인복지
⑥ 여성복지
⑦ 교정사회복지
⑧ 산업사회복지
⑨ 의료사회사업
⑩ 정신보건사회사업
⑪ 학교사회사업

생각해 보기

1. 여러분이 사회복지학을 공부하게 된 목적은 무엇인지 구체적으로 토론해 봅시다.
2. 선별주의와 보편주의에 대해 여러분의 생각을 토론해 봅시다.
3. 사회복지의 개념을 교과서에서 제시된 내용이 아닌 여러분의 생각을 토론해 봅시다.

01 **사회복지를 여섯 개의 사회제도로 파악한 학자는?**

① 윌렌스키와 르보(Wilensky & Lebeaux)

② 길버트와 테렐(Gilbert & Terrell)

③ 디니토와 다이(Dinitto & Dye)

④ 마샬(T. H. Marshall)

⑤ 티트머스(Titmus)

해설 • 길버트와 테렐은 사회복지를 여섯 개의 사회제도로 파악한 학자이다.
• 티트머스는 사회복지를 국가복지, 기업복지, 재정복지로 규정한 학자이다.
• 잔여적 개념과 제도적 개념으로 사회복지를 파악한 학자는 윌렌스키와 르보이다.

02 **사회복지의 잔여적 관점과 제도적 관점의 비교 · 설명 중 틀린 것은?**

잔여적 관점	제도적 관점
① 문제의 상황이 긴급하고 위급하다.	문제가 현대생활의 복잡성 속에 잠재해 있다.
② 인간은 그들의 자원이 고갈된 후 도움을 받는다.	도움은 파괴되기 전에 제공한다.
③ 예방적이다.	치료적이다.
④ 문제와 서비스 때문에 오명(stigma)을 남기게 된다.	문제나 서비스 어느 것 때문에 오명(stigma)이 남지 않는다.
⑤ 그 욕구가 예외적인 것이다.	그 욕구가 산업화로 인해 생긴 것으로 언제나 예측된다.

해설 잔여적 관점에서는 치료적이며, 제도적 관점에서는 예방적이다.

03 **윌렌스키와 르보의 사회복지 개념 규정 중 잔여적 사회복지제도에 적절한 우리나라의 정책은 무엇인가?**

① 국민연금제도 ② 건강보험제도

③ 산업재해보상보험제도 ④ 고용보험제도

⑤ 국민기초생활보장제도

해설 • 잔여적 개념의 사회복지제도의 대표적 프로그램은 공공부조제도이다.
• 제도적 개념의 사회복지란 사회를 유지하는 데 필수적인 기능을 수행(가족, 시장과 같은 제도와 동등한 차원에서 필요함)하며 모든 사람들을 대상으로 하는 보편적 성격을 가진다.

04 선별주의의 특징으로 설명이 바르게 된 것은?

① 낙인감을 피할 수 없다.

② 자원낭비가 있다.

③ 비용이 많이 든다.

④ 사회적 · 신체적 · 교육적 기준에 따라 구분하지 않고 서비스를 제공한다.

⑤ 자산조사를 하지 않는다.

해설 선별주의 제도는 사회복지대상자들을 사회적 · 신체적 · 교육적 기준에 따라 구분하여 복지서비스를 제공하며, 자산조사를 통해 원조의 필요가 있다고 인정한 사람들(결손가정, 장애인, 무능력자, 노인, 빈민 등)만을 복지서비스의 대상으로 본다. 또한 자원의 낭비가 없으며, 비용이 적게 들지만 자산조사 과정과 일반 시민들과의 사회적 관계에서 낙인을 피할 수 없다.

05 사회복지와 사회사업의 설명 중 틀린 것은?

A. 일반적으로 선별주의 자격기준에 비해 보편주의 자격기준의 설정이 용이하다.
B. 선별주의는 목표 효율성을 강조한다.
C. 선별주의는 욕구를 스스로의 능력으로 해결할 수 없는 사람으로 정책대상을 제한한다.
D. 보편주의는 재분배 기능을 중요하게 고려하지만 효과성은 고려하지 않는다.

① A · B · C
② A · C
③ B · D
④ D
⑤ A · B · C · D

해설 **〈급여할당 원칙의 선별주의와 보편주의〉**
보편주의는 사회적 효과성을 중요하게 생각한다.

정답 01. ① 02. ③ 03. ⑤ 04. ① 05. ④

chapter 02

사회복지의 이념, 가치와 윤리

Chapter

02 사회복지의 이념, 가치와 윤리

제1절 사회복지의 동기

1. 상호부조의 동기

상호부조(mutual aid)의 동기는 서로가 서로를 돕는다는 뜻으로 가장 오래되고 가장 보편적인 사회복지의 동기이다. 현대사회에서도 일상생활 속에서 서로 접하게 되는 가족, 이웃, 노동조합, 자조집단(self-group), 지역사회, 다양한 사회복지제도 등을 통해 여전히 중요한 사회복지의 동기로서 작용하고 있다. 즉, 인간은 옛날이나 지금이나 여전히 상호부조를 통해 경제적인 지원뿐만 아니라 정서적 지지, 사회관계, 정보, 활동 등의 자원을 가족, 이웃 등과 공유하고 있다.

상호부조는 인간의 욕구충족의 동기에 기인하지만 결과적으로 인간이 소속된 집단석 관계를 보다 긴밀하게 유지하는 역할을 수행한다. 따라서 상호부조의 핵심적 목표는 경제적 이득이 아니라 사회적 연내의 확산이라고 할 수 있으며, 이것은 사회복지의 궁극적인 목표와도 일치한다고 볼 수 있다(Mauss, 1990). 한편 상호부조의 동기는 현대사회가 점차 개인주의화됨에 따라 전통사회에 비해 약화되는 것은 사실이나, 동시에 사회복지제도를 통해 다시 회복되거나 유지될 수도 있다(Macarov, 1978).

2. 종교적 동기

여러 종교 중 특히 기독교의 경우를 중심으로 살펴보면 예수그리스도의 직접적인 교훈과 행적은 4복음서(마태복음, 마가복음, 누가복음 및 요한복음)에서 상세히 찾아볼 수 있다. 복음서는 무엇보다도 예수그리스도의 사랑, 친절 및 평화의 기본 정신을 사람들에게 나타내 보이고 있다. 즉, 모든 인간은 서로 형제처럼 사랑하고 또 세상에 있어서는 거룩한 의무를 다함으로써 하나님의 은총을 입어 영생을 누릴 수 있게 된다는 것이다. 따라서 자선행위는 이러한 종교적 교리가 바탕이 되어 형제애나 이웃사랑으로 서로 돕고 나아가서는 불우한 타인까지도 돕는 일이다. 이와 같은 종교적 동기가 사회복지의 발달사에 미친 영향은 크다고 할 수 있다. 그런데 이러한 동기와 영향을 과대시한 나머지 기독교뿐만 아니라 다른 종교를 가진 종교인만이 좋은 사회복지사가 될 수 있는 것으로 보는 견해도 있으나 사회복지실천의 전문적 입장에서는 그렇게 볼 수 없다(Niebuhr, 1932).

3. 공리주의적 동기

공리주의(utilitarianism)는 18세기 말부터 19세기 중엽까지 영국을 지배하였던 사회사상으로 공리(公利)를 증진시키는 것을 행위의 목적과 선악(善惡)판단의 기준으로 삼는다. 공리주의는 영국의 벤담(Bentham)에 의하여 체계화되었고, 밀(Mill)과 그의 아들 밀(Mill)을 중심으로 한 철학적 급진주의자에 의하여 발전하였다. 개인주의와 합리주의를 사상적 기초로 하여 공리 또는 최대의 행복원리를 도덕의 기초로 삼는다. 즉, 벤담에 의하면, 인간의 본성은 고통과 쾌락에 의하여 지배되고 있으며, 그 결과 쾌락과 고통은 모든 인간행위에 대한 선악판단의 기준이 되는 것이라 했다. 벤담은 또 이러한 원리는 개인뿐만 아니라 사회에도 적용될 수 있다고 보고 결국 이기적인 개인의 결합체인 사회의 기본 원리를 '최대다수의 최대행복(the greatest happiness for the greatest member)'에서 구하였다(社會福祉事業辭典, 1970). 그리하여 벤담은 법이나 정치제도 또는 도덕이나 종교도 모두 '최대다수의 최대행복'에 기여하는지 여부에 따라서 그 정당성이 판단되어야 한다고 주장했다. 특히 그는 국가의 기초는 계약에 있는 것이 아니라 인간의 필요성에 있고, 그 필요성이란 개인을 산술적으로 계산한 '최대다수의 최대행복'에 있다고 주장했다. 이처럼 벤담의 주장이 어떠한 질적(質的) 차이도 무시된 다수인의 행복이라는 점에서는 벤담의 공리주의를 그대로 계승하였으나, 쾌락이 모두 양적(量的)으로 계산될 수 있는 것이 아니라 질적인 차이를 가지는 것이며 감각적 쾌락보다는 정신적 쾌락이 더 중요하다고 함으로써 공리주의를 수정하였다.

종교와 도덕적 선입관을 배제하고 객관적으로 관찰한다면 모든 사람은 고통을 가능한 한 제거하거나 피하려고 하는 반면 가능한 한 향락을 추구하는 것이다. 그러나 이러한 본래의 의도는 마침내 영국의 산업혁명과 더불어 일어난 개인주의적 사상의 대두로 인하여 사회복지도 '최대다수의 최대행복'의 실현을 윤리적 과제로 삼게 되고, 아울러 마치 다른 사업이나 일반 산업조직과 같은 태도로써 임하기에 이르렀던 것이다.

4. 반사회적 동기

사회사업의 생성동기는 당시의 반사회적 계층들에게 기본적 생활이 가능하도록 국가적인 구제사업을 실시했다는 측면에서 그 근원을 찾아볼 수가 있다. 14세기 중엽 유럽의 흑사병 유행에서 장원의 붕괴, 가내공업의 발달, 길드의 쇠퇴, 인구의 이동성 증대, 경제적 및 사회적 변동 등에 의해서 도출된 영국의 구빈법 실시부터 시작하여 산업혁명 시기까지를 말한다.

1601년 영국의 엘리자베스(Elizabeth) 1세 때 제정한 구빈법(The Poor Law)은 매우 엄격한 법으로서 당시의 상황을 잘 반영하고 있는데, 즉 사회에는 정상과 비정상의 두 계층의 부류가 있다. 여기서 비정상적 계층은 일할 수 없거나 일하려고 하지 않는 사람들이며, 이들을 배척한 시대라 할 수 있다(Bradway, 1929, 최 웅 · 황희숙, 2008 재인용).

5. 경제적 동기

사회복지의 경제적 동기는 사회복지를 정부가 주도해서 제공하는 것이 다른 방법보다 더 효율적이기 때문에 나타나게 된다. 일반적으로 자본주의 사회에서 재화를 분배하는 가장 효율적인 방법은 시장을 활용하는 것으로 알려져 있다. 하지만 시장이 재화를 효율적으로 분배하지 못하는 이른바 시장실패가 발생하는 경우, 시장을 대신하여 정부가 재화를 분배하는 것이 더 효율적이다.

따라서 정부가 시장실패로 인하여 야기되는 다양한 사회문제에 대해 경제적인 이유로 사회복지제도를 발전시키도록 하는 경우는 주로 사회문제를 경감시키거나 해결하는 데 드는 비용의 감소, 사회문제가 경제에 미치는 부정적 결과를 최소화하기 위한 것이다. 예컨대 2000년부터 시행된 국민기초생활보장제도도 1997년 말 IMF 경제위기로 인한 대량실업과 가정해체에 따른 막대한 사회문제 비용을 경감하기 위해 발전시킨 제도로 이해할 수 있다(문진영, 1999).

6. 전문직업적 동기

많은 사람들과 조직들이 사회복지에 관심을 가지고 이를 위해 헌신하고 있다. 그중 일정한 교육을 이수하고 일정한 자격을 취득한 후 평생을 사회복지에 몸담는 사람들이 있다. 즉, 사회복지사들은 여타 전문직인 법률가, 의사, 교육자 등과 같이 사회복지전문직으로서의 철학과 윤리에 근거하여 최선의 사회복지서비스를 제공하며, 이에 상응하는 대가를 받게 되기 때문이다.

그러므로 사회복지사는 도움을 필요로 하는 사람들에게 바람직한 사회적 기능을 수행함으로써 행복할 수 있도록 의도적으로 변화시키는 과정에서 인간과 사회환경에 대한 전문가적 지식과 윤리와 가치 그리고 실천적 기술이 요구된다. 이런 측면에서 사회복지는 전문적 동기에 입각하여 충실한 서비스를 수행하고자 하는 노력이 이어지고 있다(윤철수 외, 2008).

전문직업적 동기만을 고려할 때, 우리 사회에서 사회복지사의 직무에 대한 만족도는 그리 높지 않은 실정이다. 우리나라 사회복지사는 사회적 공헌, 소속감, 직장에 대한 자부심 등에서는 상당히 만족하고 있는 반면, 사회적 인정, 승인, 임금, 개인생활 등에 만족하는 정도는 낮은 것으로 나타나고 있다(김상균 외, 2006). 이와 같은 결과는 사회복지사가 전문직에 대한 헌신에 부정적인 영향을 줄 뿐만 아니라 사회복지실천의 전문성을 떨어뜨리는 결과를 초래하게 된다.

제2절 사회복지의 이념

1. 사회복지의 기본 이념

사회복지의 의미는 시대의 흐름에 따라 다양하게 변하며, 역동적인 성격으로 인해 그 사회의 변화와 함께 포괄적인 개념을 가지고 있다. 사회복지의 근본적인 기능은 사회정의의 실현과 사회적 위험이나 요보호 상태에 있는 국민들에 대한 보호에 있다. 이러한 기능은 사회구성원 전체의 책임, 즉 국가주도 하에 이루어진다는 특징이 있다. 따라서 이 절에서는 사회복지의 기본 이념을 인간존중사상, 평등사상, 국가책임사상으로 나누어 살펴보도록 한다.

1) 인간존중사상

사회복지가 지향하는 첫째 목표는 인간존엄성의 구현(Skidmore & Thackeray, 1982)이므로 사회복지란 하나의 가치개념[1]이라 할 수 있다(Forder et al., 1984). 인간존

1) 가치란 과학적으로 증명될 수 있는 성질의 것이 아니다. 가치란 사람들이 '옳고 그른 것', '좋고 나쁜 것'에 대한 각자 자신들의 개념에 따라 결정해야 할 선택일 뿐이다. 이러한 개념들은 사회환경이나 합리적인 사고, 감정이입적 상상(empathic imagination), 기타 여러 가지 요인들에 의해 형성될 수 있다. 그러나 어느 경우이든 가치가 단순히 불합리한 선호(irrational preference)나 편중된 취향에 의한 것이라는 뜻은 아니다. 즉, 가치는 여러 사람들에 의해 논의되고 도덕적 제재(moral appeals)를 통해 그 타당성이 지켜질 수 있다는 것이다(Furnis & Tilton, 1979 : 78). 따라서 여기서 말하는 가치란 성취가 바람직스러운 사회적 목표나 결과를 말한다.

중사상은 사회복지의 본질적인 가치를 이루고 있다.[2] 왓슨(Watson, 1985)은 "인간은 누구나 개인으로서 존중받아야 한다는 사상은 모든 인간에게 해당된다. 그것은 그 사람의 성취 여부에 관계없이, 비록 어떤 결함이 있는 사람이라 할지라도 인간인 한 존중받아야 한다"고 했다. 결국 인간다운 생활을 할 권리란 생활권적 기본권의 가장 핵심적인 권리로서 바이마르헌법은 '인간다운 생활'이라 했고 세계인권선언에서는 '인간의 존엄성에 상응하는 생활'로, 또 UN의 경제적·사회적·문화적 권리에 관한 국제규약에서는 '상당한 생활조건을 가질 권리'로 표현하고 있다(Furniss & Tilton, 1979).

2) 평등사상

사회복지의 가치에서 가장 중요한 기본 가치 중 하나는 평등(equality)이다. 평등은 사회자원의 재분배를 통해 사회구성원의 삶의 질을 골고루 향상시키고자 하는 가치이다. 평등은 자유와 함께 인간이 인간됨을 실현하기 위한 가장 중요한 정신적 가치의 하나이기 때문에 정의나 사회형평의 이론에서 기본 전제가 되어왔다. 평등의 개념은 결과적 평등(numerical equality), 비례적 평등(proportional equality) 그리고 기회의 평등(equal opportunity)으로 구분할 수 있다. 결과적 평등은 모든 사람을 똑같이 취급하여 사람들의 욕구나 능력의 차이에 관계없이 사회적 자원을 똑같이 분배하는 것을 의미하는 개념이다. 비례적 평등은 개인의 욕구, 노력, 능력, 기여의 정도에 따라 사회적 자원을 상이하게 배분하는 것을 평등의 개념으로 상징하는데, 흔히 이를 공평(equity)이라고 한다. 그리고 기회의 평등은 결과가 평등한가 아닌가의 측면은 완전히 무시한 채 결과를 얻을 수 있는 과정상의 기회만을 똑같이 해주는 개념이다. 나아가 기회의 평등은 어떤 사람이든 그가 소망하는 목적을 추구함에 있어 그가 가지고 있는 능력을 아무런 인위적 제약 없이 사용할 수 있어야 함을 의미한다. 이런 의미

2) 그리스도교의 사상은 사랑으로 대표되고 사회복지의 역사는 그리스도교의 사랑의 정신에 연유한다(Bessel, 1970). 인간존중사상이나 인권에 대한 가르침은 거의 모든 종교가 다 같이 가지고 있다. 그것은 그리스도교뿐만 아니라 불교나 힌두교도 마찬가지다. 다만, 그리스도교 이전의 그리스문화에서는 박애사상을 강조하지도 않았고 따라서 이런 사상이 보급되지도 않았다. 그리스도교가 점차 확산되어 전체 유럽을 지배하게 되자 그리스도교의 인간존중사상과 박애정신이 유럽 정신세계를 지배하게 되었다(Macarov, 1978).

에서 기회의 평등은 인간의 자유를 신장시키기 위한 것이다(김성천 외, 2011).

현대의 복지국가의 기본 이념은 사회적 평등에 기초하고 있다. 평등에는 균등한 교육을 받을 권리, 법 앞에서의 평등, 인간으로서의 동등하게 존중받을 권리, 정치적·경제적 혜택을 공평하게 받을 권리 등 다양한 내용들이 포함된다(박석돈 외, 2010). 그러나 복지국가 개혁 이후에는 평등 전략에 대한 강조가 약해지면서 공평이나 효율과 같은 다른 국가 가치에 의하여 대체되고 있다.

시대에 따라 이념이 어떻게 변천해 왔는지를 <표 2−1>을 보면 쉽게 이해할 수 있을 것이다. 학자들의 다양한 관점에서 그 시대를 지배한 이념이며 오른쪽에 가까울수록 적극국가적인 이념이라 할 수 있다.

〈표 2-1〉 사회복지이념의 흐름

소극국가	① 반집합주의	소극적 집합주의	페이비언 사회주의	맑시즘		적극국가
	② 시장자유주의자	정치적 자유주의자	사회민주주의자	신맑시스트		
	③ 전통적 경제이론	신중상주의 이론	맑시즘−파생적 사회주의자			
	④ 잔여적	제도적	규범적 또는 사회주의자			
	⑤ 보수주의	적극국가	사회보장국가	사회복지국가	급진주의	

출처 : 박석돈 외(2008). 사회복지개론.

3) 국가책임사상

사회복지란 인간이 지향하고 있는 기본적인 이상과 목표에 대한 사회적 노력을 그 사회의 정치·문화·경제 등의 다양한 제도로 구현하고자 하는 것이다. 또한 그 이상과 목표를 인간존엄성의 구현에 두고 있으며, 인간존엄성의 구현은 평등을 전제로 하고 있다.

사회복지에 대한 국가의 기본적인 책임은 영국의 빈민법(The Poor Law, 1601)에 의해 처음으로 인정되었으며, 빈민법은 빈민구제를 체계화했고, 국가가 처음으로 빈곤문제에 제도적으로 개입하였다는 의의를 가지고 있다.

따라서 사회복지는 국민 개개인의 사회적 욕구를 사회(국가)가 최종적인 책임을 지고 이를 충족시키고자 하는 실제라 할 수 있다. 공동선 사상을 바탕으로 한 가난한 자와 가진 자 또는 사회와 국가의 책임이라는 이념에서 출발했다 하더라도 구체적인 사회복지정책의 실제에서는 또 다른 어려움이 제기된다. 즉, 국가의 책임을 어느 정도로 할 것인가 하는 한계를 정하는 일이 어렵다는 것이다. 또한 개인의 소유권 제한도 구체적으로 어느 범위로 그 한계가 설정되어야 하는가 하는 문제가 제기된다(김민주 외, 2009).

제3절 사회복지의 가치

1. 사회복지의 기본 가치 개념

사회복지를 언급함에 있어서 가치 개념은 매우 중요한 의미를 가진다고 할 수 있다. 왜냐하면 사회복지의 실천이 가치를 기반으로 동기화되거나 기능화되기 때문이다. 일반적으로 가치(value)는 문화, 인간집단, 개인이 바람직한 것으로 생각하는 관습, 신념, 행동기준 및 원칙이다. 또한 가치란 인간에 관하여 그리고 인간을 다루는 적절한 방법에 대하여 전문직이 갖는 신념을 의미하고 있다. 그러나 가치란 그 소속이 고정되어 영원불변하는 것이 아니라 시대와 장소 그리고 가치를 주장하는 사람들에 따라 다양하게 변화하고 있다. 인간의 존엄성, 개인의 독특성, 클라이언트의 자기의사결정권, 자아실현의 기회제공, 보편적 인간욕구 충족, 클라이언트의 능력 강화, 차별금지, 공평한 기회, 비밀보장과 사생활 등 그 수를 헤아릴 수 없을 정도로 많지만 이 절에서는 사회복지의 핵심가치로 인간의 존엄성, 인간의 자기결정권, 인간의 기회균등에 대해 살펴보고자 한다.

1) 인간의 존엄성

인간의 존엄성(worth and dignity of individual)은 사회복지의 철학이자 가장 중요한 기본 가치가 되고 있다(Compton & Galaway, 1984). 즉, 개인이 인종, 종교, 연령, 성별, 신분 등과 관계없이 한 인간으로서 존엄한 가치를 지닌 존재로 존중받아야 한다는 것을 의미한다.

사회복지란 근본적으로 어떤 사람이든 누구에게나 인간의 존엄성을 지켜나가면서 인간으로서 대우받을 수 있는 생활보장을 그 목적으로 한다. 따라서 누구든지 어떠한 문제로 인하여 인간의 존엄성을 훼손당하거나 위협받는 경우가 존재해서는 안 된다(한인영 외, 2011). 이는 장애인이든, 천재이든, 남성이든, 여성이든, 노인이든, 아동이든 간에 다르지 않다. 때문에 우리나라 헌법 제10조에서 “모든 국민은 인간으로서 존엄과 가치를 가지며 행복을 추구할 권리를 가진다”라고 하였으며, 헌법 제34조에서도 “모든 국민은 인간다운 생활을 할 권리를 가진다”고 하여 천부적인 인간의 존엄성을 헌법에 명시하고 있다.

오늘날 가족이나 개인, 집단, 지역사회 및 보다 큰 사회의 복지로 실천하게 된다. 그러나 그중에서도 가장 기본적이며 중요한 것은 개인이며, 따라서 개인의 권리와 존엄성은 결코 무시되어서는 안 될 만큼 중요한 핵심적 요소가 되고 있음에 주목하지 않을 수 없다.

2) 인간의 자기결정권

인간의 자기결정권(self-determination)은 사회복지의 이론과 실제에 있어서 극히 중요한 원리가 되고 있는데, 기술적으로 대안(alternatives) 제공이 전제되기도 한다. 이것은 각자의 자기 능력과 판단에 따라 자기의 태도와 행동을 결정할 권리를 갖는다는 기본적 인권을 존중하는 것으로 사회복지 철학의 중요한 몫을 차지하고 있다(Bisno, 1952). 하지만 어려서 잘못된 판단을 할 우려성이 있는 경우, 정신장애로 건전한 사고능력이 없을 경우, 기타 특별한 경우는 예외로 하되 클라이언트의 올바른 이해와 판단과 결정을 기다리는 것이 전제되고 있다.

따라서 클라이언트에 대한 일방적인 명령, 금지 혹은 위협 같은 행위로 자기결정을 저해해서는 안 될 것이다. 또한 자기결정을 하게 함으로써 클라이언트와의 인간관계는 자유롭고 부드러워지며, 민주적 원조를 해줄 수 있게 되는 것이다. 우리 속담에 "말을 물가에 끌고 가는 것은 사람이지만 물을 마시는 것은 말"이라는 것과 같이 강제로 물을 먹일 수도 없을뿐더러 먹여서도 안 되듯이, 그들의 생활은 그들 자신의 의견을 존중하고 어떤 의사결정을 하도록 기회를 제공해 주어야 한다.

3) 인간의 기회균등

기회의 균등(equality of opportunity)은 오늘날 자본주의 사회에서 가장 널리 퍼져 있는 평등의 범주이다. 이것은 각 개인은 자신의 소질과 능력을 자유롭게 계발할 평등한 권리와 기회를 가질 뿐 아니라 동일한 업적에 대해서는 동일한 보상이 주어진다는 입장이다. 또한 모든 사회적 제도에 대한 접근을 모든 사람에게 균등하게 열어놓는다는 것이다(김형수 외, 2011).

즉, 인간은 누구나 평등하고 균등한 기회가 주어져야 한다는 원리는 사회복지실천의 과정에 있어서 꼭 수반되어야 할 기본 원리가 된다. 인간 사회에 있어서는 물질, 교육, 지위, 신앙, 인종, 직업, 거주지 및 기타 기준에서 많은 사람들이 여러 계층으로 분류되기도 하는데, 사회복지라는 측면에서는 이들에게 아무 차별 없이 동일한 기회가 주어져야 할 도덕적·직업적 원칙이 있는 것이다(전재일 외, 2009). 따라서 기본적인 인간의 존엄성과 자기결정을 결코 훼손하지 않는 것은 물론 평등 및 기회균등도 어떠한 기준에 의한 차별도 있을 수 없다는 사실을 항상 마음속에 간직하며 지켜야 할 것이다.

제4절 사회복지의 윤리

1. 사회복지 윤리의 개념

윤리는 옳고 그름을 나타내는 판단기준이며 인간이 마땅히 지켜야 할 도리이다. 가치와 윤리의 차이는 가치는 무엇이 좋고 바람직한가와 관련이 있고, 윤리는 무엇이 옳고 그른가에 관련이 있다는 것이다. 윤리는 사람에게 스스로가 추구하는 가치를 일관되게 행동하도록 지시하는 행동규범으로서 윤리적 판단에 따른 행동을 수행하기 위해서는 기준이 되는 규범이 필요하다.

따라서 윤리는 인간의 행동을 통제하거나 규제하는 기준이나 원칙까지 포함하는 개념으로 일반적으로 타인에 대한 책임감에서 우러나오는 인간에 대한 기대를 말한다(양옥경 외, 2010).

사회복지 윤리는 사회복지의 기본적 사명과 그에 근거한 제반 실천활동의 도덕적 측면에 대한 개념, 원칙, 이론 등을 정립하고 이를 정당화하는 체계적 노력이라 할 수 있다. 윤리는 가치로부터 나오기 때문에 일반가치와 사회복지의 가치는 사회복지사와 같은 실천가에게는 윤리적 결정을 내리는 데 현명한 선택을 할 수 있는 근거가 된다.

2. 사회복지실천에서 윤리의 중요성

사회복지사의 직무는 도움이 필요한 사람들의 생활 속에 깊이 개입되어 있다. 그러므로 클라이언트와 전문적 인간관계를 형성하지 않으면 충분한 도움을 주기가 힘들 뿐만 아니라 돕는 일에 있어 윤리적 결정을 내려야 하는 다양한 상황에 직면하기도 한다. 특히 사회복지사가 접하는 클라이언트의 대부분은 장애인, 노인을 비롯하여 심리적으로 혼란한 상태에 빠져있거나 자신의 기본적인 권리나 이익을 자력으로 지킬 수 없거나 상대적으로 힘이 약화되어 있는 상태가 많다. 직무상 형성된 클라이언트와의 인간관계, 직무상 알게 된 사람들의 재산상의 문제, 사회에서 위임된 전문직에 대한 신뢰를 기초로 한 기본적인 태도로서 사회복지사는 자신의 성실성과 진지성을 지키고 봉사하는 대상들이 그들을 신뢰할 수 있도록 그들 자신의 준거기준을 필요로 하게 된다. 사회복지사들은 다른 직업에 비해 인간관계를 깊이 다루는 직업이기 때문에 그 봉사의 질적 책임을 위해 윤리강령이 필요하며, 그들의 윤리의식을 증명하고자 하는 다양한 연구가 진행되었던 것처럼 사회복지의 윤리는 중요하다고 할 수 있다.

리머(Reamer, 1995)는 유능한 실천은 효과적이나 윤리적 실천은 의무적이라고 강조하였다. 이는 곧 윤리적 실천은 선택이 아닌 의무이므로 그 결과가 효과적이지 못할지라도 반드시 윤리적으로 행동해야 한다는 것을 의미한다. 또한 사회복지 윤리란 내부적으로는 사회복지사가 해야 할 행동을 강제하며 외부적으로는 사회복지사의 실천에 대한 평가의 요소가 된다. 그러므로 사회복지 실천에 있어서 가치화된 행위와 태도들은 사회복지 윤리의 특성을 나타내며 사회복지의 윤리적 원칙은 사회복지사에 대한 평가의 범주를 포함하므로 사회복지 윤리가 윤리적 문제 및 법적 문제와 연관되어 있다는 것이다. 특히 평가와 법적 문제에 있어서 윤리적 원칙은 클라이언트를 보호하는 기능을 하게 되므로 사회복지에 있어서 윤리는 중요하다고 할 수 있다(박기선, 2011).

3. 사회복지실천에서의 윤리적 딜레마

사회복지가 지향하는 가치와 이념들은 매우 다양하기 때문에 사회복지사가 전문적 실천활동을 하는 과정에서 이러한 가치와 이념들이 상호 경합하거나 충돌하는 상황이 발생하는 것은 필연적이다. 이와 같이 사회복지사가 전문가로서 지켜야 할 윤리적 가치나 원칙이 서로 충돌하고 있어 주어진 상황에서 어떠한 실천활동이 가장 윤리적으로 올바른 것인지를 판단하기 어려운 상태를 윤리적 갈등 또는 윤리적 딜레마라고 한다.

윤리적인 원칙 사이의 딜레마를 해결하는 가장 보편적인 방법은 원칙을 서열화하는 것이다. 비록 원칙을 서열화하는 것이 쉬운 것은 아니지만 필수적인 작업이며, 이러한 윤리적 딜레마에 직면하였을 때 윤리적 의사결정을 할 수 있는 필요한 기준이나 지침이 요구된다.

사회복지사가 최선의 윤리적 결정을 하도록 로웬버그와 돌고프(Lowenberg & Dolgoff, 1996)가 제시한 윤리원칙과 일반결정모델은 다음과 같다.

1) 윤리원칙 심사(EPS : Ethical Principles Screen)기준

윤리원칙 ① : 생명보호의 원칙

윤리원칙 ② : 평등 및 불평등의 원칙

윤리원칙 ③ : 자율과 자유의 원칙

윤리원칙 ④ : 최소 해악의 원칙

윤리원칙 ⑤ : 삶의 질의 원칙

윤리원칙 ⑥ : 사생활 보호 및 비밀보장의 원칙

윤리원칙 ⑦ : 성실의 원칙

첫째, 인간의 생명보호는 클라이언트를 비롯한 모든 사람에게 적용된다. 대부분의 의사는 삶의 질이나 경제적 비용에 상관없이 인간의 생명을 구하고 생명을 연장시키기 위해 이 원칙을 지킨다. 예를 들어, 심각한 고혈압을 앓고 있는 중년남자의 사례에서 생명을 위협하는 혈압을 내리기 위해 처방되었던 약물은 그를 성불능자로 만들었다. 이때 사회복지사가 약물을 끊고자 하는 클라이언트의 결정에 동의하여 그가 정상적인 성적 능력을 회복할 수 있도록 도와준다면 이는 과연 윤리적인가? 그 결정은 클라이언트의 삶의 질은 향상시키지만 그의 생명은 단축시킬 것이다.

둘째, 평등과 불평등의 원칙에 따르면 동등한 사람들은 평등하게 처우받아야 하며, 동등하지 않은 상황의 사람들은 상황 그 자체가 사안이 되고 있다면 그에 따라 다르게 처우되어야 할 권리를 가진다. 아동학대의 예에서 학대받는 아동은 성인과 '동등한' 위치에 있지 않기 때문에 비록 학대의 정도가 생명에 위협을 가하지 않는다고 하더라도 학대하는 성인에 대한 비밀보장과 자율성의 원칙은 아동을 보호하는 의무에 비해 더욱 낮은 순위를 차지한다.

셋째, 사회복지사는 개인의 자율성과 독립성 그리고 자유를 신장시키는 실천적 결정을 해야 한다. 그러나 이 원칙은 생명보호의 원칙보다 우선할 수 없다. 클라이언트가 자기 자신이나 다른 사람을 해칠 위험이 있는 결정을 하려고 할 때 사회복지사는 이에 개입해야 할 의무가 있다.

넷째, 사회복지사는 불가피하게 손실만 초래될 가능성이 높음에도 선택해야만 할 때가 있다. 비록 손실이 발생한다 해도 영구적 손실이 가장 최소화되거나 또는 발생할 손실이 가장 쉽게 회복될 수 있는 기회를 선택해야 한다.

다섯째, 사회복지사는 지역사회뿐만 아니라 개인과 모든 사람의 삶의 질을 좀 더 향상시키는 기회를 선택해야 한다.

여섯째, 사회복지사는 모든 사람의 사생활 보호의 권리를 신장시키는 실천적 결정을 해야 한다.

일곱째, 사회복지사는 클라이언트와 다른 사람에게 진실을 말하고, 모든 관련 정보를 충분히 개방하는 것을 허용하는 실천적 결정을 해야 한다.

2) 일반결정모델

1단계 : 문제가 무엇인지, 문제를 야기하는 요인은 무엇인지를 확인한다.

2단계 : 누가 클라이언트이고 피해자인지, 지지체계와 다른 전문가 등 해당 문제와 관련된 사람과 단체는 누구인지 확인한다.

3단계 : 사회적 가치, 전문가로서의 가치, 클라이언트와 사회복지사의 개인적 가치 등 두 번째 단계에서 확인된 다양한 주체들이 주어진 문제와 관련해서 어떤 가치가 있는지 확인한다.

4단계 : 주어진 문제를 해결하거나 혹은 최소한 문제의 정도를 경감시킬 수 있는 개입목표를 명확히 한다.

5단계 : 개입수단과 개입대상을 확인한다.

6단계 : 확정된 목표에 따라 설정된 각각의 개입방안의 효과성과 효율성을 평가한다.

7단계 : 누가 의사결정에 참여할 것인가를 결정한다.

8단계 : 개입방법을 선택한다.

9단계 : 선택된 개입방법을 수행한다.

10단계 : 선택된 개입방법이 수행되는 것을 검토하며 예상하지 않았던 결과가 나타나는지 주의를 기울인다.

11단계 : 결과를 평가하고 추가적인 문제들이 무엇인지 확인한다.

3) 미국의 사회복지교육협의회의 윤리기준

미국의 사회복지교육협의회에서 사회복지사의 윤리기준으로 제시한 내용은 다음과 같다(이필환 외, 1999).

① 사회복지사의 전문직 관계는 개인적 가치, 존엄에 근거하여 세워지고, 상호 참여, 수용, 비밀보장, 정직 그리고 책임감 있게 갈등을 다룰 수 있는 능력에 의해 더욱 견고해진다.

② 사회복지사는 사람들이 독립적으로 결정을 내릴 수 있는 권리와 원조과정에 참여할 수 있는 권리를 존중한다.

③ 사회복지사는 클라이언트체계가 필요한 자원을 얻도록 돕는 일에 참여한다.

④ 사회복지사는 사회제도가 더 인도적이고 인류의 필요에 더욱 민감하도록 노력한다.

⑤ 사회복지사는 다양한 민족, 인종의 각기 독특한 특성에 대해 존중하고 수용한다.

⑥ 사회복지사는 자신의 윤리적 행위, 실천의 질, 지식과 기술을 끊임없이 발전시키도록 노력한다.

4) 우리나라의 사회복지사 윤리강령

Ⅰ. 사회복지사의 기본적 윤리기준

1. 전문가로서의 자세
   1) 사회복지사는 전문가로서의 품위와 자질을 유지하고, 자신이 맡고 있는 업무에 대해 책임을 진다.
   2) 사회복지사는 클라이언트의 종교·인종·성·연령·국적·결혼상태·성적 지향·경제적 지위·정치적 신념·정신, 신체적 장애·기타 개인적 선호, 특징, 조건, 지위를 이유로 차별대우를 하지 않는다.
   3) 사회복지사는 전문가로서 성실하고 공정하게 업무를 수행하며, 이 과정에서 어떠한 부당한 압력에도 타협하지 않는다.
   4) 사회복지사는 사회정의 실현과 클라이언트의 복지 증진에 헌신하며, 이를 위한 환경조성을 국가와 사회에 요구해야 한다.
   5) 사회복지사는 전문적 가치와 판단에 따라 업무를 수행함에 있어, 기관 내·외부로부터 부당한 간섭이나 압력을 받지 않는다.
   6) 사회복지사는 자신의 이익을 위해 사회복지전문직의 가치와 권위를 훼손해서는 안 된다.
   7) 사회복지사는 한국사회복지사협회 등 전문가단체 활동에 적극 참여하여, 사회정의 실현과 사회복지사의 권익옹호를 위해 노력해야 한다.
2. 전문성 개발을 위한 노력
   1) 사회복지사는 클라이언트에게 최상의 서비스를 제공하기 위해, 지식과 기술을 개발하는 데 최선을 다하며 이를 활용하고 전파할 책임이 있다.
   2) 클라이언트를 대상으로 연구하는 사회복지사는 저들의 권리를 보장하기 위해, 자발적이고 고지된 동의를 얻어야 한다.
   3) 연구과정에서 얻은 정보는 비밀보장의 원칙에서 다루어져야 하고, 이 과정에서 클라이언트는 신체적·정신적 불편이나 위험·위해 등으로부터 보호되어야 한다.
   4) 사회복지사는 전문성을 개발하기 위해 노력하되, 이를 이유로 서비스의 제공을 소홀히 해서는 안 된다.
   5) 사회복지사는 한국사회복지사협회 등이 실시하는 제반 교육에 적극 참여하여야 한다.
3. 경제적 이득에 대한 태도
   1) 사회복지사는 클라이언트의 지불능력에 상관없이 서비스를 제공해야 하며, 이를 이유로 차별대우를 해서는 안 된다.
   2) 사회복지사는 필요한 경우에 제공된 서비스에 대해, 공정하고 합리적으로 이용료를 책정해야 한다.
   3) 사회복지사는 업무와 관련하여 정당하지 않은 방법으로 경제적 이득을 취하여서는 안 된다.

Ⅱ. 사회복지사의 클라이언트에 대한 윤리기준

1. 클라이언트와의 관계

1) 사회복지사는 클라이언트의 권익옹호를 최우선의 가치로 삼고 행동한다.
2) 사회복지사는 클라이언트에 대하여 인간으로서의 존엄성을 존중해야 하며, 전문적 기술과 능력을 최대한 발휘한다.
3) 사회복지사는 클라이언트가 자기결정권을 최대한 행사할 수 있도록 도와야 하며, 저들의 이익을 최대한 대변해야 한다.
4) 사회복지사는 클라이언트의 사생활을 존중하고 보호하며, 직무수행 과정에서 얻은 정보에 대해 철저하게 비밀을 유지해야 한다.
5) 사회복지사는 클라이언트가 받는 서비스의 범위와 내용에 대해 결정하고 충분한 정보를 제공함으로써 알 권리를 인정하고 존중해야 한다.
6) 사회복지사는 문서・사진・컴퓨터 파일 등의 형태로 된 클라이언트의 정보에 대한 비밀보장의 한계・정보를 얻어야 하는 목적 및 활용에 대해 구체적으로 알려야 하며, 정보공개 시에는 동의를 얻어야 한다.
7) 사회복지사는 개인적 이익을 위해 클라이언트와의 전문적 관계를 이용하여서는 안 된다.
8) 사회복지사는 어떠한 상황에서도 클라이언트와 부적절한 성적 관계를 가져서는 안 된다.
9) 사회복지사는 사회복지 증진을 위한 환경조성에 클라이언트를 동반자로 인정하고 함께 일해야 한다.

2. 동료의 클라이언트와의 관계

1) 사회복지사는 적법하고도 적절한 논의 없이 동료 혹은 다른 기관의 클라이언트와 전문적 관계를 맺어서는 안 된다.
2) 사회복지사는 긴급한 사정으로 인해 동료의 클라이언트를 맡게 된 경우, 자신의 의뢰인처럼 관심을 가지고 서비스를 제공한다.

Ⅲ. 사회복지사의 동료에 대한 윤리기준

1. 동 료

1) 사회복지사는 존중과 신뢰로써 동료를 대하며, 전문가로서의 지위와 인격을 훼손하는 언행을 하지 않는다.
2) 사회복지사는 사회복지전문직의 이익과 권익을 증진시키기 위해 동료와 협력해야 한다.
3) 사회복지사는 동료의 윤리적이고 전문적인 행위를 촉진시켜야 하며, 이에 반하는 경우에는 제반 법률규정이나 윤리기준에 따라 대처해야 한다.
4) 사회복지사가 전문적인 판단과 실천이 미흡하여 문제를 야기시켰을 때에는 적절한 조치를 취하여 클라이언트의 이익을 보호해야 한다.
5) 사회복지사는 전문직 내 다른 구성원이 행한 비윤리적 행위에 대해 제반 법률규정이나 윤리기준에 따라 조치를 취해야 한다.

2. 슈퍼바이저

1) 슈퍼바이저는 개인적인 이익의 추구를 위해 자신의 지위를 이용해서는 안 된다.

2) 슈퍼바이저는 전문적 기준에 의해 공정하게 책임을 수행하며, 사회복지사 · 수련생 및 실습생에 대한 평가는 저들과 공유해야 한다.
3) 사회복지사는 슈퍼바이저의 전문적 지도와 조언을 존중해야 하며, 슈퍼바이저는 사회복지사의 전문적 업무수행을 도와야 한다.
4) 슈퍼바이저는 사회복지사 수련생 및 실습생에 대해 인격적 · 성적으로 수치심을 주는 행위를 해서는 안 된다.

Ⅳ. 사회복지사의 사회에 대한 윤리기준

1) 사회복지사는 인권존중과 인간평등을 위해 헌신해야 하며, 사회적 약자를 옹호하고 대변하는 일을 주도해야 한다.
2) 사회복지사는 필요한 사회서비스를 개발하기 위한 사회정책의 수립 · 발전 · 입법 · 집행에 적극적으로 참여하고 지원해야 한다.
3) 사회복지사는 사회환경을 개선하고 사회정의를 증진시키기 위한 사회정책의 수립 · 발전 · 입법 · 집행을 요구하고 옹호해야 한다.
4) 사회복지사는 자신이 일하는 지역사회의 문제를 이해하고, 그것을 해결하는 일에 적극적으로 참여해야 한다.

Ⅴ. 사회복지사의 기관에 대한 윤리기준

1) 사회복지사는 기관의 정책과 사업목표의 달성, 서비스의 효율성과 효과성의 증진을 위해 노력함으로써 클라이언트에게 이익이 되도록 해야 한다.
2) 사회복지사는 기관의 부당한 정책이나 요구에 대하여, 전문직의 가치와 지식을 근거로 이에 대응하고 즉시 사회복지윤리위원회에 보고해야 한다.
3) 사회복지사는 소속기관 활동에 적극 참여함으로써 기관의 성장 · 발전을 위해 노력해야 한다.

Ⅵ. 사회복지윤리위원회의 구성과 운영

1) 한국사회복지사협회는 사회복지윤리위원회를 구성하여, 사회복지윤리실천의 질적인 향상을 도모하여야 한다.
2) 사회복지윤리위원회는 윤리강령을 위배하거나 침해하는 행위를 접수받아 공식적인 절차를 통해 대처하여야 한다.
3) 사회복지사는 한국사회복지사협회의 윤리적 권고와 결정을 존중하여야 한다.

◎ 사회복지사 선서 ◎

나는 모든 사람들이 인간다운 삶을 누릴 수 있도록, 인간존엄성과 사회정의의 신념을 바탕으로, 개인 · 가족 · 집단 · 조직 · 지역사회 · 전체 사회와 함께한다.
나는 언제나 소외되고 고통받는 사람들의 편에 서서, 저들의 인권과 권익을 지키며, 사회의 불의와 부정을 거부하고, 개인이익보다 공공이익을 앞세운다.
나는 사회복지사 윤리강령을 준수함으로써 도덕성과 책임성을 갖춘 사회복지사로 헌신한다.
나는 나의 자유의지에 따라 명예를 걸고 이를 엄숙하게 선서합니다.

생각해 보기

1. 여러분이 평소 생각하고 있었던 가치관과 사회복지의 기본 가치 개념에 대해 학습한 후의 가치관은 변화가 있는지 토론해 봅시다.
2. 여섯 가지의 사회복지 동기에서 여러분이 가장 동의하는 동기는 무엇이며, 그 이유는 무엇인지 토론해 봅시다.
3. 사회복지사 윤리강령에 관한 내용 중 가장 중요시되어야 할 부분은 무엇이며, 그 이유는 무엇인지 토론해 봅시다.

연습문제

01 **다음 〈보기〉에서 '가치'가 사회복지사의 의사결정에 영향을 미치는 경우를 모두 고른 것은?**

〈보기〉

A. 누구에게 무슨 목적으로 일할지에 대한 결정을 내리는 경우
B. 특수한 사례에 어떤 이론적 접근방법을 적용할지 결정하는 경우
C. 여러 클라이언트에 대한 자원 및 서비스에 쏟을 시간을 배분하는 경우
D. 서비스의 목적과 우선순위에 대한 결정을 내리는 경우

① A · B · C ② A · C
③ B · D ④ D
⑤ A · B · C · D

해설 A : 사회복지사가 진행하는 프로그램이나 고용된 기관 모두는 특수한 사람들을 위해 일하고, 제한된 목적을 달성하기 위해 설립되었다.
B : 사회복지사는 특수한 사례에 어떤 이론적 접근방법이나 양식을 적용할지 결정할 때 흔히 개인적인 가치 선호도에 의존한다.
C : 서비스기관은 항상 시간과 자원이 부족하기 때문에 사회복지사는 여러 클라이언트의 다양한 서비스에 쏟을 시간을 배분해야 한다.
D : 여러 사례에 있어서 서비스의 목적과 우선순위에 관한 사회복지사의 결정은 무엇이 가장 중요한지에 관한 가치선택을 반영한다.

02 **다음 〈사례〉에서 사회복지사가 가장 우선 고려해야 할 윤리원칙은 무엇인가?**

〈사례〉

클라이언트 S는 K와 결혼한 지 20년 되었고, 15세 된 딸이 하나 있다. 클라이언트 S는 사회복지사와의 상담에서 경제적으로 너무 힘들어 자살하고 싶은 충동이 자주 일어난다고 하였다. 자신의 심정을 아내와 딸에게 비밀로 해달라고 사회복지사에게 간곡히 부탁하였다.

① 최소 해악의 원칙 ② 생명보호의 원칙
③ 자율과 자유의 원칙 ④ 비밀보장의 원칙
⑤ 평등 및 불평등의 원칙

해설 클라이언트의 비밀보장(윤리원칙 6)보다는 클라이언트와 딸의 생명보호(윤리원칙 1)가 우선적으로 고려되어야 할 것이다.

로웬버그와 돌고프의 윤리적 선택을 위한 원칙을 알아두자.

윤리원칙 1. 생명보호의 원칙
윤리원칙 2. 평등 및 불평등의 원칙
윤리원칙 3. 자율과 자유의 원칙
윤리원칙 4. 최소 해악의 원칙
윤리원칙 5. 삶의 질의 원칙
윤리원칙 6. 사생활 보호 및 비밀보장의 원칙
윤리원칙 7. 성실의 원칙

03 다음 〈사례〉의 사회복지실천에서 윤리적 쟁점이 되는 가치는 무엇인가?

〈사례〉

여자 친구로부터 일방적인 이별을 통보받은 고등학생 A는 우울증 치료를 위해 상담을 받던 중 여자 친구를 죽이겠다고 사회복지사에게 말했다. 사회복지사는 처음에는 대수롭지 않게 여겼으나 A가 구체적인 살인계획을 말하고 실행에 옮길 것처럼 행동하자 이 사실을 여자 친구에게 알려야 할지, 경찰이나 119에 도움을 요청해야 할지 판단을 내리지 못하고 있는 상황이다.

A. 생명보호　B. 전문적 관계의 유지　C. 비밀보장　D. 고지된 동의

① A・B・C
② A・C
③ B・D
④ D
⑤ A・B・C・D

해설 일반적으로 클라이언트의 비밀을 보장해 주는 것이 원칙이지만 이 경우 타인의 생명이나 안전을 위협하는 일로 비밀보장의 예외를 적용한다. 이 사례에서는 비밀보장과 생명보호의 가치가 충돌하고 있다.

04 사회복지사가 윤리적 딜레마에 직면했을 때 가장 올바른 행동방법은?

① 동료 사회복지사와 의논한다.
② 기존의 관행을 따른다.
③ 전문기관(타 기관)에 의뢰한다.
④ 슈퍼바이저와 상의해서 클라이언트와 함께 정한다.
⑤ 클라이언트의 요구에 따른다.

해설 윤리적 딜레마에 처했을 때 무엇보다도 사회복지사는 책임 있는 전문직으로서 클라이언트의 이익을 보호해야 한다. 그러기 위해서는 동료보다는 경험 많은 슈퍼바이저와 의논하여 가능한 한 클라이언트의 자기결정원리를 존중하여 해결하도록 하는 것이 바람직하다.

05 **사회복지사의 윤리강령 중 전문가의 자세에 대한 내용으로 맞는 것은?**

〈보기〉

A. 클라이언트의 권익옹호를 최우선의 가치로 한다.
B. 클라이언트의 성과 인종에 따라 차별대우를 하지 않는다.
C. 기관의 활동에 적극적으로 참여하여 기관의 발전을 위해 노력한다.
D. 사회복지사는 공정하게 문제해결을 하고, 어떠한 압력에도 타협하지 않는다.

① A・B・C
② A・C
③ B・D
④ D
⑤ A・B・C・D

해설 사회복지사의 윤리강령 중 전문가의 자세

1) 사회복지사는 전문가로서의 품위와 자질을 유지하고, 자신이 맡고 있는 업무에 책임을 진다.
2) 사회복지사는 클라이언트의 종교・인종・성・연령・국적・결혼상태・성적 지향・경제적 지위・정치적 신념・정신・신체적 장애・기타 개인적 선호, 특징, 조건, 지위를 이유로 차별대우를 하지 않는다.
3) 사회복지사는 전문가로서 성실하고 공정하게 업무를 수행하며, 이 과정에서 어떠한 부당한 압력에도 타협하지 않는다.
4) 사회복지사는 사회정의 실현과 클라이언트의 복지증진에 헌신하며, 이를 위한 환경조성을 국가와 사회에 요구해야 한다.
5) 사회복지사는 전문적 가치와 판단에 따라 업무를 수행함에 있어, 기관 내외로부터 부당한 간섭이나 압력을 받지 않는다.
6) 사회복지사는 자신의 이익을 위해 사회복지전문직의 가치와 권위를 훼손해서는 안 된다.
7) 사회복지사는 한국사회복지사협회 등 전문가단체 활동에 적극 참여하여 사회정의 실현과 사회복지사의 권익옹호를 위해 노력해야 한다.

06 **사회복지사의 윤리강령의 기능이 아닌 것은?**

① 사회복지사는 클라이언트에 대하여 전문적 기술을 최대한 발휘한다.
② 사회복지사는 클라이언트와 부적절한 성적 관계를 가져서는 안 된다.
③ 사회복지사는 클라이언트의 이익을 위해 최대한 대변해야 한다.
④ 사회복지사는 클라이언트의 사생활을 존중해야 한다.
⑤ 사회복지사는 직무수행 과정에서 얻은 정보일지라도 철저하게 비밀을 유지할 필요는 없다.

해설 사회복지사는 클라이언트의 사생활 존중과 보호는 물론 직무수행 과정에서 얻은 정보에 대해 철저하게 비밀을 유지해야 한다.

정답 01. ⑤ 02. ② 03. ② 04. ④ 05. ③ 06. ⑤

chapter 03

사회복지의 구성체계

Chapter

03 사회복지의 구성체계

제1절 사회복지의 욕구

1. 기본 욕구

1) 인간의 기본 욕구

인간은 욕구를 가지고 있으며, 그것은 개인에게 특별하고 중요한 것으로 이들 욕구는 개인의 인격, 문화적 배경 및 사회계층과 깊이 관련되어 일어난다. 사회복지를 이해하려면 반드시 인간의 욕구에 대하여 이해해야 한다. 매슬로우(Maslow)에 의하면, 인간이 특정한 목적의식을 가지고 어떠한 행동을 하는 것은 단순히 인간이 가지고 있는 논리적인 사고의 결과가 아니라 그 내면에 잠재해 있는 욕구충족의 필요성 때문이라는 것이다. 그의 임상적인 관찰에 의하면, 인간은 기본적으로 다섯 가지의 기본적인 욕구를 가지고 있다고 한다. 다섯 가지 기본 욕구는 다음과 같다(Maslow, 1954).

(1) 생리적 욕구(Physiological Needs)

생리적 욕구는 인간의 욕구 중에서 가장 기본적인 욕구로서 음식, 물, 공기, 수면, 성적 욕구, 추위, 더위로부터의 보호 그리고 감각적 자극에 대한 욕구 등이 포함된다. 즉, 인간이 신체적 · 생물학적 항상성(homeostasis)을 유지하기 위해 요구되는 것들을 얻고자 하는 욕구로서 생명유지 및 생존을 위해 기본적으로 필요하며 그 어떤 욕구보다 우선하는 욕구이다.

(2) 안전의 욕구(Safety Needs)

일단 생리적 욕구가 만족되면 개인은 안전의 욕구에 관심을 가지게 된다. 이러한 욕구가 생기는 주된 이유는 모든 개인이 확실하고, 잘 정돈되고, 조직화되고 예측할 수 있는 환경 내에서 생활하고 싶어 하기 때문이다. 예를 들어, 인간이 안전상태를 추구할 때는 먼저 기초적인 물질적 욕구가 해결된 뒤이고, 소속감을 구할 때는 먼저 물질과 신변안전에 대한 욕구가 해결된 뒤라는 것이다. 욕구의 마지막 수준인 자기실현의 경우는 그 아래 수준의 욕구사항들이 모두 해결되었을 때라는 것이다.

이 주장은 또 거꾸로 인간이 물질이나 안전에 대한 욕구를 해결하지 못한 상태에서는 소속감 혹은 자존심 등의 정신적 욕구를 추구할 수가 없다는 것을 의미하기도 한다.

(3) 소속과 애정의 욕구(Belonging and Love Needs)

주로 인간관계와 관련된 욕구로서 가족, 친구, 친척들과 친교를 맺고 타인들과 어울리고 싶어 한다든지, 원하는 집단 어딘가에 소속되고 싶어 하는 욕구를 말한다. 인간은 또래집단이나 어떤 무리에 가입하여 그 속에서 의미 있는 관계를 주고받을 때 편안함과 만족감을 느끼게 된다. 어린 시절 친구모임에서 시작하여 성장하면서 각종 동아리, 동문회, 종친회, 계모임 등에 가입하여 모임을 가지는 것도 이러한 욕구와 관련된다고 하겠다. 최근 트위터(Twitter)나 페이스북(Facebook)과 같이 웹사이트나 휴대전화를 통해 사람들이 타인들과 친구를 맺고 대화를 하고 정보를 교환할 수 있는 소셜 네트워크 서비스(SNS)가 각광을 받고 있는 것도 인간관계를 맺고 싶어 하는 우리들의 사회적 욕구와 관련이 있다고 하겠다.

(4) 자존감의 욕구(Self-esteem Needs)

사랑받고 남을 사랑하려는 욕구가 어느 정도 충족되고 나면, 자존감의 욕구가 나타난다. 자기존중감에는 다른 사람이 자신을 존중해 주기 때문에 갖게 되는 자아존중감과 스스로 자기를 높게 생각하는 자아존중감이 있다. 전자는 사회적 명성, 존중, 지위, 평판, 사회적 성과 등에 기초를 두므로 쉽게 사라질 수도 있는 데 반해, 스스로 자신을 높게 생각하는 자아존중감을 지닌 사람은 내적으로 자신이 가치 있는 사람이라고 생각하므로 자신에 대한 안정감과 자신감이 생기게 된다. 이 욕구를 충족시키지 못하면 열등감, 좌절감, 무력감, 자기비하 등의 부정적 자기지각을 하게 된다.

(5) 자아실현의 욕구(Self-actualization Need)

자아실현의 욕구란 한 인간으로서 자기발전을 위해 실현할 수 있는 자신의 잠재력을 극대화하려는 욕구이며 자기완성에 대한 갈망을 말한다. 즉, 자신의 능력을 발휘하고 자기개발을 계속 하고 싶은 욕구로서 자신이 이룰 수 있는 것 혹은 될 수 있는 것을 성취하려는 욕구이다.

이상과 같은 다섯 가지의 욕구는 그 강도와 충족에 있어서 계층적 구조를 형성하고 있다고 매슬로우는 주장한다. 즉, 이들 다섯 가지 종류의 욕구는 생리적 욕구로부터 자아실현의 욕구에 이르기까지 위계를 이루고 있으며, 낮은 차원의 욕구가 충족된 후에야 그 다음 차원의 욕구가 생기게 된다는 것이다. 그러나 경우에 따라서는 하위욕구가 채워지지 않더라도 상위의 욕구를 추구하는 경우가 있다. 예를 들면, 예술가의 경우 먹을 것이 없어도 돈이 생기면 예술품을 완성하기 위한 재료를 구입하는 데 더 가치를 두고 행동하며, 또 어떤 개인은 음식을 섭취하거나 몸을 편안히 할 수 있는 수거보다는 타인으로부터의 인정에 더 큰 가치를 두는 신념을 갖고 생활하며 거기서 더 큰 행복감을 느끼는 것을 볼 수 있다. 이러한 점에서는 매슬로우의 욕구위계이론이 한계를 지적받기도 한다(김영화 외, 2011).

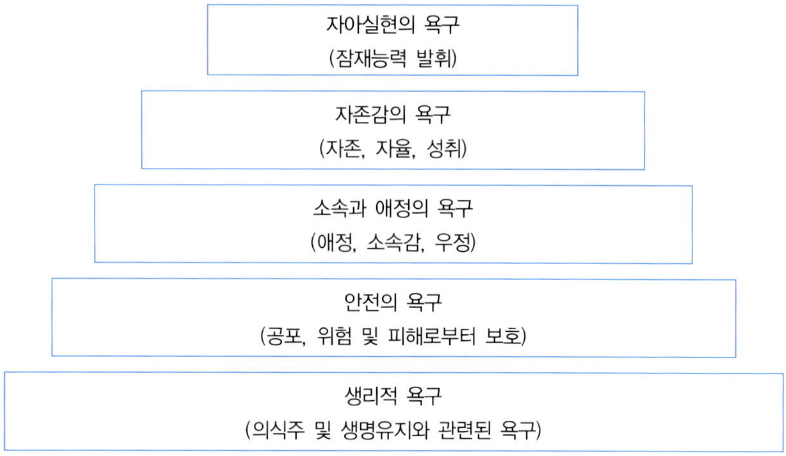

그림 3-1 매슬로우의 욕구단계

2) 사회복지에서의 기본적인 욕구

사회복지에서의 기본적인 욕구는 인간의 욕구들 중에서 누구에게나 공통적이면서도 필수적인 것들의 최저수준을 충족시켜 줄 때 적용되는 것이다.

첫째, 공통적인 기본적 욕구로 의식주, 직업, 교육, 건강, 화목한 가정, 쾌적한 환경들을 생각해 볼 수 있다.

둘째, 필수적인 기본적 욕구란 공통적인 욕구가 충족되지 않을 경우, 인간성의 확보가 불가능해진다는 것이다. 이때 인간성이란 생존과 자율의 보장이 된다.

셋째, 기본적인 욕구의 최저수준이라 함은 일시적인 욕구 미충족의 상태로 인하여 자립과 자조가 곤란해진 사람으로 하여금 자립과 자조의 능력을 회복시킬 수 있을 만큼의 수준으로 한정한다는 것이다.

이러한 기본적인 욕구는 고정되는 것이 아니라, 시대와 장소 그리고 한 사회의 사회·경제적 수준과 지향하는 이념에 따라서 변화된다는 특성이 있다. 특히 사회, 경제가 발전할수록 기본 욕구는 다양해지고 수준이 높아진다(박경일 외, 2001).

3) 사회복지 대상으로서의 욕구

사회복지는 인간의 욕구(need)에 대응하기 위한 사회적 제도라고 말할 수 있다. 욕구는 대부분 인간의 생존과 성장, 발전을 위해 필요한 것, 필수적인 것이 미충족되거나 결핍된 상태를 지칭한다. 인간의 욕구는 자신의 정신현상이나 생활체계 가운데에서 균형을 지키는 것이지만 그 균형이 깨어지고 소위 긴장상태가 될 때에 욕구불만이 일어난다. 그리하여 사회복지는 인간의 욕구불만 상태를 해결하거나 충족시켜 주기 위한 사회제도인 것이다. 욕구가 없는 상태의 인간을 상상할 수 없을 정도로 인간의 욕구는 다양하고 무한하다.

4) 브래드쇼의 사회적 욕구

브래드쇼(Bradshaw)는 사회적 욕구를 욕구인식의 기준에 따라 규범적 욕구(normative needs), 지각된 욕구(felt needs), 표현된 욕구(expressed needs), 비교욕구(comparative needs)로 구분하였다(Bradshaw, 1972).

(1) 규범적 욕구(Normative Needs)

전문가나 사회과학자 등이 규정한 욕구이다. 즉, 해당 분야 전문가나 사회과학자가 바람직한 수준을 정하고 개인이나 집단이 실제 유지하거나 존재하는 수준을 이 기준에 맞추어 보았을 때 미치지 못하면 이들은 욕구상태에 있는 것으로 보는 개념이다. 예를 들어, 전문가나 연구기관을 통해 가계당 최저생계비를 계측하고 산정하여 국가에서 이 수준에 도달하지 못하는 가구에 대해 욕구상태에 있는 것으로 보는 경우이다.

(2) 지각된 욕구(Felt Needs)

주관적인 것으로 개인이 스스로 욕구상태에 있음을 인식할 때 욕구로 인정하는 것으로 클라이언트 중심주의 방법이다. 예를 들어, 어떤 프로그램을 실시하기 전에 대상자들에게 서비스 이용 의사를 조사하는 것은 이러한 욕구를 파악하는 것이다.

(3) 표현된 욕구(Expressed Needs)

감지된 욕구가 실제로 욕구충족을 위한 행위로 나타나는 것으로 서비스를 실제로 받기 원하는 사람들의 수로 표현된다. 대부분의 경우 표현된 욕구는 지각된 욕구보다 적게 나타나는 것이 일반적이다.

(4) 비교욕구(Comparative Needs)

어떤 서비스를 받고 있는 사람들과 비슷한 특성을 가지고 있으면서 서비스를 받지 않고 있는 사람들을 욕구상태에 있는 것으로 규정하는 인식방법이다.

제2절 사회복지의 주체

1. 사회복지의 주체

1) 공공부문

사회복지의 주체로서의 공공부문은 중앙정부와 지방정부인 지방자치단체이며, 오늘날 사회복지서비스 제공의 가장 중요한 주체가 되고 있다. 운영방식은 중앙정부나 지방자치단체가 사회복지시설이나 기관을 직접 설립하여 운영하는 방식이며 그 재원은 조세로 충당하고 있다.

우리나라의 경우는 국민연금, 국민건강보험, 고용보험, 산업재해보상보험 등과 같은 공적 사회보험 부문과 국민기초생활보장제도와 같은 공공부조 부문, 아동, 노인, 장애인 등을 위한 국·공립 사회복지서비스 시설, 청소년 상담센터와 같은 공공상담기관이 이에 속한다. 공공부문의 서비스는 법률적 근거에 의해 제공되며, 누구나 자격요건에 해당되면 차별 없이 서비스를 받을 수 있는 보편적 복지를 추구하고 있다. 공공부문은 국민의 최저생활보장에 대한 책임을 가지고 사회복지 주체로서의 역할을 수행한다.

2) 민간부문

사회복지의 주체로서의 민간부문은 사회복지서비스를 공급하는 주체가 개인, 기업체, 사회복지법인, 비영리법인 등 민간이며, 그 재원도 민간에서 충당되고 있다. 주로 개인이나 기업 및 민간단체가 사회복지사업을 하기 위하여 공익재단을 설립하고 시설 및 기관을 설치하여 운영한다. 재원은 순수한 민간 기부금으로 충당하지만, 부분적으로 정부의 재정지원을 받는 경우도 있다. 민간부문에는 민간 비영리부문과 민간 영리부문으로 나눌 수 있다.

공공 및 민간 사회복지시설을 중심으로 비교해 보면 <표 3-1>과 같다.

〈표 3-1〉 공공 및 민간 사회복지시설 비교

	공공 사회복지시설	민간 사회복지시설
사명감	빈약함	왕성함
특 색	설비 등에 특색은 있어도 특색 있는 방침은 별로 없음	특별한 전통을 가지고 있으나 새로운 방침을 내세움
자주성	법규, 규칙에 제약되어 자주성이 빈약함	비교적 자주성이 강함
운 영	상부의 지시에 의해 좌우되는 때가 많음	경영자의 자의에 의해 좌우되는 때가 많음
외부간섭	정치가 개입하는 경우가 있음	행정기관의 간섭을 받을 경우가 있음
경영규모	비교적 큼	소규모의 것도 많음
재 정	지방자치단체의 재정력에 영향을 받아 예산 기술상의 제약을 받으나 일반적으로 안정	큰 단체에서 원조대상이 되어 있는 시설 외에는 재정이 불안정하고, 신설시설은 기본재산이 빈약한 것이 많음
사무처리	무난하나 새로운 사무관리, 방법, 기구의 도입이 불충분함	사무처리체계가 확립되어 있지 않은 경우가 많음
설 비	보통수준. 그러나 노후시설 가운데는 불량한 것이 많음	일반적으로 불량. 그러나 새로운 시설은 비교적 좋은 설비를 갖춤
욕구대처	개별적 욕구에 대한 적절한 처리가 불충분함	욕구에 대한 대응 노력은 비교적 적극적임
서비스의 일관성	직원의 배치, 이동 등으로 불충분함	장기근속자가 많은 경우는 비교적 양호함
사후치료	불충분함	비교적 적극적임
창의성과 수행 노력	빈약함	적극적인 면이 많음

지역사회와의 협력	소극적임	비교적 적극적인 것도 많음
홍보활동	소극적임	적극적인 것도 많음
직원의 근무조건	비교적 좋음	시간과 시설환경 면에서 개선될 점이 많음
처 우	공무원 처우. 그러나 승진이 늦는 경우가 많음	불량하고 특히 장기근속자의 경우 상대적으로 더 불량함

출처 : 전재일 외(2009). 사회복지개론.

제3절 사회복지의 접근방법

1. 전문적 접근방법

전문적 접근방법의 이론적 특성은 미국자본주의에의 절대적인 확신을 배경으로 하여 자유민주주의 개념에 내재하는 인간의 존엄성의 존중과 프로이트 학파에 의한 정신분석이론에 근거하는 인간행동의 이해를 강조하고 있다. 또 미국 특유의 사회철학인 실용주의(pragmatism) 사상을 이론적 기반으로 1920년에서 1930년대에 확립되어 온 심리·정신의학적 개별사회사업(casework)을 중심으로 집단사회사업(group work), 지역사회사업(community work) 등의 사회복지의 주요 전문기술의 체계로 확립된 데 있다. 즉, 전문적 접근방법은 미국자본주의에 대한 무조건적 확신, 자유경제체제의 항구적인 유지·존속 같은 것을 전제로 하여 형성되어 온 것이다. 이것은 사회복지대상자에 관계되는 사회문제를 결국은 도덕(moral)의 문제로서 혹은 대상자 개인의 성품의 결함이나 정서적·정신적 이상성의 문제로서 또 가족이나 지역사회에 있어서의 인간관계 부조정의 문제에 기인한다는 것이 그 이론적 귀결이었다(전재일 외, 2009). 이러한 관점은 결국 사회복지의 발달과 관련한 자본주의 사회의 역사적·사회적 규정성을 무시하고 단순히 기술적인 원조과정의 체계로만 파악한다는 점에서 문제점이 지적되고 있다고 볼 수 있다.

2. 정책적 접근방법

정책론적 입장은 자본주의 제도의 사회적 · 경제적 법칙하에 필연적으로 발생한 구조적 제 모순을 배경으로 하는 여러 가지 사회문제를 사회복지의 대상으로 한다. 그리하여 사회복지는 사회문제의 대책의 일환으로서 자본주의 국가의 체계를 유지하고 재생산하기 위한 분배정책의 일환으로서의 성격을 가진다(배기효 외, 2009).

사회복지의 정책적 접근방법은 현대 자본주의 국가들이 복지국가모형을 채택하면서 출현하게 된 것으로 광의의 사회복지대상, 즉 모든 국민들의 생활과 복지수준을 전체적으로 향상시켜 인간다운 생활의 보장이라고 하는 생존권 또는 생활권적 기본권에 그 기초를 두고 있는 것이다.

이 정책적 접근방법은 일반적으로 '사회복지정책', '사회보장제도' 또는 '사회보장'으로 인식되고 있는 것으로서 사회복지대상, 즉 모든 국민의 인간다운 생활을 보장한다는 점에서 전체성을 강조하고 있으며, 따라서 융통성보다는 고정성이 강한 것이 특징이라 할 수 있다.

3. 통합적 접근방법

위와 같이 사회복지의 전문성과 정책론은 상호 대립적인 면이 있으니, 사회복지의 실천 면에서는 상호 보완관계에 있다. 즉, 법이나 제도 등의 정책은 전체 인간 생활의 일정한 수준이나 범위를 다루는 것이고 복지서비스로 나타나는 기술은 개별화된 원조활동을 통해 사회복지를 실현하고자 하는 것이다. 따라서 정책론과 전문성이 잘 조화를 이룰 때 참된 복지의 실현은 기대되며, 어떻게 하여 이 둘을 조화시켜 나가고 대상자에게 개별화된 서비스를 제공하느냐 하는 데 복지시책의 근본적인 과제가 있다고 하겠다. 다시 말하면, 정책이 확충될수록 기술과의 접촉 면도 더욱 확대되고, 따라서 목표달성을 위해 상호 통합적인 발전이 더욱 필요함을 시사한다.

제4절 사회복지의 전달체계

1. 사회복지서비스의 전달체계의 의의

사회복지는 원조관계에 의하여 이루어지고 있다. 이 원조관계는 서비스 공급자와 수요자 간의 조직체적 장치를 말한다. 이러한 기관 간의 관계성과 그들의 원조과정을 던햄(Dunham)은 사회복지서비스 전달체계라고 말했다. 프리들랜더(Friedlander)는 사회복지서비스 전달체계란 사회복지의 조직적 환경인 사회복지기관 및 시설과 중앙에서 지방 일선에 이르는 모든 공·사조직 등 일체의 공적·사적 복지기관과 이들 기관의 서비스 전달망이라고 말했다(Friedlander & Apte, 1980).

사회복지서비스 전달체계는 사회복지서비스가 전달되는 데 관련되는 조직적인 체계를 말하는데, 사회복지의 목표를 대상자에게 가장 적합한 서비스를 가장 효율적으로 제공하는 것이라고 할 때, 사회복지서비스의 전달체계의 확립은 사회복지서비스의 적합성과 효율성을 최대로 발휘하여 사회복지대상자에게 좀 더 전문적인 서비스를 제공하고 사회복지제도 운영의 효율성을 높이기 위해 필요한 체계이다.

길버트와 스펙트(Gilbert & Specht)는 사회복지에 관한 정책을 수립하고 사회복지대상자에게 필요한 서비스를 마련함에 있어서 기본적으로 고려해야 할 요소로 사회적 할당, 사회적 급여, 재정, 서비스의 전달체계를 지적하고 있는데(Gilbert & Specht, 1974), 이는 결국 사회복지서비스를 전달함에 있어 어떤 사람을 대상으로 어떤 종류의 서비스를 하며, 재원은 어떻게 마련하고, 어떠한 조직체계를 가지고 서비스를 전달하는가에 관한 것이다(황진수, 1995).

사회복지서비스 전달체계는 사회복지서비스 대상자의 선정, 자격요건의 설정, 급여내용의 성격에 관한 정책들이 실제로 이를 통해 이루어지게 되므로, 사회복지서비스 전달체계가 확립되어 있어야 사회복지의 욕구와 문제가 올바르게 파악되고, 이것을 해결하기 위한 전문적 서비스가 이루어질 수 있으며, 사회복지의 효율성이 증대될 수 있다.

이성기(1995)는 사회복지 전달체계에서 고려해야 할 원칙으로 효과성(effectiveness), 포괄성(comprehensiveness), 책임성(accountability), 형평성(equity), 접근성(accessibility), 전문성(professionality) 등의 원칙을 주장하였다.

이 절에서는 전달체계의 원칙으로 포괄성, 연속성, 통합성, 접근용이성, 적절성, 전문성, 책임성의 원칙 등을 설명하고자 한다.

1) 포괄성(Comprehensiveness)의 원칙

포괄성의 원칙이다. 이는 제공되는 복지서비스가 수요자의 복잡·다양한 요구에 부응할 수 있어야 한다는 것이다. 과거의 복지서비스 수요자의 욕구는 단순하였다. 즉, 그들 대부분의 욕구는 경제적인 문제에 귀결되었고 이는 공급자 측면에서도 단순한 물질적 지원에 그치게 하였다. 그러나 복지서비스 수요자의 욕구가 복잡·다양화됨에 따라 그들의 요구에 충분히 대응할 수 있는 적극적인 방안의 모색이 필요하게 되었고, 이는 복지서비스 전달체계에서도 새로운 방안을 모색하게 하였다.

2) 연속성(Continuity)의 원칙

연속성의 원칙이다. 이는 서비스가 단절됨이 없이 대상자에게 개입부터 목적을 완수할 때까지 지속적으로 혹은 안정적으로 제공할 수 있어야 하며, 하나의 욕구가 해결되어 다른 욕구로 이전이 필요할 경우에 전달체계들 간의 연계를 통해서 중단 없이 제공되어야 한다는 것이다. 계속적 시점에서의 과정적 연속을 의미하는 것으로, 이를 위해서는 서비스 공급자와 수요자 간의 지속적인 관계를 맺고 개입할 수 있어야 한다.

3) 통합성(Integration)의 원칙

통합성의 원칙이다. 이는 복지서비스 이용자의 복합적인 문제를 해결하기 위해 동시에 투입되는 여러 가지 종류의 서비스, 프로그램, 조직들이 서로 유기적인 연계를 맺으면서 수요자의 욕구에 적절하게 대응하는 것을 의미한다. 즉, 현재적 시점에서의 다차원적 연속성으로(Test, 1979), 관련 프로그램이나 서비스 공급 조직 간에 상호 협력과 유기적인 연계가 긴밀하게 이루어져야 한다는 것이다. 그러나 현실적으로 복지서비스 전달체계는 행정상, 편의상 그리고 전문성의 문제 때문에 서비스나 프로그램이 다양하게 분산되어 있으며, 서비스 제공기관도 다양하게 분산되어 있다. 따라서 여러 개의 서비스 제공기관이 각기 독자적으로 동일한 대상자에 대하여 중복의 서비스를 제공함으로써 서비스의 효과를 저하시키고, 자원을 낭비하는 문제가 야기되는 것이다. 따라서 바람직한 전달체계가 이루어져 특정 사람들이 어떠한 재화나 서비스를 불필요하게 많이 받거나 또는 특정 사람들이 필요한 것을 받지 못하는 현상을 방지하여야 한다. 이를 위해서는 다양한 욕구를 가지는 수요자들의 욕구를 만족시키기 위한 복지서비스에 대한 조정과 체계화가 필요한 것이다. 그리고 이러한 통합성의 원칙은 다른 종류와 질의 복지서비스가 상호 연계되어 있는지와 조직 내 프로그램 간에 상호 협력과 유기적 연계가 되어 있는지를 평가하는 척도가 될 수 있다(한혜경, 1995).

4) 접근용이성(Accessibility)의 원칙

접근용이성의 원칙이다. 이는 서비스를 필요로 하는 사람들이 서비스를 이용하는 데 장애가 없는 상태를 의미한다. 그리고 여기서의 장애요인에는 지리적 장애는 물론, 정보의 결여, 노출에 대한 두려움이나 수치심 등의 심리적 장애, 선정절차상의 장애, 자원부족으로 인한 장애 등이 모두 포함된다(Gates, 1980). 실제로 복지서비스가 아무리 좋은 질을 유지하고 있다 하더라도 수요자들이 실제로 그것을 이용하는 것이 어려우면 실효성을 거두기 어렵다. 따라서 전달체계는 공간적 · 시간적 · 절차적 측면에서 수요자가 쉽게 이용할 수 있도록 만들어져야 한다.

5) 적절성(Adequacy)의 원칙

적절성의 원칙이다. 이는 서비스 요구에 대해서 이러한 요구에 부합하는 서비스 제공 여부의 측면과 양적·질적·시간적 측면에서 서비스 적절성과 관련되는 것이다. 복지서비스 전달체계가 이러한 원칙을 충족시키기 위해서는 수요자들의 서비스 욕구를 적절하게 파악해야 하며, 이러한 서비스 욕구에 대응하여 충족될 수 있을 정도의 인적·물적 자원이 구비되어야 한다. 그러나 현실적으로는 사회적 욕구에 대한 객관적 측정이 사실상 불가능한 상황에서 복지수요자가 바라는 인지된 욕구와 복지공급자가 판단하는 규범적 욕구 사이의 불일치가 발생하는 경우가 많다. 따라서 전문가에 의한 적절한 사정을 통한 전달이 요구된다고 할 수 있다.

6) 전문성(Professionalism)의 원칙

전문성의 원칙이다. 이는 복지서비스가 전문적인 지식과 기술을 갖춘 사람들에 의해서 제공되어야 한다는 것이다. 이들은 단순하게 경험이 많은 정도의 사람이 아니라, 자격이 객관적으로 인정됨으로써 자신의 전문적 업무에 대한 권위와 자율적 결정권 및 책임성을 지닌 사람을 의미한다. 복지서비스의 전달체계에서 전문성의 원칙이 중요한 것은 기본적으로 복지서비스는 수요자의 욕구를 정확하게 분석함으로써 이에 정확하게 반응할 수 있는 서비스가 필요하기 때문이다.

7) 책임성(Accountability)의 원칙

책임성의 원칙이다. 흔히 책임성의 문제는 책임을 지는 대상에 따라서 사회에 대한 책임, 대상자에 대한 책임 그리고 전문가로서의 책임으로 구분하기도 한다. 우선 사회에 대한 책임은 사회로부터 위임받은 소정의 기능을 그 전달체계가 적절히 수행했는가에 대한 책임을 의미하며, 수요자에 대한 책임은 전달체계를 통하여 수요자들의 욕구를 최대한 해결해야 할 책임을 의미한다.

그리고 전문가로서의 책임은 전문가로서의 윤리강령을 준수하고 전문가다운 지식과 기술을 지속적으로 연마하고 발전시킬 책임을 의미하는 것이다. 그러나 가장 기본적으로 책임성은 서비스 수요자에 대한 책임성을 의미하는 것이며, 복지서비스 전달체계가 수요자들의 요구에 어느 정도 민감하며, 어느 정도 반응적인가 하는 것이다(박영미 · 양지훈, 1999). 물론 이를 위해서는 참여를 촉진할 수 있는 방안, 수요자로부터 평가를 받을 수 있는 방안 등을 마련할 필요가 있다.

이 외에도 복지서비스 전달체계의 원칙과 관련해서 지역사회 참여의 원칙, 평등성의 원칙, 경쟁성의 원칙, 노력성의 원칙, 효율성의 원칙 등 다양한 원칙들이 제시되고 있다.

2. 사회복지 전달체계의 선택

사회복지서비스 전달체계를 선택하는 과정은 여러 가지 변수에 의해 결정된다. 공적 전달체계는 대개 사회보험, 공공부조 및 사회복지서비스의 대부분을 공공복지정책을 통하여 제공한다. 사회보험과 공공부조는 중앙정부에서 관장하는 경우가 많고, 사회복지서비스는 지방정부가 상당 부분을 전담하는 경향이 있다. 그리고 사적 전달체계는 사회복지서비스 전달체계 부분이 활발하게 전개되고 있다.

전달체계의 선택은 전달체계를 통해 달성하려는 정책목표와 이념, 조직의 원리, 급여내용, 재정여건, 행정적 기술과 인력의 역량 등에 따라 정치적으로 결정된다. 따라서 사회복지전문가는 전달체계 선택과정에 내포되어 있는 의미들을 잘 이해하여 시민들의 사회복지 증진에 기여할 수 있는 전달체계의 선택이 이루어질 수 있도록 힘써야 할 것이다(권육상 외, 2010).

생각해 보기

1. 사회복지사가 왜 인간의 기본 욕구에 대한 이해를 학습해야 하는지 그 이유에 대해 토론해 봅시다.
2. 다섯 가지 인간의 기본 욕구 중에서 여러분이 가장 중요하게 생각하는 욕구는 무엇이며, 그 이유는 무엇인지 토론해 봅시다.
3. 공공부문과 민간부문에 대해 여러분의 생각을 토론해 봅시다.
4. 클라이언트에게 사회복지서비스가 적합하고 효율적으로 전달되기 위해서 개선되어야 할 점이 무엇인지 주변에서 경험했거나 일어나는 사례를 바탕으로 토론해 봅시다.

연습문제

01 **매슬로우의 이론에 대한 설명이다. 옳지 않은 것은?**

① 인간의 본성은 본질적으로 선하다.

② 위계서열이 낮은 욕구일수록 강도와 우선순위가 높다.

③ 연령에 따른 욕구 발달단계를 구체적으로 제시하였다.

④ 유전은 성격발달에서 중요한 역할을 수행한다.

⑤ 발달의 마지막 단계이며 최고의 단계는 자기실현이다.

해설 행동주의 이론(파플로프, 스키너, 반두라)과 인본주의 이론(매슬로우, 로저스)에 속한 학자들 중 어느 누구도 연령에 따른 발달단계를 제시하지 않았다.

02 **매슬로우의 생리적 욕구에 대해 바르게 설명한 것은?**

〈보기〉

A. 사랑을 받는 것뿐만 아니라 주는 것까지 포함된다.

B. 생물학적 유지와 직접적으로 관련된다.

C. 안전하지 않으면 두려움과 불안을 느낀다.

D. 먹고, 자고, 종족을 보존하는 욕구 등 최하위 단계의 욕구이다.

① A · B · C　② A · C

③ B · D　④ D

⑤ A · B · C · D

해설 생리적 욕구는 인간의 욕구 중 생존에 필요한 가장 기본적인 욕구이다.
A : 소속과 애정의 욕구
C : 안전의 욕구

03 **공공기관 및 민간기관의 사회복지시설 내용 중 틀린 것은?**

① 공공사회복지시설은 외부의 정치적 개입이 있다.

② 민간사회복지시설은 소규모의 시설도 많이 존재한다.

③ 공공사회복지시설은 시비스의 일관성이 부족하다.

④ 민간사회복지시설은 사명감이 빈약하다.

⑤ 공공사회복지시설은 사후치료가 불충분하다.

해설 공공사회복지시설은 사명감이 빈약하지만 민간사회복지시설의 사명감은 왕성하다.

04 **공적 사회복지서비스 전달체계에 관한 설명 중 옳은 것은?**

〈보기〉

A. 창의적이고 유연하다.
B. 재정적으로 안정적이다.
C. 클라이언트에게 가까이 위치하고 있다.
D. 복잡한 전달체계를 가지고 있다.

① A・B・C ② A・C
③ B・D ④ D
⑤ A・B・C・D

해설 • 공적 전달체계 : 재정적으로 안정되고, 관료적이고, 경직성을 띠며, 복잡한 전달체계이다.
• 민간 전달체계 : 재정적으로 취약하고, 융통성 있고, 창의적이고, 유연하며, 클라이언트 가까이에 위치해 있다.

05 **민간 사회복지 전달체계의 기능으로 적당치 않은 것은?**

① 다양한 사회복지서비스 프로그램의 개발
② 정부의 사회복지활동에 대한 지원단체 역할
③ 민간의 사회복지 참여욕구 수렴
④ 정부가 제공하는 서비스를 받지 못하는 수혜자 포용
⑤ 동종의 서비스에 대한 선택기회 제공

해설 민간조직은 비슷한 서비스를 제공하면서 정부기관의 활동과 서비스를 감시할 수 있으므로 정부에 서비스 개선 또는 도입을 위한 압력단체 역할을 할 수 있다.

06 **다음과 같은 상황에서 요구되는 사회복지서비스 전달체계 구축의 가장 바람직한 원칙은?**

〈보기〉

A복지관을 찾은 C씨는 한부모가족의 남성가장이다. C씨는 7살 된 아들과 함께 형님 댁에서 생활하고 있다. 낮에는 주유소에서 일을 하고 저녁에는 편의점에서 일을 하고 있다. C씨는 하루하루 돈벌이에 바빠 아들의 교육에는 전혀 신경을 쓰지 못하고 있다. 한편 C씨의 부모님도 암에 시달리고 있으며, C씨 역시 건강이 좋지 못하다.

① 책임성
② 적절성
③ 포괄성
④ 포괄성
⑤ 연속성

해설 주어진 사례는 다양한 문제가 동시에 발생하고 있는 상황이다. 이러한 클라이언트의 다양한 문제를 해결할 수 있는 포괄성을 갖춘 전달체계가 필요하다. 그렇지 않을 경우 C씨는 어떤 부분은 충족하지만 다른 문제는 해결되지 않을 가능성이 높다.

07 **사회복지 전달체계에 관한 설명으로 옳은 것은?**

① 공공부조는 중앙정부가 사회보험은 중앙정부와 지방정부가 맡고 있다.
② 중앙정부는 사회통합이나 평등과 같은 정책목표를 달성하는 데 불리하다.
③ 지방정부는 중앙정부에 비해 지속성과 안전성에서 유리하다.
④ 영리 사회복지기관은 공공부문과 연계하여 복지서비스를 제공하지 않는다.
⑤ 과거 중앙정부 중심의 서비스 제공에서 점점 지방정부와 민간기관과의 혼합이 늘어가는 경향이다.

해설 사회보험은 중앙정부가 맡고 있으며, 공공부조는 중앙정부와 지방정부가 맡고 있다. 중앙정부는 사회통합이나 평등과 같은 정책목표를 달성하는 데 유리하며, 지방정부에 비해 지속성과 안정성에서 유리하다. 또한 최근 영리 사회복지기관은 공공부문과 연계하여 사회복지서비스를 제공하고 있다.

정답 01. ③ 02. ③ 03. ④ 04. ③ 05. ② 06. ④ 07. ⑤

chapter 04

사회복지의 역사에 대한 이해

Chapter 04

사회복지의 역사에 대한 이해

제1절 영국 사회복지의 역사

1. 영 국

오늘날 사회복지는 유럽, 특히 영국을 중심으로 발달한 사회복지에 근거를 두고 있다. 영국은 14세기 후반 빈민을 구제하기 위한 시도에서 복지에 대한 사회적 인식이 형성되기 시작했는데, 그런 이유로 오늘날 사회복지의 시초는 영국에서 찾을 수 있다. 따라서 영국은 빈민법을 제정하여 빈민구제에 관한 국가의 책임을 가장 먼저 확립한 국가이다. 수차례의 빈민법 제정과 기타 빈민구제 관련입법을 통하여 공공부조제도를 발전시켰으며, 베버리지 보고서(Beveridge Report)[1]를 계기로 실업, 빈곤 등 사회문제의 해결을 위해 공공부조인 국민부조를 실시하였다. 그 이후 국민부조나 임의보험과 더불어 사회복지제도를 발진시키게 되있다.

1) 엘리자베스 빈민법 이전

(1) 노동자법

1351년 영국 국왕 에드워드(Edward) 3세가 제정하였다. 노동자법(Statute of Laborers)은 1388년 빈민구제 및 통제를 위한 빈민법(구빈법, Poor Law Act)으로 구체화되어 임금상승을 야기하는 노동자의 이주를 금지하였다.

1) 베버리지 보고서에서 주장하는 사회보장이란 실업, 질병 및 재해로 인한 소득의 중단 또는 노령, 은퇴, 부양자의 사망, 출산, 결혼 등의 예외적 지출의 경우에 대비할 수 있는 일정 소득의 보장을 의미한다.

(2) 건장한 부랑자 및 걸인의 처벌에 관한 법

헨리 8세가 1536년 제정한 이 법(Act for Punishment of Study Vagabonds and Beggars)은 빈민법의 기본 골격을 형성하였다. 정부의 후원하에 최초의 공공구호계획이 법으로 제정된 것이다.

(3) 1562년 장인법(Statue of Artificers)

임금, 노동시간, 도제제도를 법으로 명시하는 한편, 떠돌이는 중노동에 처하였고, 12~60세 사이의 직업 없는 걸인들을 종으로 고용하는 것을 일반인들에게 허용하였다.

(4) 빈민구제법(Poor Relief Act)

1576년 빈민에 대한 강제노역을 규정한 법이다. 이 법은 노동능력이 있는 빈민이 빈민구제를 원할 때는 근로를 하도록 하는 것을 강조하였다.

2) 엘리자베스 빈민법(1601)

엘리자베스 빈민법은 구호의 교구 단위의 자선행위에서 국가책임으로 전환을 이루었다는 점에서 의미가 깊다. 빈민구제를 위한 조세를 징수하여 재원을 마련하였으며, 빈민감독관을 두어 구빈행정체계를 확립하였기에 근대적인 빈곤정책의 효시로 볼 수 있다. 빈민법은 대상자를 다음과 같이 세 범주로 구분하여 대처하였다(Zastrow, 2000).

① 근로능력이 있는 건강한 빈민(the able-bodied poor)

교정원 또는 열악한 수준의 작업장에서 강제노역을 하였으며, 주어진 노력을 거절하는 자는 감옥에 투옥되었다. 시민은 이들에게 자선과 같은 재정적 도움을 제공하는 것을 금지당했다.

② 근로능력이 없는 무능력 빈민(the impotent poor)

노인, 장애인, 아동을 두고 있는 편모 등은 구빈원(almshouse)에 수용되었다.

이들 중 거처할 곳이 있어 그곳에서 돕는 것이 비용을 줄일 수 있다고 판단되는 경우에는 의복, 음식, 연료 등을 제공하면서 원외구호(outdoor relief)를 실시하였다.

③ 빈곤아동(child poverty)

부모 또는 조부모의 보호를 받을 수 없는 아동은 양육을 원하는 시민 아래서 도제생활을 했다. 소년은 24세까지 주인에게서 상거래활동을 배우고, 소녀는 21세 또는 결혼할 때까지 집안일을 돌보는 하녀의 삶을 살았다.

이처럼 엘리자베스 빈민법은 자선원이나 빈민원 등과 같은 시설에서 구호를 제공하였다. 그러나 자신의 주거에 살면서 구호를 제공하는 것이 비용이 적게 든다고 판단되는 경우에는 예외적으로 현물급여를 제공하였다. 엘리자베스 빈민법의 특징은 빈민에 대한 구호에서 노동유인 측면을 강조하고 있다는 것이다. 엘리자베스 빈민법은 공적 구호의 기본 형태를 정착시키고, 빈민에 대한 국가의 책임을 최초로 인정하였다는 점에서 서양 사회복지의 시발점이라고 볼 수 있다.

영국에서 이 시기부터 빈민법들이 나타나는 이유는 이 시기에 봉건사회가 붕괴되고 중앙집권적인 절대왕정이 수립되면서 이러한 제도를 시행할 수 있는 행정력이 갖추어졌다는 것과 전쟁, 흑사병과 같은 질병, 기근, 인클로저 운동(enclosure movement)[2] 등으로 인구가 줄어들면서 빈민이 증가하였기 때문이다(성민선 외, 2005).

2) 개방경지 · 공유지 · 황무지를 산울타리나 돌담으로 둘러놓고 사유지임을 명시하며 추진한 운동을 말한다. 중세 말부터 19세기까지 유럽, 특히 영국에서 전형적으로 볼 수 있었다. 제1차 인클로저 운동은 15세기 말에서 17세기 중반까지 주로 지주들이 곡물생산보다 양모생산을 위한 경지확보 및 농지를 목장으로 전환시킨 운동으로 농민의 실업과 이농, 농가의 황폐, 빈곤의 증대 등을 야기시켰다. 제2차 인클로저 운동은 18세기 후반에서 19세기 전반에 걸쳐 인구증가에 따른 식량수요의 격증에 대해 합법적인 의회입법을 통해 정부 주도하에 이루어졌는데 농민의 임금노동사화를 촉진시켰다. 그 결과 영국에서는 지주, 농업자본가, 농업노동자의 3분제를 기초로 하여 자본제적 대농경영이 성립되었고 이른바 자본의 본원적 축적이 가능해졌다.

3) 정주법(The Act of Settlement and Removement, 1662)

정주법은 빈민의 자유로운 이동을 금지한 법령이다. 빈민이나 걸인들이 구빈원의 혜택이 있는 지역이나 부유한 교구로 이동해 다녔기 때문에 이로 인해 많은 부랑자들이 발생하여 부유한 교구민들의 세금부담을 증가시켰다. 그리하여 빈민의 자유로운 이동을 금지하는 것을 법령으로 제정하기까지에 이른 것이다. 또한 각 교구는 자기 교구 내에서 출생한 법적 거주권자에 대해서만 책임지려고 하였다. 이는 빈민의 이주를 막는 부랑인을 단속하기 위한 법이었다. 그러나 이 법은 낮은 임금으로 일을 시킬 여력의 노동력이 필요한 농업자본가의 이익을 대변한 법이며, 빈민의 주거선택과 이전의 자유를 침해한 것으로 비판을 받게 되었다.

4) 작업장법(Workhouse Test Act, 1722)

작업장법은 노동이 가능한 빈민을 고용해 국가의 부를 증진하기 위하여 제정되었으며, 동시에 빈민에게 노동을 강제하여 재정지출을 감소시키려는 의도로 시작되었다. 1696년 영국의 브리스톨(Bristol)시에서는 여러 교구들이 모여 하나의 연합체를 구성하여 공동작업장을 설치하여 빈민에게 일을 시키고 노임을 지급하였다. 한편 작업수용을 거부하는 빈민은 구제등록부를 삭제하여 구제받을 자격을 박탈하였다. 1722년 개정된 노역장심사법은 게으른 빈민들에게 자유를 박탈하고 고통과 공포를 주어 구제의 남용을 방지하는 목적이었다. 이 법은 오늘날 직업보도 프로그램의 원조가 되었다는 견해가 있다.

5) 길버트법(Gilbert Act, 1782)

길버트(Gilbert) 의원이 주도한 길버트법은 일종의 작업장 개선운동이었다. 즉, 길버트가 제안한 법으로 작업장에서의 열악한 환경과 빈민의 비참한 생활과 착취를 개선할 목적으로 한 것이다. 따라서 노동능력이 있는 근면한 빈곤자들이 자신의 집에서 공공부조를 받게 되는 원외구제(outdoor relief)제도를 창시하여 거택보호제도의 효시가 되었다.

6) 스핀햄랜드법(Speenhamland Act, 1795)

빈민에 대한 임금보조제도를 규정한 법으로 최저생활거주에 미달되는 임금의 부족분을 보조해 주는 것을 목적으로 하고 있다. 이는 생존권을 보장함으로써 농촌에서 도시로 인구가 유출되는 것을 방지하고자 하였던 것이다. 스핀햄랜드법은 최저생계비의 보장이라는 의미에도 불구하고 심각한 역효과를 가져왔다. 임금소득의 크기에 관계없이 최저생계가 보장되기 때문에 빈민들의 노동동기가 약화되었으며 임금수준은 지속적으로 하락하였다.

이에 따라 노동자들은 노동을 하고 있음에도 불구하고 부조를 받아야만 최저생계가 가능한 빈민으로 전락하게 되는 많은 문제점을 가지게 되었다.

7) 신빈민법(Poor Law Amendment, 1834)

신빈민법은 빈곤구제의 책임은 국가에 있다고 인정하기는 하였지만, 근본적으로 빈곤의 원인이 개인의 도덕적 문제나 나태에 있다고 보았다. 따라서 사회의 구조적인 개혁의 시도나 제도적인 빈곤구제를 위한 법이라기보다는 사회통제적이고 잔여적인 빈곤구제법이었다. 즉, 신빈민법은 1834년에 제정하게 되었는데 그 내용은 다음과 같다.

① 원외구제의 금지(the principle of workhouse)

노약자, 질병자 등 예외적인 경우에만 원외구제를 허용하고 원칙적으로 원내구제를 실시했다.

② 열등처우의 원칙(the principle of less eligibility)

정상적인 노동을 권장하기 위하여 구제의 수준을 최하급 극빈 독립노동자의 생활수준보다 낮은 수준에서 정하였다.

③ 작업장 테스트의 원칙(the principle of workplace testing)

빈곤처우의 지나친 다양성과 자격조사에 따른 부패를 해소하기 위해 단순조사를 실시하였고, 이를 통해 구제적용의 다양성과 불확실성을 배제하였다.

④ 전국 균일 처우의 원칙(the principle of national uniformity)

피구제자에게 주어지는 구제는 중앙행정기관인 빈민법위원회에 의해 전국적으로 통일되었다.

2. 근대 사회사업 시기

이 시기는 산업혁명의 시작과 더불어 근대 자본주의 시대가 시작되어 자본가 계층과 노동자 계층이 생겼으며, 이들 사이에 생긴 격차나 소득의 편중 등이 중요한 사회문제로 대두되었다. 이러한 시대에 빈곤의 발생은 개인적인 요인이 아니라 사회적인 요인에 의해 야기되는 것이므로 이러한 문제에 대해서는 사회가 책임을 져야 한다는 사상과 함께 사회사업(social work)이라는 말이 탄생하게 되었다.

19세기 영국에서 사회의식에 따른 빈민구호에 영향을 준 대표적인 네 가지 주요 요소는 사회개량운동, 자선조직화운동, 인보관운동, 사회조사활동을 들 수 있는데 그 내용은 다음과 같다.

1) 사회개량운동

산업혁명시대에 일어난 사회개량운동 중에서 가장 중요한 핵심은 차티스트(The Chartists)운동과 노동조합운동이라 할 수 있다.

차티스트운동은 1830년경 노동자들이 보통선거권을 비롯하여 무기명 투표, 의원들의 재산자격 및 세비지급의 폐지, 평등선거구안 등의 정치적 요구를 관철시키기 위한 운동이었으나 실패로 돌아갔다. 그러나 노동대중은 이를 계기로 그들의 관심을 정치적 목적에서 경제적 조건 개선의 구체적 수단으로 전환하였으며, 1844년 차티스트운동에 의해 노동자 자신들 소유로 최초의 소비조합 매점을 개설하였다. 대표적인 사회개량운동가는 오웬(Robert Owen)이다. 오웬은 충분한 임금과 좋은 근로조건으로도 수익성 있는 공장운영이 가능하다고 생각하고 자신의 뉴 라나크(New Lanark) 지역 공장에서 자신이 고용한 노동자와 가족들을 위한 공동체 사업을 시도했다.

작업환경의 개선과 노동자를 위한 기숙사 및 교육시설 등을 제공함으로써 산업복지 영역에서 생활조건과 근로조건 개선 요구에 영향을 크게 미쳤으며, 19세기 중반에는 이러한 영향으로 아동노동 금지운동과 노동자의 위생상태와 건강 개선, 근로조건 개선, 교육제공 등을 위한 일련의 법률제정 요구가 등장하며 사회개혁, 국가의 복지개입 등이 확산되었다.

2) 자선조직화운동

1860년대의 영국은 산업혁명 이후 한 세기를 지나면서 비롯된 자유방임적 자본주의의 폐해와 함께 흉작과 전염병 등이 겹치면서 만연하게 된 빈곤문제로 어려움을 겪고 있었다. 따라서 빈곤의 원인에 대한 현실적 접근과 수많은 민간 자선활동단체 상호 간의 조정 및 구빈행정의 역할분담 등이 필요하다는 인식과 주장들이 대두되면서 지역 단위의 조직적 자선을 위한 움직임이 나타나게 되었다. 이와 관련하여 영국에서는 1869년 자선조직협회(COS : Charity Organization Society)가 발족되었다.

자선조직협회의 목적은 다음과 같다.

첫째, 구제대상자들을 해당 자선단체에 등록시켜 자선단체로부터 중복적 구제를 받으려는 직업적인 클라이언트를 방지하는 것이다.

둘째, 자선단체 상호 간의 업무연락을 통한 연계 협력체계를 구축하는 것이다.

셋째, 구제자원과 피구제자의 합리적인 조절과 효과를 재고시키는 것이다.

자선조직협회의 기본 원칙은 신청주의에 의한 조사, 중앙 등록국의 설치, 지역사회 내의 모든 원조기관의 협조, 자발적·우호적인 방문사업을 실시하는 것이다. 자원봉사자인 우애방문원(friendly visitors)은 빈곤한 가구를 방문하여 빈곤의 원인을 조사하여 판단하고 분류하는 활동을 하였으며, 도덕적 문제를 가진 빈민들에 대한 상담을 통하여 이들을 감화시키는 일도 우애방문원들의 일이었다. 후에 우애방문원의 활동이 체계적 교육과 훈련과정을 거쳐 전문적 사회사업인 개별사회사업으로 발전하게 되었다. 그리고 지역 단위의 자선활동의 조직화와 조정활동은 지역사회조직의 모태가 되었으며, 우애방문원들의 빈곤가정조사는 사회사업조사의 발전에 기여하였다(김형수 외, 2011).

3) 인보관운동

인보관운동(settlement movement)은 도시지역의 빈곤문제에 대처하기 위한 노력의 사회활동의 일환으로 전개된 것이다. 인구의 도시집중화 현상으로 빈민밀집주거지역이 생겨나 새로운 도시문제의 하나로 대두되었다.

도시빈민의 문제를 해결하기 위하여 의식 있는 사회지도층 인사와 대학생들이 중심이 되어 빈민들의 주거지역을 실제로 조사하여 그 실태를 파악하고, 이에 따라 실제적으로 구빈활동을 하기 위하여 빈민들의 지역에 이주하여 빈곤자와 함께 생활하며 문맹퇴치 등 교육사업, 지역주민과 아동을 위한 보건교육, 취업과 관련된 기술교육, 성인교육사업 등을 전개하였다.

인보관운동은 1884년 영국 런던에 세워진 토인비 홀(Toynbee Hall)로 시작되어, 1887년 뉴욕 근린조합(Neighborhood), 1889년 시카고 헐 하우스(Hull House) 등으로 이어졌다(남일재 외, 2007).

토인비 홀(Toynbee Hall)의 설립목적은 다음과 같다.

첫째, 지역에 거주하고 있는 빈곤자들에게 교육과 문화적인 활동을 향상시키는 것이다.

둘째, 인보관에서 활동하고 있는 대학생 자원봉사자들에게 빈곤자들의 상황과 사회개량의 필요성을 알리는 것이다.

셋째, 사회문제, 보건문제 그리고 사회입법에 관하여 일반지역주민과 사회에 관심을 높이는 것이다.

이처럼 인보관운동은 사회사업의 방법적인 면에서 집단별로 필요한 교육을 위하여 집단을 활용한 다양한 프로그램을 전개하였다는 점에서 집단사회사업의 발전에 상당한 영향을 미친 것으로 평가된다. 또 지역사회 문제를 직접 확인하고 생활하면서 서비스를 전개하였고, 이를 위한 시설을 운영한다는 점에서 현재의 지역사회복지관의 모체라 할 수 있으며 지역사회복지의 발전에 기여한 것으로 평가된다.

〈표 4-1〉 COS와 인보관운동의 비교

	COS(자선조직협회)	인보관운동
사회문제의 원인	개인적인 속성	환경적인 요소
이데올로기	사회진화론	자유주의, 급진주의
참여자	상류층	중산층
사회문제 접근방법	빈민개조, 역기능적인 면 수정	빈민과 함께 거주, 동정, 사회비판
해결책	실용주의적	정해진 방안은 없고, 실현 가능하고 효과적인 해답 마련
역점분야	기관들의 서비스 조정	서비스 제공(유치원, 오락, 학교 등)
성 격	사회질서 유지를 강조	사회의 개혁적인 면을 강조, 참여민주주의와 교육 강조

4) 사회조사활동

사회복지조사는 영국에서 사회철학과 구빈사업 실천에 영향을 끼친 중요한 요소이다. 19세기 말 빈곤에 대한 경험적·실증적인 사회조사가 실시되었는데, 1886년 부스(Booth)가 런던주민들의 주택, 고용, 임금, 보건 등 포괄적인 생활상태를 조사한 결과 런던주민의 30% 이상이 빈곤선 이하의 생활을 하고 있다는 것을 알게 되었다. 또한 1899년 라운트리(Rowntree)에 의한 요크시의 사회조사가 이루어졌다. 조사결과, 빈곤은 개인적인 원인에 의한 것이 아닌 사회구조적인 요인에 의해서 발생하였다는 것을 입증하게 되었다.

이와 같은 조사결과는 사회개혁을 위한 효과적인 대책의 필요성과 보다 나은 사회복지정책 및 계획들을 실시하기 위해서는 과학적이고 객관적인 사회복지조사가 선행되어야 함을 시사한다.

3. 영국의 베버리지 보고서와 사회보장제도

1941년 6월 당시의 사회적 서비스의 구조와 그 효율성을 조사하고 필요한 개혁을 실시하기 위해서 사회보험 및 관련사업에 관한 각 부처 연락위원회가

의회의 만장일치로 구성, 베버리지(William Beveridge) 경이 위원장으로 임명되었다. 이 위원회는 기존의 사회보험과 복지 프로그램을 전면적으로 재검토하였으며, 이를 바탕으로 획기적인 개혁내용이 담긴 보고서를 1942년 11월에 발표하였는데, 이것이 베버리지 보고서이다. 베버리지 보고서에서 사회보장은 모든 국민으로 하여금 궁핍(want), 질병(disease), 무지(ignorance), 불결(squalor), 나태(idleness)의 5대 사회악에서 벗어나게 하는 것이 목적이다. 이를 해결하기 위한 방안으로는 첫째, 기본적 사회충족을 위한 사회보험 프로그램의 시행이다. 둘째, 특별히 긴급을 요하는 수요충족을 위한 공적부조의 마련이다. 셋째, 균일급여의 원칙으로는 대처할 수 없는 세대의 수요에 부응하는 자녀수당(오늘날의 가족수당)의 제도적 보장이다. 넷째, 건강 및 재활서비스 등의 포괄적인 보건의료보장제도의 확립이다. 다섯째, 공공사업을 통한 완전고용 유지의 사회보장체계를 제시하였다.

또한 베버리지 보고서에서의 사회보험은 현재의 사회보험과 같이 여러 위험별로 나누어진 사회보험이 아닌 모든 위험과 대상을 포괄하는 하나의 사회보험 시스템으로 6대 원칙을 제시하였는데, 그 내용은 다음과 같다.

① 행정의 통합화 : 기존의 복잡하고 산만한 사회보험을 하나의 통일된 체계로 통합하고 또한 행정운영비의 낭비를 최소화하기 위한 원칙이다.
② 적용범위의 포괄성 : 노동자집단에 자영자를 포함하여 포괄적인 사회보험을 제안하는 원칙이다.
③ 기여의 균일성 : 균일기여 · 균일갹출의 원칙이다.
④ 급여의 균일성 : 균일급여의 원칙이다.
⑤ 급여의 적절성 : 급여적절성의 원칙이다.
⑥ 대상의 분류 : 노인, 아동, 자영자, 피용자, 주부, 무직자 등 여섯 가지 범주로 구성한다.

이처럼 베버리지 보고서를 기초로 1944년 사회보장청이 설치되고 구빈법이 폐지되었으며, 1945년 가족수당법, 1946년 국민보험법, 1948년 국민부조법 등 관련법령이 제정되는 데 영향을 미쳤다.

베버리지 보고서의 평가에 의하면, 베버리지 보고서는 국민 연대성에 기초한 사회적 기본 수준(national minimum)의 보장을 기초로 하는 사회보장원칙을 제시하였다. 베버리지는 전 국민에게 정액으로 부과할 수 있는 갹출 수입만으로는 인간다운 삶을 보장하는 적절한 수준의 정액급여 비용을 충당할 수 없을 때 그 차액을 전액 국고부담으로 할 것을 주장하였다. 그러나 재무성의 반대로 보험급여 지출에 대한 국고보조에 제한이 생기게 되자 사회보험 급여수준의 적절성이 희생되었다. 따라서 사회보험 급여를 받는 사람도 공공부조를 신청하여야 하는 경우가 늘어나게 되어, 당초 사회보험제도가 성숙하면 공공부조는 사라질 것이라는 예측과는 달리 공공부조의 대상은 오히려 늘어났다. 그 결과 베버리지 보고서는 보고서의 구상이 그대로 적용되지는 못했지만 전후 복지국가의 사상적 기반이 된 보고서로 평가되었고, 이 보고서는 '요람에서 무덤까지'라는 복지국가의 사회보장체계를 마련하였다.

제2절 미국 사회복지의 역사

1. 미 국

19세기 초 미국은 주로 영국에서 이주해 온 식민지 개척사들이 대부분 시회의 각 분야에서 중추적인 활동을 하였는데, 그들은 영국의 법제나 관습을 그대로 가져와 미국의 정책에 적용시키려 했다. 청교도 윤리가 지배적이었기 때문에 노동을 미덕으로 여기고 나태는 죄로 여겼으며 이는 빈곤의 책임이 개인의 책임이라는 생각을 뒷받침하였다. 따라서 이 시기의 빈민에 대한 구호활동도 이러한 빈곤관에 입각하여 시행되었다. 또한 활동의 주요 범위는 최소한의 범위로 이루어졌고, 대상도 고아, 과부, 병자, 장애인 등 노동능력이 없는 자와 일시적으로 노동능력이 상실되어 구제를 필요로 하는 자로 제한하여 시행되었다.

1) 미국의 경제 대공황과 사회보장제도

제1차 세계대전에 이어 1929년 시작된 경제 대공황은 10월 주식시장의 붕괴로 이어지면서 상품의 가격은 떨어지고, 실업자의 급증을 초래하여 약 1,200만 명에서 1,500만 명에 이르는 근로자들이 직장을 잃게 되었다(김안호, 2002). 이로 인해 1920년대에는 실업과 빈곤이 급증하고 노동자, 소작인, 흑인 및 미망인 등의 불평등이 표출되었다.

대량의 빈민과 실업자들을 구제하기 위한 민간단체나 주정부의 자원과 재정이 고갈되어 이러한 사회문제를 해결하기 어려운 상황에 봉착하게 되었다. 이에 루스벨트(Roosevelt) 대통령은 신자유주의 사상에 입각한 뉴딜(New Deal)정책을 발표하여 실업자를 구제하기에 이르렀다.

1933년 연방긴급구호법을 제정하고 연방긴급구호청을 창설하여 연방정부의 실업대책으로 구제사업을 위한 보조금을 주에 교부하고 대규모의 노동력을 투입하고 공공사업을 단행하였다. 1935년 8월 14일에 제정·공포된 사회보장법은 강제적 사회보험과 공적부조를 양 축으로 하고 세 부분으로 구성되어 있는데 그 내용은 다음과 같다(성영혜, 2002).

① 사회보험 프로그램으로 연방노령보험체계와 연방정부와 주정부가 함께 하는 실업보장제도
② 공적부조 프로그램으로 노령부조, 요보호 시각장애인 부조, 요보호아동부조 등을 포함시키는 3개 집단을 위한 연방정부지원제도
③ 사회복지서비스 프로그램으로 모자보건서비스, 아동복지서비스, 지체장애아동서비스, 직업재활 및 공중보건서비스 등에 대한 연방정부의 보조금 지급

뒤이어 1943년 직업재활법과 1944년의 공중보건서비스법, 1946년에는 사회보장의 단일행정기구로서 사회보장청이 설립되었다. 미국의 사회보장제도의 특징을 살펴보면 다음과 같다.

① 연방정부가 직접 운영・관리하는 노령연금제도
② 각 주정부의 실업보험, 공적부조, 사회복지서비스에 대한 지원제도

이처럼 여기에서 특기할 점은 종전의 영국의 사회보험제도는 사회보험만을 대책으로 하고 있으나 여기에 공공부조, 사회복지사업을 포함한 종합적인 대책이라는 점에서 사회보험과는 다르다는 점이다(전재일 외, 2009).

2) 복지국가의 위기론 및 세계화와 신보수주의

미국은 1960년대와 1970년대 베트남 전쟁이 끝나고 경제적 호황과 유가파동으로 인한 불황 등의 사회적 변화가 있었다. 이는 복지정책에 다음과 같은 영향을 끼쳤다(김안호 외, 2002).

① 유가파동에 의한 경기침체로 실업과 빈곤대책을 강구하기 위한 많은 정책들의 수립
② 흑인과 여성의 인권운동, 반전운동, 학생운동, 복리권 시위 등 시민의 권익옹호 운동으로 사회사업 분야에서 많은 법령을 새로 제정하거나 개정 및 관대한 사회복지정책 시행

1980년대에는 복지국가위기론이 대두되면서 신보수주의 성향의 정책이 시행되었다. 이로 인해 복지국가는 사회보장제도의 내용과 양식인 측면에서 모두 축소되는 경향을 보였다. 즉, 이러한 변화는 정부의 복지비용의 삭감 및 지출구성의 변화, 공공서비스를 포함한 공공부분의 민영화 및 기업에 대한 규제의 완화, 지방정부의 역할축소, 노조를 포함한 사회세력의 역할 등의 정책기조를 취하는 등 최소정부를 지향하게 되는데 이를 레이거노믹스(Reaganomics)라 한다(백종만 외, 2002). 결과적으로 레이건(Reagan) 행정부의 정책은 인플레이션을 감소시키고 미국경제의 일시적인 호황을 가져왔지만, 대처리즘과 같이 불평등의 증대를 큰 한계로 남겼다. 이는 사회복지 지출을 감소하고 역진적 조세를 부과한 결과 발생한 것이며, 실질적으로 근로소득과 자본이득의 증대로

노동자 계층이 소외당하고 실질임금이 감소하고 실업이 증가하는 격심한 불평등을 발생시켰다. 이렇듯 레이거노믹스는 자본의 새로운 축적구조를 형성하지 못한 채 한계를 안고 있었다(박상하 외, 2009).

미국은 개인주의와 지방분권주의를 중시하는 자조를 강조하는데 이런 차원에서 공적부조의 의존도를 낮추고 자조능력을 갖춘 자에 대한 빈곤대책을 활발히 전개하고 있다. 그리고 지방분권주의에 입각한 제도의 운영이 기본적으로 각 주의 자치에 맡겨진 결과 주정부마다 급부조건에 큰 차이가 있다는 특징을 지니고 있다.

미국과 영국의 사회복지를 역사적인 관점에서 비교해 볼 때 서로 상반되는 면을 볼 수 있다. 영국은 사회제도정책을 발전시켜 왔으나 오늘날은 이에 못지않게 직접적 대인서비스와 사회복지방법론적 접근에도 역점을 두고 있는데 반하여, 미국은 역사적인 특수성이나 개인 존중의 민주주의의 특징으로 대인적 서비스, 즉 사회방법론의 발달에 큰 성과를 거두어 왔으나 최근에는 보다 바람직한 제도와 사회정책 및 계획의 과제연구가 활발히 전개되고 있음을 알 수 있다(성영혜, 2002).

20세기 말 이후 영국과 미국을 포함하여 서구의 복지국가들은 조정단계에 있다고 할 수 있다. 전후 복지국가들이 시행하고 있는 사회복지제도들은 대부분 대량생산방식에 기반을 둔 산업사회의 구조에 맞는 제도들이었다. 그러나 세계화, 탈산업화, 정보화 등이 진행되면서 국가 간 경쟁이 심화되었고, 이러한 국가 간 경쟁의 심화는 과거 국가 단위의 사회복지체제의 변화를 요구하게 되었다.

일찍 세계화와 정보화에 성공한 영국과 미국 등 영미계 국가들은 1990년대 이후 동서냉전이 끝나고 이데올로기가 무너져 가고 있던 상황에서 새로운 무역·금융 질서와 경제체제(WTO, FTA)로 세계질서를 재편해 나가기 시작하였다. 즉, 이념에 의하여 균형이 유지되던 정치질서가 시장을 중심으로 한 경제질서로 대체되었던 것이다.

그리고 이러한 변화에서 상대적으로 뒤떨어진 독일, 프랑스, 스웨덴 등 전통적인 유럽의 복지국가들에서는 국가경쟁력이 상대적으로 약화되면서, 국가 중심의 사회복지체제에서 벗어나 국가경쟁력을 확보하고자 하는 노력들이 나타나고 있다.

제3절 한국 사회복지의 역사

우리나라가 근대화되기 이전의 복지제도는 왕의 어진 통치를 위해 백성을 살피는 민생구휼의 전통과 공동체 삶 속에 자리 잡은 상부상조 제도의 흔적 속에서 찾을 수 있다. 서구와 마찬가지로 근대 이전의 사회에서 가장 큰 사회적 혼란은 흉작, 기근, 역병의 창궐 등과 같은 천재지변과 전쟁, 폭동 등에 따른 백성의 삶의 불안정에 있었다. 이러한 시기에 왕은 구황제도를 통해 백성의 생존을 유지하고 민심을 달래기 위해 노력하게 되었다. 이 절에서는 한국 사회복지의 역사를 근대 이전과 근대 이후로 나누어 살펴보고자 한다.

1. 근대 이전

1) 삼국시대

삼국시대의 구빈사업은 원시공동체의 관습이 남아 있어서 씨족이나 부족의 결합이 강했기 때문에 개인의 문제가 대개 공동체 내에서 해결되었다. 우리나라 역사기록에 나타나는 구빈사업 가운데 가장 오래되고 일반화되었던 제도는 '창(創)'이라고 할 수 있다.

창은 양곡을 비축해 두는 창고로, 원래 목적은 전시에 군량미를 확보하는 것이었지만 빈민구제에 많이 활용되었다. 삼국은 이러한 창 이외에 다음과 같이 구빈사업을 공통적으로 실시하고 있었다(고승덕 외, 2003).

첫째, 관곡의 진급(賑給)은 정부에서 비축하고 있는 관곡을 여러 형태의 재난을 당한 백성들에게 구제하는 것이다.

둘째, 사궁구휼(四窮救恤)은 무의무탁한 빈민을 구제하는 것으로, 환과고독(鰥寡孤獨)을 지칭한다.

셋째, 조세감면사업은 자연재해로 인하여 심한 피해를 입었던 지역의 주민들에게 그 재해의 정도에 따라 조세를 감면해 주는 것이다.

넷째, 대곡자모구면(貸穀子母俱免)은 춘궁기에 백성들에게 대여한 관곡을 거두어들일 때 재해로 인해서 흉작이 되면 상환 시 그 원본과 이자를 감면해 주는 것이었다.

이러한 구빈사업은 모두가 우리 민족 고유의 상부상조 정신에서 비롯된 것이며, 당시의 민족문화 형성에 많은 역할을 한 유교, 불교, 선교의 영향을 받았다. 삼국시대의 구빈사업은 임시적이었고, 사후대책적인 성격이 강하였으며, 지속성을 유지할 수 있는 단계에는 이르지 못한 한계성을 지닌 구제제도였다.

2) 고려시대

고려시대는 관료적 봉건체제가 확립된 시기로서 빈민의 구제를 국가적인 사업으로 인식하고 구제사업을 위한 전문기관을 두었고, 삼국시대부터 전해 내려온 제도를 전문화하는 등 적극적인 구제정책을 시행하였다.

국가 단위의 복지사업으로는 의창과 상평창 등 상설 복지기구를 설치하였는데 의창은 평상시에 곡물을 비축해 두었다가 흉년, 전란, 질병 등의 비상시에 곡물을 대여하여 추수기에 반납하게 하였으며, 또한 생활무능력자들에 대한 구휼시책도 동시에 전개하였다. 상평창은 물가조절의 기능을 맡게 한 시설로서 곡물, 포목과 같은 생활필수품의 값이 오르면 저가로 내다 팔고, 값이 떨어지면 사들이는 생활필수품의 공급조절 기능과 빈궁한 백성들의 일상적인 경제생활의 편의를 도모하는 기능을 담당하였다. 의료구제기관으로는 동서대비원, 혜민국, 제위보 등을 설치하여 빈민환자에게 의약과 의복을 지급하고 치료도 해주었다(조원탁 외, 2010).

3) 조선시대

조선시대의 구제사업은 제도적으로나 내용적으로 고려시대보다 발전하였다. 조선시대에는 유교의 자혜사상에 기반하여 백성에 대한 불행의 책임은 왕에게 있다는 유교의 왕인사상(王仁思想)에 입각해 구제사업을 전개해 나갔다. 조선시대에는 법전이 편찬됨에 따라 각종 구제제도가 법적 근거를 가지고 시행되었다. 조선의 대표적인 구빈기관으로는 고려시대에 시행되었던 의창, 상평창 이외에 민간 차원의 구제제도인 사창제도가 있으며, 그 밖에도 구황청, 혜민국, 제생원, 활인서, 기로소 등이 있다. 구황청은 굶주린 백성의 구제를 위한 기관이며, 혜민국은 빈궁한 백성과 서민의 질병을 치료하고 예의를 교습하는 기관이고, 제생원은 각 도로부터 매년 약재를 수납하는 사무를 맡게 하였던 기관이었다. 또한 환곡제도를 두어 영세민을 구제하였는데, 이것은 고구려 진대법과 같은 제도였다. 활인서는 고려시대의 동서대비원의 기능을 하는 기관으로 환자의 치료나 빈민구제를 위한 기관이다. 기로소는 정2품 이상의 70세 이상 노인들을 위해 왕이 춘추에 향응을 베풀도록 하였다.

조선시대 구제제도는 창제와 환곡이 있으며 예방적 차원을 위한 제도로서는 의장과 상평창이 있었다. 기타 조선 후기의 가장 대표적인 법령으로 정조 7년(1783)에 반포된 자휼전칙(字恤典則)은 유기아, 행걸아의 구제에 관한 아동보호법령이있다. 한편 조선시대의 국가적 차원의 구휼사업 외에 민간 차원의 활동으로 계, 누레, 품앗이, 향약 등이 있다. 계는 성원 간 이익도모를 위한 군포계(軍布契), 공장계(工匠契), 공인계(貢人契)와 경제적인 이해관계 외에 특정한 비경제적 협력을 도모하기 위한 혼상계(婚喪契), 화수계(花樹契) 등이 있다. 두레는 농민 공동체조직으로 농촌사회의 상호 협력과 상호 친목을 도모하기 위한 협동체이다. 품앗이는 노동을 상호 차용하기 위한 지역공동체의 협력방법이다. 향약은 양반중심의 조직으로서 주민의 교화를 목적으로 만들어진 것으로 서양의 인보사업과 맥락을 같이하는 조직이라 볼 수 있다. 향약은 덕업상권(德業相勸), 과실상규(過失相規), 예속상교(禮俗相交), 환난상휼(患難相恤) 등 네 개 덕

목의 실천을 근본 목적으로 하고 있으나, 그중에서도 환난상휼이 복지의 제공에 중점을 두었다(양점도 외, 2010).

2. 근대 이후

1) 일제 및 미군정 시대

일본은 본국에서 시행하던 행정체계를 그대로 도입하여 우리나라의 제도에 반영하였는데, 특히 1932년에 본국에서 시행하였던 구호법을 그대로 도입하여 1944년 우리나라 최초의 구빈법인 조선구호령을 실시하게 된다.

조선구호령의 대상은 65세 이상의 노인, 13세 이하의 아동, 임산부, 불구, 폐질자, 질병자, 실명자, 상이 및 기타 정신 또는 신체장애로 인하여 노동하기에 지장이 있는 자로 한정하고, 서비스의 내용은 생활부조, 의료부조, 조산부조, 생업부조, 장제부조 등이고 구호방법은 신청에 의해 자산조사 후 거택보호를 원칙으로 하였다. 이 제도는 1961년 생활보호법이 제정되기까지 우리나라 공적부조의 지침이 되었으나, 시행시기가 제2차 세계대전 말엽인 점으로 볼 때 구호의 개념보다는 전시동원을 위한 대상의 분류와 자산조사를 통한 전쟁물자의 동원 목적도 있었음을 쉽게 알 수 있다.

광복 후 미군정시기와 한국전쟁이 끝나고 1960년대 초기까지는 정치상황이 불안정한 탓에 사회복지 관련분야에서는 외국의 원조단체, 특히 선교단체들이 행한 사회사업이 주축을 이루었는데, 이 시기의 복지사업은 고아원이나 양로원 등의 시설중심의 보호사업이 대부분이었다. 열악한 국내환경으로 인해 대부분의 복지사업은 외국에, 특히 아동을 비롯한 빈민의 구호에 주력하였다. 그러나 내용에 있어서는 의존할 수밖에 없었고 이때 들어온 외원단체들은 전쟁으로 황폐해진 사회, 무차별적이고 비조직적인 구호활동을 함으로써 사회사업이란 구조물자를 원칙 없이 분배하는 것으로 인식하게 하고, 현물공급과 시설중심의 보호사업으로 인해 자선사업이라는 역효과를 불러일으키는 결과를 가져다주었다(박상하 외, 2009).

2) 사회복지 도입기

1962년부터 제1차 경제개발 5개년 계획을 추진하였고, 1963년에는 박정희 정부의 제3공화국이 출범하였다. 1962년부터 시작한 경제개발로 도시화 및 산업화 현상이 나타나고, 도시 빈곤층, 가출 및 비행, 미혼모, 주택 부족 등 과거와는 다른 여러 가지 사회문제들이 드러나기 시작하였다. 그러나 당시 정부 당국자들은 한정된 재원을 경제개발에 집중하기 위해 사회복지에 대해서 소극적이었다. 한편 노동자계층의 미성숙으로 노조의 조직력이 미약했고 그들의 권익을 추구하기 위한 이익표출은 거의 없었으며, 일반 국민의 경우에도 사회복지에 대한 이해나 주장이 거의 없었다(남기민, 2005).

1970년대 초에는 UN의 권고에 따라 실시된 지역사회개발사업이, 농촌을 중심으로 시작된 새마을운동으로 농촌의 근대화에 크게 기여하였다. 1970년대 후반 우리나라 경제가 급속히 발전하자 한국전쟁 이후 사회복지에 크게 기여했던 외국의 원조단체들이 철수하거나 사업을 크게 축소하게 되었고, 당시 외원단체에 의존했던 사회복지시설들이 국가에 매달리는 상황이 전개되었다. 1960년대와 1970년대의 여러 가지 사회복지 관련법들로, 공무원연금법(1960), 윤락행위 등 방지법(1961), 생활보호법(1961), 아동복리법(1961), 고아입양특례법(1961), 군사원호보상급여금법(1962), 국가유공자 및 월남 귀순자 특별원호법(1962), 재해구호법(1962), 선원보험법(1962), 산업재해보상보험법(1963), 군인연금법(1963), 의료보험법(1963), 사회보장에 관한 법률(1963), 자활지도에 관한 임시조치법(1968), 사회복지사업법(1970), 사립학교교원연금법(1973), 국민복지연금법(1973), 개정 의료보험법(1976), 공무원 및 사립학교 교직원 의료보험법(1977) 등이 제정・공포되어 사회복지의 제도적 기반을 구축하기 시작하였다.

1980년 5・16 군사 쿠데타로 전두환 정부의 제5공화국이 출범하였다. 전두환 정부는 민주주의 토착화, 정의사회 구현, 교육혁신 및 문화창달과 더불어 복지사회의 건설을 국정지표로 내세웠을 뿐만 아니라, 1982년부터 시작된 제5차 5개년 개발계획에서도 경제와 사회의 균형적인 발전을 기본 목표로 삼았다. 전두환 정부는 부족한 체제 정통성을 확보하기 위하여 일단의 사회복지입법을 단행하였다. 사회복지서비스 부문에서는 사회복지사업기금법(1980), 심신장애자복지법(1981), 노인복지법(1981)을 제정하였고, 아동복리법을 아동복지법(1981)으로 개정하였으며, 사회복지사업법(1983)을 전면 개정하여 사회복지종사자를 사회복지사로 그 명칭을 변경하고 사회복지사 자격을 1급, 2급, 3급으로 구분하였다. 그리고 공공부조 부문에서는 생활보호법(1982)을 개정하여, 생활보호 유형에 자활보호와 교육보호를 추가하였고, 최저임금법(1986)을 제정하였다. 또한 1987년 사회복지사를 사회복지전문요원(현 사회복지전담공무원)이라는 명칭의 공무원으로 채용하였다.

한편 전두환 정부 후반부터는 한국형 복지모형이 논의되기 시작하였다. 한국형 복지모형이 등장하게 된 배경은 1970년대 중반 이후 선진 복지국가에서 복지국가위기론이 대두되고 있었기 때문에 한국에서도 자칫 잘못하면 복지병을 유발할 수 있다는 정책관련자들의 우려 때문이었다(구종회, 2003). 이러한 한국형 복지모형은 제6차 경제사회발전 5개년 계획(1987~1991)과 맥락을 같이하고 있다. 제6차 계획의 기본 방향은 다음과 같다.

첫째, 우리 경제, 사회발전 수준에 맞는 복지시책이어야 한다.
둘째, 가족과 지역사회의 복지기능을 최대한 촉진해야 한다.
셋째, 자립정신에 입각한 복지시책을 전개해야 한다.
넷째, 민간의 복지자원을 최대한 동원한다는 것이다.

이로 인해 1980년대 후반부터는 시설 수용 위주의 복지사업으로부터 탈피하여 지역복지와 재가복지가 강조되기 시작하였다.

3) 사회복지 확대기

노태우 정부는 경제와 사회의 균형적 발전과 동시에 빈부격차 및 지역감정 해소를 목표로 내세웠다. 이 시기에 재가복지제도가 생겨났으며, 장애인에 대한 정부의 관심이 확대되었다. 따라서 노태우 정부 때 사회복지 관련 법률로 국민연금제도(1988), 최저임금제도(1988), 전국민의료보험제도(1989)를 시행하였다. 제6공화국 정부에서 제정 또는 개정된 사회복지 관련법은 모자복지법 제정(1989), 심신장애자복지법을 장애인복지법으로 개정(1989), 노인복지법 개정(1989), 장애인 고용촉진 등에 관한 법률 제정(1990), 의료보호법 개정(1991), 영유아보육법 제정(1991), 고령자고용촉진법 제정(1991), 사회복지사업법 개정(1992) 등으로 법률을 제정 또는 개정하여 사회복지의 범위를 확대하였다. 제6공화국의 사회복지제도 발전의 특징은 다음과 같다.

첫째, 국민연금제도, 최저임금제도, 전국민의료보험제도 실시 등 소득 및 의료 보장의 확대가 이루어지기 시작하였다.

둘째, 1988년 서울 장애인 올림픽 이후 장애인 종합대책을 수립하였으며, 이어서 장애인 고용촉진 등에 관한 법률을 제정하여 장애인복지에 대한 변화를 시도하였다.

셋째, 지역복지의 중추적인 서비스 전달체계인 사회복지관 운영을 전국적으로 확대・실시하였다.

넷째, 아동복지법과는 별도로 영유아보육법이 제정되면서 영유아 보육사업이 크게 부각되었다.

다섯째, 재가복지를 중시하여 재가복지봉사센터가 급격하게 증가하였으며, 1987년부터 사회복지전문요원을 영세민 밀집지역의 동사무소에 배치하기 시작하였다.

김영삼 정부는 1993년 아시아태평양경제협력체(APEC) 정상회담 이후 개방과 무한경쟁을 의미하는 세계화를 정책목표로 설정하였으나, 1960년대 이후 계속된 우리나라의 관 주도 압축성장은 많은 문제점을 내포하고 있었다. 이 중에서도 가장 취약한 부문은 외환・금융 부문이었다. 외환・금융 부문에서 시작된 외환위기로 인하여 김영삼 정부는 국제통화기금(IMF)의 구제금융을 요청할 수밖에 없었고, 한국경제는 최악의 침체와 함께 상당한 부분을 외국의 자본에 의존하게 되었다.

김영삼 정부는 1993년 신경제 5개년 계획의 사회복지 부문에서, 우리나라 제7차 경제사회발전 5개년 계획 복지정책의 기본 방향을 국가발전 수준에 부응하는 사회복지제도의 내실화에 두고 국민복지를 증진시킬 것을 제시하였다. 또한 1995년 성장 위주의 정책에서 벗어나 삶의 질과 생산적인 국민복지에 적극적인 관심을 기울여야 할 것이라고 강조하였다. 그러나 실질적인 성과는 미미하였다. 김영삼 정부 때 제정 또는 개정된 사회복지 관련법들을 보면, 사회보험 부문에서는 고용보험법 제정(1993), 사회복지서비스 부문에서는 정신보건법 제정(1995), 사회복지공동모금법 제정(1997) 등을 하였고, 과거의 사회보장에 관한 법률을 폐지하고 사회보장기본법을 제정(1995)하였다. 김영삼 정부의 사회복지제도에서 가장 큰 변화는 사회보험 부문으로, 전 국민 대상 국민연금제도의 확대 실시와 더불어 전 사업장에 대한 고용보험제도의 적용, 전 국민 의료보험의 실시 등으로 기존의 산업재해보상보험제도를 포함한 4대 보험체계를 완성하였다는 것이다.

4) 사회복지의 성숙기

1997년 11월 경제위기로 기업의 부도와 대량실업, 소득의 급감으로 인한 빈곤, 중산층의 붕괴, 가족해체로 인해 심각하고 다양한 사회복지서비스 대상자들이 발생하게 되었다. 이를 해결하기 위해 노동시장의 유연성과 사회적 안전망의 확충이 절실히 요구되었다.

김대중 정부는 대대적인 사회복지제도의 개혁을 시도하였다. 심각한 경제적 위기는 최저한의 삶에 대한 국가적 보장이라는 국민적 인식의 확대를 가져왔고, 사회계층 간의 연대의식을 강화하는 계기가 되었다. 또한 생산적 복지를 추구하였는데, 생산적 복지의 성격은 '시민의 권리'로서 복지를 강조하면서 '노동을 통한 복지추구'라는 양면성을 내포하고 있다. 이 시기에는 IMF의 금융위기에 따른 실업대책을 마련하였으며 제1차 사회보장발전계획을 수립하여 시행하였다. 김대중 정부에서 사회복지 관련제도는 사회보험제도의 보편화로서 국민연금이 도시자영업자까지 확대되어 전 국민의 연금시대를 열었다(1999).

고용보험을 1인 사업장까지 확대하였으며(1999), 산업재해보상보험을 5인 미만 사업장까지 확대하였다(2000), 국민건강보험법을 제정하여 직장조합까지 포함한 모든 조합을 건강보험공단으로 완전히 통합하였다(1999). 최저생활을 보장하고 자활을 조성하기 위해 국민기초생활보장법을 제정(1999)하였으며, 의료급여법(2001), 모·부자복지법(2002) 등의 제정을 통해 사회복지를 완성시켰다.

노무현 정부는 외환위기 이후 심화된 경제 양극화와 빈부격차를 해소하기 위하여 3대 국정목표 중 하나로 '더불어 사는 균형발전사회'를 제시하고, 이에 따른 사회 안전망을 구축하기 위하여 '기초생활보장의 내실화 등 취약계층 보호지원'을 100대 국정과제 중 하나로 추진하였다. 그리고 취약계층의 보호지원을 위하여 사각지대 해소를 위한 제도개선과 차상위계층 보호, 일을 통한 탈빈곤 지원, 사회적 취약계층의 보호 강화, 사회복지 전달체계의 확대개편을 추진하였다.

2005년 6월 '저출산·고령사회기본법'을 제정하고 이에 기초한 제1차 고령사회 기본계획을 마련하여 범정부적 대응체계를 구축하였다. 이 기본계획은 4대 분야, 70개 이행과제, 242개 세부과제로 구성되어 있다. 4대 분야는 출산과 양육에 유리한 환경 조성, 고령사회의 삶의 질 향상 기반 구축, 저출산·고령사회의 성장동력 확보, 저출산·고령화 대응 사회 분위기 조성이다. 2007년 저부담 고급여 구조의 국민연금제도를 개혁하고자 하였으나 급여수준을 일부 조정하는 수준에 그쳤다. 또 노인들의 연금 사각지대를 해소하기 위하여 기초노령연금제도를 도입하였으나 막대한 재정부담으로 상당한 어려움이 뒤따랐으며, 계속 논의되어 오던 공무원, 군인연금의 개혁은 끝내 이루지 못하고 다음 정부로 넘기게 되었다.

노무현 정부에서 제정 또는 개정된 사회복지 관련법들을 보면, 사회보험부문에서는 기초노령연금법 제정(2007), 노인장기요양보험법 제정(2007), 공공부조 부문에서는 긴급복지지원법 제정(2005) 그리고 사회복지서비스 부문에서는 건강가정기본법 제정(2004), 노인복지법 개정(2007) 등이 있었다.

이명박 정부는 일할 능력이 있는 사람에게 일자리를 주고 도움이 필요한 사람에게 국가가 따뜻한 손길을 제공할 것이라고 하였다. 이를 능동적 복지라고 한다. 정부는 이러한 목표를 달성하기 위해 평생복지기반 마련, 예방·맞춤·통합형 복지, 시장기능을 활용한 서민생활안정, 사회적 위험으로부터 안전한 사회를 위한 성장과 분배 등 네 가지를 전략으로 내세운 사회복지정책을 추진하였다(박경호 외, 2010). 이 시기의 사회복지 관련법률에는 다문화가족지원법(2008), 기존의 고령자고용촉진법을 폐지하고 고용상 연령차별금지 및 고령자고용촉진에 관한 법률 개정(2008), 실종아동 등의 보호 및 지원에 관한 법률 개정(2008), 2005년 제정 당시 한시법이었던 긴급복지지원법을 영속법으로 개정(2009), 기존의 청소년의 성보호에 관한 법률을 폐지하고 아동·청소년의 성보호에 관한 법률 개정(2009), 장애인연금법(2010), 1994년에 제정된 성폭력 범죄의 처벌 및 피해자 보호 등에 관한 법률이 성폭력 범죄의 처벌 등에 특례와 성폭력 범죄의 피해자 보호 등에 관한 사항을 함께 규정하고 있어, 이에 대한 효율적 대처에 한계가 있어 분리하여, 성폭력 범죄의 처벌 등에 관한 특례법(2010. 4), 성폭력 방지 및 피해자 보호 등에 관한 법률(2010. 4)로 제정, 장애인활동 지원에 관한 법률(2011. 1) 등을 개정 및 제정하여 사회복지를 한 단계 더 성숙하게 발전시켰다.

박근혜 정부는 양극화 문제와 저출산 및 고령화 문제 해결이 시대적 요청이었다. 즉, 박근혜 정부 출범 후 복지정책은 보수정권임에도 진일보하여 잔여적 복지모델에서 벗어나 보편적 복지정책의 시도가 많았다는 평가를 받았다. 구체적인 복지정책을 세 가지로 구분하여 설명하면 다음과 같다. 첫째, 국가책임보육의 명제하에 소득수준에 관계없이 보편적인 0~5세 무상교육과 양육수당 정책의 도입이다. 둘째, 2014년 7월 1일부터 기초노령연금을 기초연금으로 확대 개편하여 65세 이상 노인에게 상향된 연금을 지급하는 정책이다. 셋째, 4대 중증 질환에 대한 건강보험 지원율을 일부 급여항목을 대상으로 국가 부담을 확대한 정책이다(홍봉수 외, 2017).

이와 같은 정책이 시행되었으나 박근혜 대통령은 2016년 12월 9일 국회 본회에서 탄핵 소추안이 가결되었으며, 헌법재판소에서 탄핵 심판 선고일이 2016년 12월 10일 이루어져 파면이 결정되었다. 이러한 결과는 우리나라 헌정사상 초유의 사태로 사회적 · 경제적 혼란을 가져오는 결과를 초래하였으며, 다양한 복지정책 또한 추진되지 않은 결과를 발생시켰다.

생각해 보기

1. 영국이 신구빈법을 제정하게 된 동기에 대해서 여러분의 생각을 토론해 봅시다.
2. COS(자선조직협회)와 인보관운동을 비교하여 여러분의 생각을 토론해 봅시다.
3. 영국과 미국의 사회보장제도를 비교하여 여러분의 생각을 토론해 봅시다.
4. 현재 장애인, 청소년, 아동, 다문화가정뿐만 아니라 노인인구가 급증하고 있는 현실에서 복잡 · 다양한 문제가 발생하고 있습니다. 즉, 이러한 현실을 감안할 때 미래의 우리나라 사회복지 방향에 대해 여러분의 생각을 토론해 봅시다.

연습문제

01 **엘리자베스 빈민법에 대한 설명으로 적절하지 않은 것은?**

〈보기〉

A. 이전까지 빈민구제 관련법령을 집대성하였다.
B. 노동능력의 유무에 따라 빈민을 구분하였다.
C. 구빈행정을 담당하는 행정기관을 수립하였다.
D. 빈민의 자유로운 이동을 금지하였다.

① A・B・C ② A・C
③ B・D ④ D
⑤ A・B・C・D

해설 빈민의 자유로운 이동을 금지한 법은 정주법이다.

02 **근면한 빈곤자들이 자신의 집에서 공공부조를 받게 되는 원외구제제도를 창시하여 거택보호제도의 효시가 된 것은?**

① 스핀햄랜드법 ② 작업장법
③ 길버트법 ④ 신빈민법
⑤ 정주법

해설 길버트 의원이 주도한 길버트법은 일종의 작업장 개선운동이었다. 즉, 길버트가 제안한 법으로 작업장에서 열악한 환경과 빈민의 비참한 생활과 착취를 개선할 목적으로 만들어지게 되었다.

03 **자선조직협회(COS)와 인보관운동의 비교 설명 중 틀린 것은?**

① 자선조직협회는 해결책에 있어 실용주의적인 반면 인보관운동은 정해진 방안은 없지만 실현 가능하고 효과적인 해답을 마련할 수 있다.
② 인보관운동의 참여자는 중산층이며, 자선조직협회는 상류층이다.
③ 자선조직협회는 사회질서유지를 강조하지만 인보관운동은 사회의 개혁적인 면을 강조한다.
④ 인보관운동은 급진주의이지만 자선조직협회는 사회진화론이다.
⑤ 자선조직협회는 사회문제의 원인을 환경적인 요소로 보지만 인보관운동은 개인적인 속성으로 보고 있다.

해설 인보관운동은 사회문제의 원인을 환경적인 요소로 보며, 자선조직협회는 개인적인 속성으로 보고 있다.

04 **베버리지 보고서에 제시된 사회보험의 기본 원칙에 속하지 않는 것은?**

① 가입대상자 분류원칙 ② 행정의 분류원칙
③ 동일갹출의 원칙 ④ 동일급여의 원칙
⑤ 급여 적절성의 원칙

해설 **베버리지 보고서에 따른 사회보험의 6대 운영원칙**
1) 행정의 통합화 : 기존의 복잡하고 산만한 사회보험을 하나의 통일된 체계로 통합하고 또한 행정운영의 낭비를 최소화
2) 적용범위의 포괄성 : 노동자집단에 자영업자를 포함하여 포괄적인 사회보험을 제안
3) 기여의 균일성 : 균일기여/ 균일갹출
4) 급여의 균일성 : 균일급여
5) 급여의 적절성 : 급여적절성
6) 대상의 분류 : 노인, 아동, 자영자, 피용자, 주부, 무직자 등 여섯 가지 범주로 구성

05 **다음 〈보기〉에서 영국 빈민법의 역사에서 나타난 제도들을 순서대로 바르게 열거한 것은?**

〈보기〉
A. 엘리자베스 구빈법 B. 정주법 C. 작업장법 D. 길버트법
E. 스핀햄랜드법 F. 신빈민법

① A－B－C－D－E－F ② D－C－B－E－A－F
③ A－B－C－F－D－E ④ C－E－A－B－F－D
⑤ E－A－C－D－F－B

해설 엘리자베스 구빈법(1601), 정주법(1662), 작업장법(1722), 길버트법(1782), 스핀햄랜드법(1795), 신빈민법(1834)이 순이다.

06 **제1차 세계대전에 이어 1929년 시작된 대공항으로 인해 많은 실업과 빈곤이 발생하자 뉴딜정책의 일환으로 제정한 법은 무엇인가?**

① 국민보건서비스법 ② 공적보호법
③ 사회보장법 ④ 국민부조법
⑤ 제국보험법

해설 1935년 제정된 미국의 사회보장법은 사회보장이라는 새로운 개념을 확산시키는 계기가 되었으며, 현대 미국 사회복지제도의 근간을 이루게 하였다.

연습문제

07 사회복지법의 역사적 변천에 관한 내용 중 틀린 것은?

① 국민기초생활보장법은 1999년에 제정되어 2000년에 시행되었다.
② 2003년 사회복지시설 평가제를 도입하였다.
③ 2003년 제1회 사회복지사 1급 자격 국가시험을 시행하였다.
④ 1988년 사회복지전문요원제도가 시행되었다.
⑤ 1961년 제정된 생활보호법의 목적은 생활유지능력이 없는 자에 대한 최저생활의 보장과 자활의 조성이었다.

해설 사회복지전문요원제도는 1987년에 시행되었다.

정답 01. ④ 02. ③ 03. ⑤ 04. ② 05. ① 06. ③ 07. ④

chapter 05

사회복지정책

Chapter 05

사회복지정책

제1절 사회복지정책의 개념과 영역

1. 사회복지정책의 개념

사회복지정책은 사회복지(social welfare)와 정책(policy)이라는 두 용어의 합성어로 이루어져 있다. 사회복지가 목표로서의 의미를 가지는 것이라면, 정책은 목표를 달성하기 위한 수단으로서의 의미를 가지고 있다. 사회복지정책은 사람들이 인간다운 삶을 영위하는 데 문제가 되는 사회적 상황을 개선하기 위하여 서비스나 소득을 제공함으로써, 인간의 복지에 영향을 미치는 행동의 원칙, 계획 혹은 과정이며 실천적 조치(principle, plan or course and action)이다. 따라서 사회복지정책은 ① 원칙이라는 의미에서 어떠한 입장(position), 즉 가치(value)나 신념(belief)을 내포하고 있고, ② 행동의 계획과 과정이라는 의미에서 구체적인 단계(steps), 절차 혹은 방법(methods)을 내포하고 있다. 그러므로 사회복지정책에서는 사회복지 목표를 수렴하기 위한 가치와 이념을 이해하여야 하며, 정책이 만들어지는 단계와 절차에 대한 정책형성 과정에 대해서도 이해해야 한다(박경일, 2008).

사회복지의 개념은 추상적인 목적개념이 아니라 '복지라는 목적달성'을 위한 현실적인 수단으로서 실체적인 개념이다. 송근원과 김태성(1995)은 목적달성을 위한 수단으로서 사회복지정책은 일곱 가지 영역인 소득보장, 건강, 교육, 주택, 사회복지서비스, 조세정책, 노동시장정책으로 구성되어 있으며, 사회복지정책이 목적으로 하는 것은 인간 생활의 실석 가치를 보장하는 데 있다고 보았다. 즉, 사회복지가 인간 생활의 질적 가치를 보장하기 위한 실질적 개념이라고 본다면 사회복지정책은 정책목표의 성취를 통해 사회문제를 해결하고자 하는 행동방침이라 할 수 있다.

박석돈 등(2008)은 사회복지정책은 '인간의 존엄과 가치구현'이라는 사회복지 이념을 바탕으로 한다고 한다. 사회복지정책의 특징이 사회의 전체 구성원, 특히 사회적 약자를 위하여 가치의 배분이 이루어진다는 점에 있다고 볼 때, 사회복지정책은 더욱 가치지향적이 되어야 한다. 즉, 사회복지정책이란 '인간의 존엄과 가치구현'이라는 이념을 바탕으로 모든 사회구성원, 특히 사회적 약자의 기본적 욕구에 대응하기 위한 정책분야이며, 각종 사회문제 해결을 목적으로 하는 사회복지제도, 프로그램 등을 통한 가치배분활동이라고 하였다. 따라서 사회복지정책이란 사회복지에 관한 계획되고 조직화된 행동방침이라고 정의할 수 있다.

제2절 사회복지정책의 이론

타운젠드(Townsend, 1970)는 사회복지정책의 주요 분야를 소득보장, 건강, 교육, 주택 그리고 개별적 사회서비스로 구성된다고 보았다. 이 다섯 가지 외에 티트머스(Timuss, 1969)는 조세정책을 포함시켰고 칸(Kahn, 1979)은 노동시장정책을 포함시켜 사회복지정책의 개념을 보다 넓게 규정하고 있다. 또한 송근원과 김태성(1995)은 사회복지정책은 소득보장, 건강, 교육, 주택 그리고 개별적 사회서비스의 5대 영역으로 구성되어 있으며, 다소 영역을 확대한다면 5대 영역에 조세정책과 노동시장정책을 포함한 7대 영역으로 구성할 수 있다고 사회복지정책의 영역을 규정하고 있다.

사회정책의 고유영역을 설정하는 작업은 궁극적으로 공공행정상의 편의를 고려할 때 가능한 것으로서 절대적인 구분은 사실상 불가능하다. 그렇지만 사회정책의 영역에 사회보장 또는 소득보장, 대인적 사회서비스 및 보건 또는 건강을 포함시키는 데에 아무런 이의를 제기하지 않는다. 그러므로 사회복지정책은 좁게 해석하면 소득보장, 건강, 주택, 대인적 사회서비스 등 네 가지 영역으로, 넓게 해석하면 소득보장, 건강, 주택, 교육, 대인적 사회서비스, 조세정책, 노동시장정책 등 7대 영역으로 구성되어 있다고 볼 수 있다.

1. 사회복지정책의 이론

1) 산업화이론(수렴이론)

수렴이론은 사회복지의 발달이 그 사회가 가진 기술수준과 산업화의 정도에 따라 수렴된다는 것으로 기술결정론이라고도 한다. 이 이론은 이데올로기적 갈등을 강조하지 않고, 단지 경제적인 면과 사회적인 면만을 강조한다. 즉, 산업사회의 사회구조를 결정짓는 것은 인도주의나 양심, 이데올로기나 계급 간의 갈등이 아니라 기술, 즉 산업화이며, 어느 수준의 산업화를 이룬 국가들의 사회제도는 어느 한 점으로 수렴되어 서로 비슷하게 되어 있다는 주장이다. 윌렌스키와 르보(Wilensky & Lebeaux, 1975)와 림링거(Rimlinger, 1971)도 사회복지정책의 발달을 산업화의 맥락에서 바라보고 있다.

그러나 이러한 수렴이론은 사회복지제도를 현대사회에서 불가피한 것으로 간주하여 복지국가가 계획적으로 창조될 수 있는 것으로 오해할 수 있고, 정책결정 과정에서 지배계층의 존재나 이해집단의 활동, 가치판단 등을 무시하는 점이 있으며, 기술을 지나치게 강조함으로써 문화나 이념 등 다른 요인들의 역할을 경시 내지 무시하는 경향이 있다는 비판을 받고 있다.

2) 시민권이론

시민권은 18세기 시민사회가 형성되기 시작했을 때 쟁취한 인간의 자유와 평등에 대한 기본권을 최초의 시민권으로 인식하며, 19세기의 참정권, 20세기의 사회권 등을 시대에 따른 시민권의 속성으로 인식한다. 이 이론은 제도적

복지모형과 시민적 연대성의 원리에 기여하였다. 즉, 시민권은 '공동체의 완전한 성원들에게 부여되는 하나의 권리'로 정의되고, 정치공동체 성원으로서의 자격을 말하며, 시민은 일반적인 권리와 책임을 가진다고 한다. 마샬(Mashall)은 인간의 자유와 평등에 대한 포괄적이고 보편적인 틀 속에서 사회적인 권리를 포함시킴으로써 시민권 개념을 확대시켰다.

그러나 이 이론은 엄연히 존재하고 있는 낙인의 문제와 평등 간의 괴리에 대한 성찰이 부족한 점과 선별주의와 보편주의 간의 갈등, 즉 시민권 개념의 현실과 이념의 많은 부분이 상호 모순관계에 존재하고 있다는 점에서 비판받고 있다.

3) 사회양심이론

사회양심이론(social conscience theory)은 1950년대 영국 사회정책학의 통설로 받아들여졌던 이론으로, 인도주의 사상에 기초한 이타주의와 사회적 양심의 증대가 사회복지제도와 사회복지정책의 발전을 가져오는 원동력이 되었다고 보는 이론이다. 대표적인 학자로는 홀(Hall)과 베이커(Baker)가 있다.

사회양심이론은 인도주의와 이타주의에 기반하고 있다. 사람은 연민과 동정심을 가지고 있다. 인간이 가진 이러한 양심은 개인적 차원에서 상호부조 정신과 기부문화가 발달할 수 있는 근거가 되고, 사회적 차원에서는 지역사회나 공동체, 지방자치단체, 중앙정부 등에서 인도주의에 입각한 사회적 의무감이 복지정책을 확대하게 된다는 것이다.

사회복지정책에 대해 이상주의적이고 문제해결 중심적이고 동정주의적 관점을 가진 이론인 사회양심이론에 대한 비판을 살펴보면 다음과 같다. 첫째, 사회복지정책이 타인에 대한 이타심의 표현이라면 세계 여러 나라들이 비슷한 형태를 띠어야 하지만 그렇지 않다. 둘째, 사회복지정책의 자비적 특성을 지나치게 강조하여 국가의 역할에 대한 왜곡이 나타난다. 셋째, 사회복지정책의 형성과정 및 변화에 미치는 압력과 영향에 관한 분석이 매우 미흡하다.

4) 음모이론

음모이론(the conspiracy theory)은 사회양심이론(인도주의적 · 도덕주의적 관점)과는 전면적으로 배치되는 입장을 취하고 있는 이론으로서 1960년대와 1970년대 미국에서 신좌파의 확산으로 인해 야기되었다. 음모이론은 사회복지정책의 주 목적이 인도주의나 동정이 아니라 사회안정과 질서유지와 사회통제를 위한 수단으로 사용되고 있다고 보는 이론이다. 대표적인 학자는 피븐(Piven)과 클로워드(Cloward)이다.

이들이 주장한 빈민규제론(regulating the poor)을 살펴보면, 사회복지정책은 복지에 대한 인도주의적 관심으로부터 발생한 것이 아니라 '시민의 무질서를 해결하고, 노동규범을 강제하기 위한 억압책(repressive system)'의 하나로 등장한 것이다. 이런 점에서 이들의 이론은 사회복지의 음모이론(a conspiracy theory of welfare)이다. 음모이론에 의하면, 사회복지정책에 관한 의사결정은 지배층의 장기적인 계획으로 이루어진다. 그리고 지배층은 자신들의 이익에 기초하여 정책을 실행하고 그 결과는 피지배층에게는 불리하게 작용한다고 가정한다. 그리고 정치인이나 정책결정자는 사회복지정책을 통해 빈민이나 부랑자에 대한 두려움을 완화시키고, 사회문제에 대해 무엇인가 행동을 취하는 것으로 보이게 하며, 자본주의 생산양식의 결과인 불평등을 유지시키기 위해 노력한다는 점에서 음모적이다. 이들의 빈민규제론에 대한 미국 학계의 반향은 상당히 컸다(원석조, 2008).

이 이론은 복지정책의 수단화를 막고 본질적인 성격을 강조하는 면에서는 강점을 가지고 있지만, 기득권자나 정책결정자를 위협하지 않는 사회적 약자들에 대한 사회복지정책의 발달을 설명하는 데 한계가 있다. 또한 복지정책을 결정하는 사람들의 의도를 지나치게 강조한 나머지 복지정책이 필연적으로 전개되는 인간의 권리가 반영되는 현실에 대하여 설득력 있게 설명하지 못한다는 한계를 가지고 있다.

5) 종속이론

종속이론(the dependency theory)은 제2차 세계대전 이후 식민국가(제3세력)들의 사회복지정책의 변천과정을 설명하고 있는 이론이다. 다시 말해, 식민국가들은 종주국의 이익에 도움이 되는 방향으로 사회복지정책이 운영되었고, 독립 이후에도 그 사회복지정책 등이 그대로 모방되거나 유지되는 현상을 설명하고 있다.

미드글리(Midgley)는 제2차 세계대전 후 개발도상국들이 사회복지정책 및 사회보장제도의 적극적인 확장에도 불구하고 빈곤, 자원재분배 실패, 사회적 불평등 심화가 계속되는데, 이 근본 원인은 식민지 영향(colonial influence), 즉 식민시대의 유습이 그대로 반영되었기 때문이라고 하였다. 종속이론의 관점에서 볼 때 우리나라의 경우도 일제 강점기 구호사업은 식민지 정책의 일환이었다(박경일, 2008).

종속이론에 대한 비판을 살펴보면 다음과 같다. 첫째, 국가 간의 불평등 문제는 종속관계가 아닌 한 국가 내의 두 지역 간에도 또는 중심국가 내의 두 국가 간에도 발견된다. 둘째, 종속이론은 제3세계에 대한 선진국의 영향력을 과대평가함으로써 제3세계의 잠재력을 과소평가하였다. 셋째, 종속이론의 주요 학설들 중에 검증되지 않는 점이 발견되는 것이다. 예를 들면 카우프만의 라틴 아메리카 17개국 분석에 따르면 종속수준이 높을수록 토지소유 구조는 공평하고, 자원의존도가 높은 나라가 정치적 안정을 나타내고 있다.

6) 확산이론

확산이론(diffusion theory)은 전파이론이라고도 하며, 이러한 확산이론은 한 나라의 사회복지정책 및 사회보장제도의 발달이 다른 나라에 확산(전파)되는 과정을 설명하는 이론이다. 이는 선진복지국가의 경험이 인근국가로 전파되는 것인 동시에 선진국에서 후진국으로 관념이나 기술 등이 이전되는 과정이기도 하다.

콜리어와 메식(Collier & Messick)은 확산의 종류를 위계적 확산(hierarchical diffusion)과 공간적 확산(spacial diffusion)으로 구분하였다. 전자는 기술혁신이나 새로운 제도가 먼저 창안되고 실시된 선진국에서 늦게 근대화가 진행된 후진국으로 확산되는 것이며, 후자는 특정 국가에서 만들어진 제도가 우선 인접국가들에게 지리적으로 가까운 순서대로 확산되는 것을 의미한다. 이 이론은 사회복지정책이 확산된 과정을 용이하게 설명할 수 있는 이론이기는 하지만, 전적으로 선진국의 사회복지정책을 단순모방하여 확산되기보다는 각 국가의 상황에 따라 변형되거나 독창적으로 고안된다는 사실과 국제적인 변수와 국내적인 변수 간의 역동적인 과정을 반영하지 못한다는 점에서 한계를 보여주고 있다.

제3절 사회복지정책의 형성과정

사회복지정책은 정부가 사회문제를 해결하기 위해 의도적으로 선택한 행동지침으로서, 우리 사회가 해결해야 할 문제 중 어떠한 것들이 어떠한 과정을 거쳐 사회복지정책이라는 형태로 나타나는가를 살펴보기로 하겠다. 즉, 사회복지정책은 어떠한 정책이든 일정한 과정을 거쳐서 형성되고 있으며, 사회복지정책의 형성과정에 대하여 많은 학자들이 다양한 주장을 하였는데, 가장 대표적이라고 할 수 있는 과정 네 가지 모델을 도표화하여 정리하면 <표 5-1>과 같다.

〈표 5-1〉 사회복지정책의 형성과정 비교

Gilbert & Specht (1986)	DiNitto & Dye (1995)	Freeman & Sherwood (1970)	송근원과 김태성 (1995)
① 문제의 발견 ② 문제의 분석 ③ 대중에게 전달 ④ 정책목표의 개발	① 정책문제의 입증 ② 정책대안의 형성 ③ 공공정책의 합법화 ④ 공공정책의 시행	① 계획 ② 프로그램 개발과 실천 ③ 평가	① 정책문제의 형성 ② 정책 어젠다의 형성 ③ 정책대안의 형성 ④ 정책의 결정과정

⑤ 대중지지와 정당성의 확보 ⑥ 프로그램 설계 ⑦ 실행 ⑧ 평가	⑤ 정책평가		⑤ 정책의 집행과정 ⑥ 정책의 평가과정

출처 : 정민숙 외(2007), p. 114의 연구를 참고로 작성.

1. 사회복지정책 의제의 형성

사회정책의 의제는 다양한 사회문제 중에서 국가가 해결해야 할 공공문제로 채택되는 과정을 말한다. 사회문제는 사회정책을 형성하도록 하는 중요한 동인이며 사회정책의 주 원료라 할 수 있다. 사회문제는 인간이 기본적인 생활을 누리지 못하고 고통받는 상황이나 조건을 해결할 문제로 인식할 때 비로소 성립된다.

이러한 사회복지문제의 해결을 정부에 대하여 요청하는 구체적인 행동을 정치학적인 의미에서 요구(demand)라 한다. 정치체제에 어떤 사회복지문제의 해결에 관한 요구가 성공적으로 투입되면 비로소 관심을 받으면서 그 해결방법들이 논의된다. 이때 정치적 논점으로 부각된 문제나 요구를 이슈(issue)라 부른다(송근원 · 김태성, 1995). 그러나 사회복지문제 가운데 어떤 것은 이슈화되지만 어떤 문제는 이슈화되지 못한다. 많은 경우 사회복지문제는 이슈화되지 못하는 경우가 많다. 그 주된 이유는 사회복지문제는 주로 정치적으로 경제적으로 가지지 못한 자들의 문제이며, 그들은 자기들의 문제들을 이슈화시킬 돈, 지식, 조직, 사회적 지위 등을 가지고 있지 못하기 때문이다.

사회문제의 사회적 이슈화를 위해서 사회복지사의 역할이 중요하다. 사회복지사는 클라이언트를 대신하여 사회문제를 이슈화하고, 그들의 대변자 역할을 하거나, 언론홍보, 자원동원 등의 역할을 하는 한편, 정부에 대해서는 사회문제에 개입하도록 압력을 행사할 수도 있다.

2. 사회복지정책 어젠다의 형성

사회복지정책 어젠다의 형성과정이란 한마디로 말해서 사회복지문제나 요구의 이슈화 과정이라고 할 수 있다. 그리고 어젠다 형성이란 정부가 정책적 해결을 위하여 사회문제를 정책문제로 채택하는 과정 또는 행위, 즉 사회문제가 정책문제로 전환되는 과정이나 행위를 의미한다. 사회복지정책 어젠다 형성은 학자들의 관점에 따라 다양하게 분류되고 있다. 어젠다 형성과정을 살펴보면 다음과 같다(정정길, 1989).

사회문제(social problem) → 사회적 이슈(social issue) → 공중어젠다(public agenda) → 정부어젠다(governmental agenda)

3. 사회복지정책 대안의 형성

정책대안이란 문제의 해결방법을 제시하는 것으로 정책대안은 협의의 개념과 광의의 개념으로 나누어 살펴볼 수 있다. 먼저 협의의 개념으로서 정책대안은 정책목표 설정과는 전혀 관계가 없이 주어진 목표의 달성을 위한 여러 방법들을 강구하고 이들 방법들을 비교・분석하는 과정만을 의미한다. 다음으로 광의의 개념으로서 정책대안은 정책문제가 무엇인지를 파악하고 문제를 둘러싼 상황을 파악하여 정책목표를 세우며, 그 목표를 달성할 수 있는 정책수단으로서의 정책대안들을 개발하여, 어떠한 정책대안이 가장 바람직한 것인가를 비교하고 분석하는 과정을 의미한다.

사회복지 정책대안의 형성과정을 살펴보면 사회복지문제와 상황을 파악하고, 사회복지 정책대안이 가져올 결과에 대해 미래예측을 통한 목표를 설정하며, 사회복지 정책대안을 탐색하고 개발하고, 비교・분석한 후 최선의 정책대안을 선택하는 것이다.

사회복지 정책대안의 형성기법은 다음과 같다. 첫째, 점진적 방법이다. 한정된 수의 대안만 탐색하는 방법으로, 특히 기존 정책에 약간의 수정만을 가하는 방법이다. 둘째, 브레인스토밍 방법이다. 다양한 아이디어를 자유분방한 상태에서 제안하는 것으로 새로운 아이디어, 목표 및 전략의 창출방법이다. 셋째, 델파이 방법이다. 소수인사에 의해 토론과정이 지배되는 현상, 동료집단의 견해에 따라야 한다는 압력, 권위 있는 지위에 있는 사람의 의견에 공공연하게 반대하는 것에 따르는 어려움 등의 문제를 피하기 위해 고안된 방법으로, 전문가들의 의견을 모으고 교환하고 발전시킴으로써 미래를 예측하는 방법이다. 이 외에도 경향성 분석, 회귀분석 등이 있다. 사회복지 정책대안의 비교분석의 방법으로는 대표적으로 비용편익분석(cost-benefit analysis), 비용효과분석(cost-effective analysis) 등이 있다.

사회복지 정책대안 형성의 한계점은 다음과 같다. 첫째, 정보의 부족과 정책분석가의 판단의 한계로 인한 예측능력의 한계이다. 둘째, 사회복지 분야는 계량화가 어려운 부분이다. 셋째, 사회적 가치가 다양하여 공동비교 척도의 부재이다. 넷째, 한정된 비용과 시간의 범위 내에서 정책대안을 개발해야 한다. 다섯째, 국가의 다른 분야의 정책목표들을 고려할 필요가 있다(양점도 외, 2010).

4. 사회복지정책의 결정

사회복지 정책결정이란 문제해결을 위해 주어진 다양한 대안들 중에서 하나를 선택하는 과정이므로, 결정을 하기에 앞서 주어진 문제해결을 위한 다양한 대안이 검토되어야 한다. 이때 문제해결을 위해 제시된 여러 가지 대안들 가운데 정책결정자가 하나를 선택하는 행위 또는 과정을 정책결정이라고 한다. 일반적으로 이러한 과정에는 정책대안의 비교·분석 행위 및 과정이 포함되는 것이 일반적이다. 따라서 정책결정 과정은 ① 문제의 인지와 목표설정, ② 정보의 수집 및 분석, ③ 대안의 탐색 및 평가, ④ 최선의 정책대안 선택 등으로 이루어져 있다(박경일 외, 2004).

정책결정이란, 여러 정책대안 중에서 가장 바람직한 정책대안을 선택하는 행위이다. 하지만 실제적인 정책결정 과정에서는 가능한 대안을 탐색하는 것에 드는 시간과 비용이 문제가 되기도 하고, 합리적인 요소뿐만 아니라 비합리적인 요소까지도 영향을 미칠 수 있다(황선영 외, 2009).

정책결정에 관한 대표적인 이론모형으로는 합리모형(rational model), 만족모형(satisfying model), 점증모형(incremental model), 최적모형(optimal model) 등이 있다. 첫째, 합리모형은 인간은 이성과 합리성에 따라 행동하고 결정한다는 것으로, 정책결정자나 정책분석가가 고도의 합리성을 가지고 주어진 목적의 달성을 극대화하기 위해서 최선의 정책대안을 찾아낼 수 있다고 보는 모형이다. 둘째, 만족모형은 제한된 합리성 안에서 의사결정을 한다는 것으로, 정책결정자는 대안의 선택기준이 최적화가 아니라 만족화의 기준을 따른다는 모형이다. 셋째, 점증모형은 현실적인 정책결정 과정은 과거 정책이나 결정의 점진적 · 부분적 수정이나 약간의 개선 및 향상으로 이루어지며, 그렇게 점진적으로 정책이 결정되는 것이 바람직하다고 보는 모형이다. 넷째, 최적모형은 정책결정에는 경제적 합리성과 함께 직관, 판단력, 창의력 등 초합리적 요소까지도 동시에 고려해야 한다는 모형이다.

사회복지정책의 결정에는 정책과정에의 참여자, 정책결정 구조, 타 정책과의 관계, 정책대안의 존재 여부, 정치 · 경제 · 사회적 상황 등이 영향을 미친다(양점도 외, 2010).

5. 사회복지정책의 집행

정책집행이란 의도된 정책목표를 달성하기 위하여 결정된 사항들을 구체화하는 활동들을 의미한다(송근원 · 김태성, 1995).

사회복지정책의 집행은 정책담당자와 사회복지대상자 간의 직접적인 상호작용을 통하여 정책목표를 구체화해 나가는 과정이라 할 수 있다. 그리고 정책집행은 정책목표를 달성하기 위한 기술적 과정인 동시에 정치적 과정인데, 이러한 정책과정에는 사회문제와 관련된 이해집단이 관여하는 특징이 있다.

6. 사회복지정책의 평가

정책은 그것이 형성되면서 집행이 이루어진 결과까지 평가되고 평가된 내용은 다시 정책과정에 환류된다. 정책평가란 정책활동에 관해 정보를 수집하고 분석하며 해석함으로써 그 가치를 판단하는 것을 뜻한다. 여기에서 정책활동의 범위를 어떻게 잡느냐에 따라 협의의 정책평가와 광의의 정책평가로 구분된다.

협의의 정책평가는 정책집행의 결과에 대한 평가, 곧 정책이 원래 의도한 문제의 해결에 얼마만큼 영향을 미쳤는가에 대한 평가활동을 의미한다. 한편 광의의 정책평가는 정책과정 전반에 걸친 평가활동을 뜻한다. 곧 정책결정 이전부터 정책집행 이후까지의 모든 정책과정 속에서 이루어지는 정책활동에 대한 평가를 의미한다(송근원 · 김태성, 1995).

정책평가는 정책과정의 마지막 단계이자 동시에 새로운 정책결정의 시작이라고 할 수 있다. 이는 곧 정책평가의 결과가 환류(feedback)과정을 거쳐 새로운 정책에 영향을 미친다는 것을 말한다.

사회복지정책에서 정책의 평가가 중요한 이유는 사회복지정책의 개선에 필요한 정보를 얻기 위해서 그리고 정책활동에 대한 책임성이나 근거를 확보하기 위해서이다.

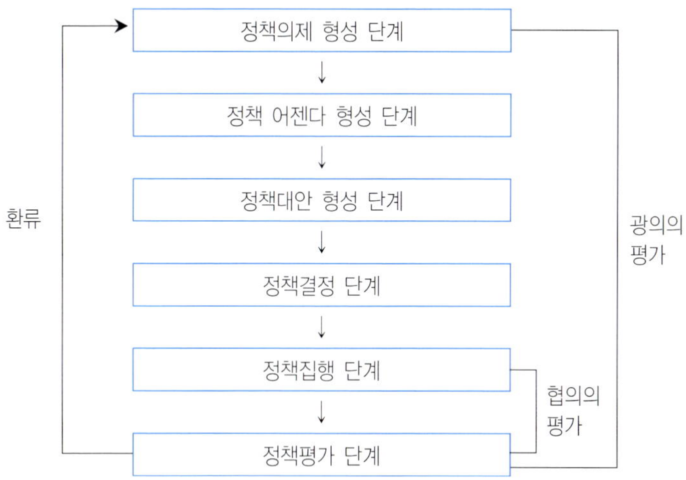

| 그림 5-1 | 정책과정의 환류

제4절 사회복지정책의 분석 틀

사회복지정책을 분석하기 위한 분석 틀은 매우 다양하다. 기존의 정책을 용이하게 파악할 수 있고 중요한 평가요소들 적절하게 제시하고 있는 분석 틀로는 길버트와 테렐(Gilbert & Terrell, 2002)의 분석 틀을 들 수 있다. 이들은 사회복지정책이란 ① 누구에게 급여를 줄 것인가(급여대상), ② 무엇을 급여로 제공할 것인가(급여형태), ③ 어떻게 급여를 제공할 것인가(전달체계), ④ 어떻게 재정을 마련할 것인가(재원)에 대해 어떤 선택을 할 것인가를 결정하는 것이라고 규정하고 있다.

1. 누구에게 급여를 제공할 것인가

사회복지정책은 의도적인 재분배 문제를 주로 다루는데, 그 전형적인 문제는 누구에게 무엇을 어떻게 갖게 하는가인 것이다. 즉, 어느 집단이 사회복지의 대상자가 되는가의 문제로서 대상자를 소수에 국한시킬 경우(선별주의)와 전 국민을 대상으로 하는 경우(보편주의)로 대별된다. 대상자를 소수로 국한할 경우 서비스 대상자를 결정하는 자격기준이 필요한데 일반적으로 급여의 수급 자격요건으로는 거주 여부, 거주시간, 인구학적 조건, 기여의 여부, 근로능력, 소득수준 등이 있다. 사회복지의 역사에서 급여수급의 가장 중요한 자격요건은 근로능력이었다. 근로능력이 있는 빈민은 원조받을 자격이 없는 빈민으로 취급되어 급여가 제공되지 않았던 것이다.

2. 무엇을 급여로 제공할 것인가

급여의 형태는 크게 현금, 현물, 증서, 기회가 있다. 사회복지급여의 형태로서 현금으로 제공되는 경우는 국민연금, 질병보험의 질병수당, 산재보험의 장애수당, 실업급여, 공공부조, 아동수당, 주택수당 등을 들 수 있다. 현물급여의 형태로는 음식, 주택, 에너지 등이 있다. 증서는 특정 재화나 서비스의 소비를 권장 혹은 억제하고자 하는 경우나 수혜자들을 최대한 통제하려고 할 때 사용된다. 다시 말해서, 일정한 용도 내에서 수급자로 하여금 원하는 재화나 서비스를 자유롭게 선택할 수 있는 방법이다. 증서로는 상품권, 식품권에서부터 의료보험증이나 경로버스표 등에 이르기까지 다양하다. 기회는 무형의 급여로 어떤 개인이나 집단에 대해 이전에는 부정되었던 급여에 대해서 접근을 가능하게 만드는 것이다. 예를 들어, 장애인에 대한 운전면허 교부조항을 변경하는 것과 같은 것이다(김영종, 1998).

3. 어떻게 급여를 제공할 것인가

이는 어떤 방법으로 사회복지급여를 전달하는 조직체계를 설계할 것인가에 관한 것이다. 대상자에게 제공되는 사회복지 재화나 서비스는 여러 영역에 걸쳐 다양하기 때문에 수급자에게 전달하는 방법 또한 다양할 수밖에 없다. 사회복지정책의 전달체계는 크게 정부부문과 민간부문으로 나눌 수 있으며, 구체적으로는 중앙정부, 지방정부 그리고 중앙정부와 지방정부의 혼합체계, 정부와 민간부문의 혼합체계, 순수민간부문, 자원조직, 종교조직 등 다양하다. 대부분의 사회복지서비스는 정부와 민간부문의 혼합형태로 제공된다. 즉, 혼합체계는 정부가 민간부문에 재정을 지원하고 민간부문은 국민에게 사회복지서비스를 제공하는 방식이다.

4. 어떻게 재정을 마련할 것인가

1) 사회복지정책의 분석 틀

사회복지재정의 주체로서는 정부나 지방자치단체와 민간 사회복지단체를 들 수 있다. 따라서 사회복지재원은 정부나 지방자치단체가 지출하는 공비와 민간자금이 있다. 공공부문 재원에는 조세로 구성되는 정부의 일반예산, 목적세 형태의 사회보장성 조세 그리고 조세비용이 있다. 민간부문 재원으로는 사용자가 부담하는 경우의 재원, 자발적 기여에 해당되는 기여금, 기업이 출연하는 재원 등이 있다.

길버트와 테렐(Gilbert & Terrell, 2002)의 사회복지정책 분석의 네 가지 선택의 차원을 정리하면 <표 5-2>와 같다.

〈표 5-2〉 **사회복지정책 분석의 틀**

선택의 차원	의 미	선택의 대안
할당 (allocation)	수급자격 : 급여 대상체계	– 보편주의와 선별주의 – 사회적 공헌, 사회적으로 부당하게 당한 손실에 대한 보상 – 전문가 판단에 의한 진단적 차별 – 귀속적 욕구 – 개인, 가족의 자산상태에 따른 욕구
급여 (benefits)	급여종류 : 급여체계	– 현금, 사회서비스, 물품, 신용(변제), 물품교환권(증서 : 바우처), 기회, 권력 등

전달 (delivery)	전달방법 : 전달체계	– 중앙집권 또는 지방분권 – 복수 서비스 또는 단수 서비스 – 동일 건물 내 위치 또는 다른 건물에 위치 – 전문가 의존 또는 소비자 및 준전문가 의존 – 협력관계 또는 대화단절 – 공공행정가 또는 민간행정가
재정 (finance)	재정마련방법 : 재정체계	– 공공재원(사회보험, 과세), 민간재원(사용자 부담, 민간모금 등), 공공과 민간재원의 혼합

출처 : 박경일(2008). 사회복지정책론; 정현태 외(2017). 사회복지정책론-이론과 실제.

2) 사회복지정책의 분석 유형

길버트와 스펙트(Gilbert & Specht, 1986)는 사회복지정책의 분석을 과정분석, 산출분석, 수행분석의 세 가지로 분류하여 3P분석이라고 하였다. 구체적인 내용을 살펴보면 다음과 같다(서보준 외, 2018).

(1) 과정분석(Process of Analysis)

사회복지정책의 과정분석은 사회복지정책이 결정되기까지의 여러 과정을 사회과학적・정치적・기술방법론적인 여러 변수들과 관련하여 정치집단, 정부집단, 이익집단, 시민단체, 일반 국민의 여론 등이 정책 형성에 어떠한 영향을 미치는가를 분석하는 것이다. 즉, 과정연구가 필수적이며 일반적으로 과정분석에서는 사회정책 결정과정에 참여하는 경제집단, 정부 공무원, 시민의 이익집단, 정책주장집단, 정책전문가, 개별 유권자 등의 행위, 동기, 목적, 정책개발 단계 등을 이룬다.

(2) 산출분석(Product Analysis)

사회복지정책의 산출분석은 그 정책을 기획하고 수립하는 데 있어서 여러 가지 정책들을 놓고 선택하게 될 때 이러한 선택과 관련된 여러 가지 쟁점에 대한 분석을 말한다. 정책계획을 구성하고 있는 구체적인 선택들의 형태와 내용은 무엇인가? 이 선택은 다른 선택을 포기하도록 하는가? 어떤 가치와 이론, 가정들이 이러한 선택을 지지해 주고 있는가? 등이 산출분석의 핵심이다.

본질적으로 분석적 접근은 산출연구를 위한 접근이다. 산출분석은 정책과정에서 선택된 정책을 할당, 급여, 전달, 재원의 측면에서 분석한다. 이러한 측면에서 선택된 것들은 정책대안, 가치, 이론이라는 세 가지 측면에서 분석된다.

(3) 수행분석(Performance Analysis)

수행분석은 정책 선택이 가져오는 프로그램상의 결과를 설명하고 평가하는 것과 관련하여 객관적이고 체계적인 분석방법이다. 수행성과는 질적·양적 자료의 수집을 통하여 다양한 학문적 방법을 적용하여 측정할 수 있다. 조사방법론과 통계학적 기법은 효과분석에 유용하다. 이 분석은 프로그램이 얼마나 잘 수행되고 있는지, 즉 프로그램이 무엇으로 구성되어 있으며, 그 대상집단에 도달하고 있는지, 얼마나 많은 비용을 요하는지를 파악하기 위하여 추적 조사가 이루어진다. 그리고 또 그 효과는 무엇인가에 대한 조사도 한다. 이 효과는 프로그램 실시 전과 후의 결과를 비교하여 측정할 수 있다. 수행분석은 사회복지 프로그램의 효과성과 능률성을 측정하고 정책과 프로그램의 목적과 목표가 그 분석의 출발점이 된다.

생각해 보기

1. 사회복지정책을 형성하는 주요 가치들이 의미와 관계에 대해 생각해 보고, 실제 사회복지정책에 내재된 가치에 대해 토론해 봅시다.
2. 사회복지정책이 형성되는 정치적 과정에 대한 이론적 모델에 대해 정리하고 여러분의 생각을 토론해 봅시다.
3. 우리나라의 사회복지정책을 한 가지 선택하여 네 가지 분석 틀을 적용하고 이를 토대로 토론해 봅시다.

연습문제

01 사회복지정책의 발달이론에 관한 설명으로 옳지 않은 것은?

① 사회양심이론은 인도주의에 입각한 사회적 의무감이 복지정책을 확대할 수 있다고 본다.
② 음모이론은 전체 사회의 안정과 질서유지를 통한 사회통제에 그 목적이 있다고 본다.
③ 수렴이론은 경제적인 면과 사회적인 면을 강조한다.
④ 시민권이론은 정치권의 실현을 통해서 완전한 시민권의 실현이 가능하다고 본다.
⑤ 확산이론은 한 나라의 사회복지정책이 다른 나라에 미치는 영향을 강조한다.

해설 시민권이론의 대표적인 학자인 마샬에 의하면 역사적으로 시민권은 세 가지 요소인 공민권, 정치권, 사회권으로 발전해 왔으며, 그중에서도 20세기에 등장한 사회권을 복지국가의 핵심개념을 구성하는 가장 중요한 요소로 보았다. 이러한 점에서 정치권의 실현이 완전한 시민권의 실현을 가능하게 만든다는 설명은 적절하지 않다.

02 정부가 정책적 해결을 위하여 사회문제를 정책문제로 채택하는 과정 또는 행위를 무엇이라 하는가?

① 정책목표
② 정책결정
③ 정책대안
④ 정책분석
⑤ 정책 어젠다

해설 사회복지정책 어젠다 형성은 사회문제가 정책문제로 전환되는 과정이나 행위를 의미한다.

03 정책결정 과정의 순서는?

A. 문제의 인지와 목표설정	B. 대안의 탐색 및 평가
C. 정보의 수집 및 분석	D. 최선의 정책대안 선택

① A－B－C－D
② A－C－B－D
③ B－A－C－D
④ C－A－B－D
⑤ C－B－A－D

해설 정책결정 과정은 문제의 인지와 목표설정 → 정보의 수집 및 분석 → 대안의 탐색 및 평가 → 최선의 정책대안 선택 등으로 이루어져 있다.

04 **길버트(Gilbert)와 테렐(Terrell)의 사회복지정책 분석 틀에 대한 설명 중 틀린 것은?**

A. 할당 : 귀속적 욕구	B. 급여 : 물품, 바우처, 현금
C. 재정 : 공공재원, 민간재원	D. 전달 : 단독 서비스만 존재

① A · B · C
② A · C
③ B · D
④ D
⑤ A · B · C · D

해설 전달방법 : 전달체계는 중앙집권 또는 지방분권, 복수 서비스 또는 단독 서비스

정답 01. ④ 02. ⑤ 03. ② 04. ④

chapter 06

사회복지행정

Chapter

06 사회복지행정

제1절 사회복지행정의 개념과 특성

1. 사회복지행정의 개념

사회복지행정(social welfare adminstration)이란 "공 · 사 사회복지기관에서 보호대상자나 국민의 복지증진을 위해 어떠한 목적을 설정하고 또한 그것을 달성하기 위해 노력하는 인간 간의 합리적인 협동행위"라고 할 수 있다(남일재 외, 2007). 또한 사회복지정책을 사회적 서비스로 전환하는 과정이다. 이러한 전환과정에서 사회복지 분야는 다른 어떠한 분야보다 충분한 인적 · 물적 자원의 획득과 자원의 효율적인 활용이 중요하다. 사회복지활동은 인력이나 물적 자원의 투입만으로는 소기의 성과를 거둘 수 없으며, 인력이나 물적 자원을 효율적으로 활용하는 합리적인 행정과정을 통하여 이루어질 수 있다.

성규탁(1993)은 사회복지행정을 "사회복지조직과 전문가들이 효과적으로 서비스를 기획, 실천, 평가하도록 지원해 주는 사회복지의 방법 중에 하나"라고 강조하였다. 도니슨(D. Donnison, 1964)은 사회복지행정을 "행정관리의 과정은 물론 사회정책의 결정과정과 전문적 · 기술적 실천과정"이라고 설명하였다. 티트머스(R. Titmuss, 1974)는 사회복지행정을 "사회정책과 상호 관련되어 있어 행정의 방법이나 서비스 전달의 과정, 조직구조 등을 통하여 사회정책에 커다란 영향을 끼치는 하나의 통합과제"라고 주창하였다.

사회복지행정의 개념은 협의의 개념과 광의의 개념으로 나누어 살펴볼 수 있다. 협의의 사회복지행정은 사회복지조직을 운영하는 관리자의 활동과 관련되어 있으며, 목표달성, 프로그램 기획, 자원의 동원과 유지, 성과의 평가 등에 사회사업적인 지식과 기술을 적용하는 과정이라고 볼 수 있다. 협의의 사회복지행정은 '사회사업행정(social work administration)'으로 불린다. 광의의 사회복지행정은 사회복지 전달체계와 관련된 개념으로서, 사회복지정책을 사회복지서비스로 전환시키는 데 필요한 사회복지조직의 총체적인 활동을 의미한다.

〈표 6-1〉 일반행정과 사회복지행정의 비교

구 분	일반(공공)행정	사회복지행정
존 재	국민의 공공복리를 위해 존재	지역사회 내의 인지된 욕구(클라이언트의 욕구)충족을 위해 존재
성 격	투입과 산출의 명확함	무형의 즉시성과 소멸성, 비축 불가능성 등의 성격
범 위	한정적	지식을 초월하는 범위(환경문제가 매우 중요, 다양한 지식과 관리기술 요구)
형 태	법령에 따라 조직되고 법적 제약이 많음	다양하고 광범위하며 법령에 위반되지 않는 범위 내에서 활동이 원칙적으로 자유로움
운 영	행정가가 전체 국민 혹은 지역주민에 대한 책임 요구(선거를 통해 신임을 얻음)	지역사회에 대한 책임을 갖고 지역사회와 밀접한 관련을 가져야 함

출처 : 서보준 외(2017).

2. 사회복지행정의 특성

사회복지행정은 기업이나 정부의 일반행정과 관리의 기술이나 원리의 면에서는 공통성을 가지고 있지만 건전한 인간의 가치와 관계성에 관한 원리와 감정을 부가하고 있는 점이 다르다. 다시 말해, 사회복지행정은 국민의 복지 증진을 목표로 하고 있으며 그 최종목표는 모든 국민이 건전한 인간으로 육성・발전하도록 하는 데 있다.

사회복지행정 개념의 공통된 요소들을 고려하여 사회복지행정의 특성들을 정리하면 다음과 같다(신섭중, 1998; 장인협・이정호, 1992).

① 사회복지행정은 사회복지에 대한 국가의 책임(헌법 제34조) 규정에 따라 국민의 사회복지 욕구 충족을 목적으로 사회복지정책에서 설정된 목표를 이용 가능한 자원을 동원함으로써 충족하기 위한 수단과 방법이다. 따라서 사회복지행정은 국가의 행정이념에 따라 결정되며 관련법규를 근거로 실행된다.

② 사회복지행정은 복지정책의 목표를 설정하고 이를 달성하기 위한 수단과 방법의 선택과 관련된 포괄적인 행동과정을 말하고, 사회복지정책을 준비하고 운영하는 특정의 조직과 운영에 관심을 둔다.

③ 사회복지행정은 많은 경우 비일상적 사건을 다루게 된다. 예컨대, 가족의 위기, 위급한 건강문제, 주택문제 등으로 긴장에 처한 클라이언트들의 행동은 가끔 돌발적으로 발생하고 예측하기 어렵다. 이러한 점에서 사회복지행정은 '대인서비스 행정'으로 불리기도 한다.

④ 사회복지행정은 서비스 행정이므로 최종적으로 서비스가 개인에게 직접 전달됨으로써 그 효과가 비로소 나타난다. 인간관계를 중시하고 투입과 산출 모두 인간이라는 점에서 전문가를 필요로 한다. 따라서 전문직을 포함한 다수의 직접적인 처우에 종사하는 사회복지 종사자를 필요로 하고 인간관계 기술에 크게 의존한다.

⑤ 사회복지행정에 의한 서비스는 궁극적으로 개별화되지 않으면 안 된다. 특히 복지시비스 내지 대인서비스라고 불리는 영역의 주요한 기능은 직접적인 케어에 있다. 이것은 서비스 행정이 본질적으로 스태프의 활동 및 그들의 양과 질에 크게 의존하고 있음을 의미하는 것이다.

제2절 사회복지행정의 조직이론

1. 관료제이론

관료제이론은 베버(M. Weber)에 의해 전개되었다. 그는 인간 사회의 지배유형을 전통적 지배, 카리스마적 지배, 합리적 지배 등 세 가지 유형으로 구분하고, 이 가운데 가장 효율적이고 합법적인 지배형태인 합리적 지배로서 관료제를 주창하였다(박경일 외, 2000).

그러나 관료제는 그 자체의 특성을 유지하다 보면 기대하지 않았던 부작용이 나타나고 합리성을 높이기는커녕, 오히려 해를 끼치는 역기능을 가져온다는 비판을 받고 있다. 특히 사회복지조직에 종사하는 실천가들은 규칙과 규제에 지나치게 의존하고 서비스 전달과정에서 직원과 클라이언트의 비인간화가 나타나며, 클라이언트에게 효과적인 서비스를 전달하는 데 필요한 융통성이 결여되고 직원들의 자질을 평가하는 데 비인격적이고 무감각한 성과측정방법에 의존하게 된다는 비판이 있다.

이러한 관료제의 중요한 특징을 요약하면 다음과 같다.

① 인간의 개성보다는 공적인 지위에 기반을 둔 수직적이며 위계적인 권위구조
② 지위에 따른 권위를 규정하는 엄격한 규칙의 체계
③ 명확하고 고도로 전문화된 분업과 책임의 명확화
④ 비인간적인 인간관계
⑤ 기술적 자격(실적이나 기술)에 기반을 둔 신분보장과 유급관료의 충원

사회복지조직은 일련의 규칙과 법규보다는 전문직의 규범에 따라 행동한다. 사회복지조직의 관료제 도입은 서비스의 합리화·효율성의 증대, 서비스 기술의 개선을 가져다줄 수 있지만, 서비스 대상자들을 소외시키는 결과를 가져올 수 있으므로 적절한 균형이 중요하다.

2. 과학적 관리론

과학적 관리론(scientific management)은 테일러(Taylor, 1923)에 의해 창시된 것으로 효율성과 생산성의 극대화라는 명제를 실현하기 위한 규범적 관리이론이다(장동일, 2004). 즉, 과학적 관리론은 조직에서 사람의 육체적 능력의 중요성을 강조하고 있으며 개인이 과업을 수행하는 데 필요한 시간 및 동작(time and motion)에 초점을 두고 있다. 조직에서 개인의 기여를 극대화하기 위해 개개인의 기본 동작에 관하여 그 형태 및 소요시간을 표준화하고 적정한 일일의 작업량, 즉 분업을 확립한 다음 과업의 성과와 임금을 관련시키는 것이다. 해당 과업을 달성한 자와 그렇지 못한 자에게는 보수를 차등지급한다.

이러한 과학적 관리론은 조직을 폐쇄체계로 인식하여 외부환경과의 관계를 무시하고, 인간관계적인 요소를 과소평가한다. 또 행정관리자에게만 조직의 목표를 설정할 수 있는 책임을 부여하여 전 직원이 참여할 수 있는 민주적인 절차를 무시하고, 직원들이 오로지 금전적인 보상만을 원하는 경제적인 인간으로 취급되는 비판을 받고 있다.

3. 인간관계이론

인간관계이론(human relations theory)은 고전이론의 조직의 구조에 초점을 두고 합리성과 생산성을 추구함으로써 발생하는 단점을 보완하기 위해 메이요(Mayor)에 의한 호손(Hawthorne)실험을 통하여 생산과 관리에서 인간적인 요소와 감정의 중요성, 인간의 심리·사회적인 욕구와 구성원들의 사회적인 상호작용이 중요한 영향을 미친다는 연구결과로부터 출발하였다. 이러한 인간관계이론의 특징을 요약하면 다음과 같다.

① 인간관계에 의해 작업의 능률과 생산성이 결정
② 조직 내 비공식집단은 개인의 생산성에 영향을 미침
③ 경쟁에 의한 생산보다는 협동에 의한 생산이 더 중요함
④ 근로자는 개인으로서가 아니라 집단의 일원으로서 행동함
⑤ 비경제적인 보상도 생산성을 향상시키는 데 중요함

인간관계모형은 조직 안에서 개인활동을 이해하는 데 중요한 기여를 하였다. 한편 스트라우스(Strauss, 1986)에 의하면, 이 모형의 가장 심각한 결점은 사회심리적 요인 이외의 다른 요인을 고려하지 못하고 있다는 것이다. 조직에서 훨씬 더 중요할지도 모르는 다른 요인들이란 환경적 요구, 자원, 조직의 목표, 조직의 크기, 클라이언트의 욕구 및 속성, 서비스 기술, 직원능력, 임금과 봉급 등이다.

4. 체계이론

과학적 관리론이 조직을 하나의 기계로 인식하고, 인간관계이론은 가족으로서 인식하는 반면 체계이론에서는 조직을 하나의 유기체로서 인식한다. 체계이론의 관점에서 조직체는 개방체계로서 항상 환경 속에서 자체의 생존과 유지에 도움이 되는 상호 의존적인 다양한 하위체계들로 구성된다고 가정한다(박경일 외, 2000). 이 관점에서는 특히 조직 내 개체 간의 상호 의존성, 조직의 욕구 그리고 조직환경의 중요성 등을 주요한 내용으로 다루고 있다.

체계(system)란 상호작용하는 부분들로 구성된 전체로서, 여기서 환경은 한 부분의 변화가 다른 부분의 변화를 자극하는 것을 말한다. 체계이론(system theory)은 조직에 대한 포괄적인 접근방법으로 조직을 다른 외부체계들과의 교류가 없는 폐쇄체계로 인식하는 것이 아니라 다른 체계들과 빈번한 상호작용을 하는 개방체계로 인식하는 것으로, 고전이론과 인간관계이론 그리고 구조주의 이론을 하나로 통합한 관점이다.

조직은 각각의 기능을 수행하는 하위체계로 구성된 복합체이며, 각 하위체계는 생산하위체계, 유지하위체계, 경계하위체계, 적응하위체계, 관리하위체계로 구성된다. 이러한 체계이론에서의 하위체계를 살펴보면 [그림 6-1]과 같다.

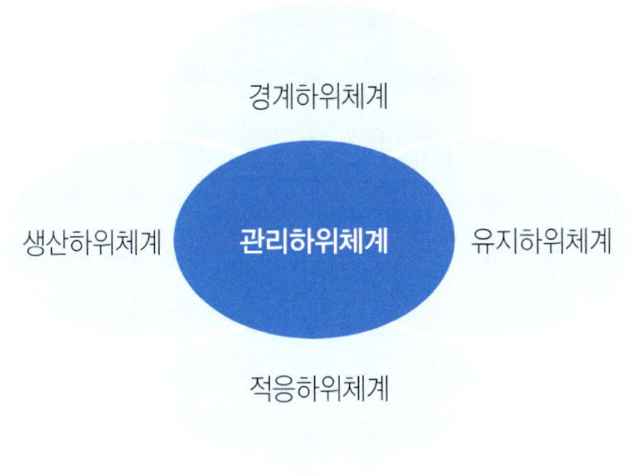

┃그림 6-1┃ 체계이론의 하위체계

이상 체계이론에 근거하여 사회복지조직을 살펴보면, 다음의 다섯 가지 하위체계로 구분할 수 있다(Neugeboren, 1985).

① **생산체계** : 클라이언트에게 서비스를 제공하는 것
② **유지체계** : 조직의 계속성을 확보하고 안정상태로 유지하는 것
③ **경계체계** : 외부환경의 변화에 대한 적절한 대응을 하는 것
④ **적응체계** : 외부환경의 욕구에 반응하여 조직을 변화시키는 것
⑤ **관리체계** : 위 네 가지 체계를 전체적으로 조정하고 통합시키는 것

5. 목표관리이론

목표관리(MBO : Management By Objectives)이론은 일종의 활동중심적이고 결과지향적이며, 참여를 강조한다. 한편 MBO는 목표, 계획, 모니터링, 평가 등의 프로그램 과정을 체계적으로 연결하는 방법이며, 기획, 의사결정, 직원개발 등과 같은 조직적 활동들을 활성화하고 통합시키는 시스템이다(강봉규, 2016). 즉, 조직 차원에서 설정된 목적을 근거로 각 부서에서 목표를 설정하고 조직 구성원들은 이러한 목표를 달성하게 되며, 조직은 구성원들의 목표달성을 토대로 업무수행의 정도를 평가하게 된다. 이때 목표를 정확하게 설정하는 것

이 중요하며, 1년 이내의 단기적이고 측정 가능한 목표로 설정한다. 참여지향적 관리 철학에 기반을 두어 구성원의 참여를 통해 공동의 목표를 명확히 할 뿐만 아니라 개인별 목표가 설정되면 수행 결과를 평가하고 환류시켜 조직의 성과를 높여간다(생각의마을, 2017).

목표관리이론의 장점을 네 가지로 구분하여 살펴보면 다음과 같다(생각의마을, 2017).

① 목표를 성취하기 위해 함께 일하는 공동작업을 구조화하고 실행하는 팀제를 도입한다.
② 정확한 업무수행평가를 통하여 업무에 책임감을 부여한다.
③ 조직의 목표를 명확히 하고 그러한 목표에 조직 활동을 집중시킴으로써 조직을 효율적으로 관리한다.
④ 조직구성원의 의사결정 참여 확대로 사기를 높여준다.

6. 총체적 품질관리이론

총체적 품질관리(TQM : Total Quality Management)이론은 품질을 전체 부서에서 전 과정에 걸쳐 총체적으로 관리할 것을 강조하는 이론이다. 품질관리는 단순히 제품의 기능에 결함을 발견하고 제거하는 것만이 아니라 그 이상을 의미한다. 여기서 더 나아가 고객의 욕구를 충족시키는 서비스를 제공하려는 문화, 태도 등을 말한다. 따라서 고객만족, 인간성 존중, 사회공헌을 중시하며 최고 경영자와 전 직원이 끊임없이 혁신에 참여하여 장기적인 성장을 추구한다. 사회복지조직의 생존이 기관에서 제공하는 서비스의 질에 달려 있으며, 서비스의 질을 향상시키려면 물적 요소보다는 인적 요소가 더 중요하기 때문에 총체적 품질관리이론은 기업보다 사회복지조직에 더 적합한 이론으로 알려져 있다. 특히 재정 공급 방식이 포괄적 보조금에서 서비스 구매계약이나 바우처 등으로 바뀌면서 사회복지기관 간 경쟁을 유발하는 제도적 환경이 조성되고 있다. 이 때문에 총체적 품질관리이론에 더 많은 관심을 기울이고 있는 상황이다(생각의마을, 2017).

제3절 사회복지행정의 과정

사회복지목표를 달성하기 위해서 취하게 되는 일련의 행동과정으로 볼 수 있는 사회복지행정의 과정은 기본적 기획, 조직, 인사, 지시, 조정, 보고, 재정, 평가 등으로 이루어진다(박경일 외, 2000). 이것은 알파벳 첫 글자를 따라 POSDCoRBE로 표현된다. 구체적인 내용은 다음과 같다.

1. 기 획

기획(Planning)은 행정가가 수행하여야 할 첫 번째 과정으로서 목표의 설정, 목표달성을 위한 과업 및 활동, 과업수행 방법 등이 포함된다. 과업을 수행하기 위해 필요한 방법은 변화하는 목표에 따라 달라질 수 있다. 따라서 행정가는 변화하는 목표에 따라 과업을 계획하고 목표달성을 위해 필요한 방법을 선정해야 한다.

일반적으로 사회복지기관의 목적은 기관의 설립 시 기술되며, 민간기관의 경우는 정관에 기술되어 있고, 공공기관의 경우에는 해당 법령에 기술되어 있다. 과업을 달성하기 위한 방법은 변화하는 목표에 따라 달라질 수 있으므로, 사회복지행정가는 변화하는 목표에 따라 과업을 계획하고 목표달성을 위해 필요한 방법과 기술을 결정해야 한다.

2. 조 직

조직(Organizing)은 업무가 할당되고 조정되는 공식적인 조직구조가 설정되는 과정이다. 사회복지기관의 구조는 일반적으로 정관의 규정이나 운영지침서에 기술되어 있다. 조직구성에 있어서 구성원 간 갈등이 초래되지 않도록 구성원들이 역할과 책임이 분명해야 하며, 사회복지행정가는 구성원들에게 조직구조를 명백히 이해시켜야 한다. 또한 기관목표의 변화와 능력, 그에 따라 요구되는 과업과 방법의 변화에 보조를 맞추어야 한다.

3. 인 사

인사(Staffing)는 직원을 채용하고 능력을 개발하며, 근무의욕을 갖고 헌신할 수 있도록 동기를 부여하는 관리활동을 말한다. 그러므로 인사에는 채용, 직원개발, 동기부여의 세 가지 과업이 있다. 행정책임자는 공공 사회복지기관의 경우에는 행정기관의 장이, 민간 사회복지기관의 경우에는 이사장 또는 회장이 선정하여 채용한다. 사회복지기관의 행정책임자는 직원의 임명, 직원의 교육·훈련을 책임지며, 우호적인 분위기 조성을 위해 구성원 간의 민주적인 의사소통 관계를 유지해야 한다.

4. 지 시

지시(Directing)는 행정책임자가 기관을 효과적으로 운영하기 위해 구성원에게 업무를 부과하는 과정이다. 행정책임자에게는 합리적인 의사결정을 내리는 능력, 기관의 목적에 대한 적극적 관심과 그것을 달성하려는 헌신적인 태도, 구성원의 공헌을 칭찬하는 능력, 구성원에게 책임과 권한을 효과적으로 위임하는 능력, 개인과 집단의 창의성을 고취하는 능력 등이 요구된다.

5. 조 정

조정(Coordinating)은 기관활동의 다양한 부분을 상호 연계시키는 과정이다. 조정을 위해 행정가는 기관의 여러 부서와 구성원들 간의 효과적인 의사소통 통로를 만들어야 한다. 이를 위해서 가장 일반적인 방법은 위원회를 만들어 활용하는 것이다. 위원회에는 프로그램, 인사, 재정 등과 같은 활동에 관한 문제를 다루는 상설위원회와 긴급한 문제나 단기간 수행할 수 있는 임시적 활동을 다루는 특별위원회가 있다.

6. 보 고

보고(Reporting)는 행정가가 기관의 직원, 이사회, 지역사회 재원을 제공하는 기관에 대하여 기관에서 일어나는 상황을 알려주는 것이다. 행정책임자는 이러한 기능 수행을 위하여 자신이 기관의 진행상황을 잘 알아야 한다. 이를 위한 세 가지 주요 활동은 첫째, 기록의 유지, 둘째, 정기적인 검사, 셋째, 조사연구이다.

기록유지는 클라이언트의 케이스 기록, 인사기록, 위원회의 활동 등의 전반적인 기관 활동의 보고이다. 이러한 기록은 클라이언트에 대한 서비스 전달에 있어 직원의 진전 상황을 밝혀준다. 행정책임자에 의한 정기적인 검사는 기관이 어떻게 기능하고 있는가에 대한 전반적인 이해를 얻게 하며, 개선이 필요한 부분을 밝혀준다. 기관 내에서 수행되는 조사연구는 기관의 서비스 수행 여부, 현존 서비스의 필요성 여부, 새로 요구되는 서비스의 종류, 서비스 전달방법의 효과성 여부 등을 밝혀준다(서보준 외, 2017 재인용).

7. 재 정

재정(Budgeting)은 사회복지기관의 운용에서 급여의 스케줄, 수입확보의 방법, 지출통제의 방법 등을 말한다. 기관조직의 재정활동의 세 가지 요소를 제시하면 다음과 같다. 첫째는, 사회복지기관이 합리적인 조직계획으로 재정절감에 역점을 두어야 한다. 둘째는, 사회복지기관이 구체적인 재정계획으로 예산정책에 기초하여 업무수행을 해야 한다. 셋째는, 사회복지기관이 건전한 재정운용으로 기관 내 모든 부서의 지출을 위한 권위와 책임하에 소기의 목적을 달성해야 한다.

8. 평 가

평가(Evaluating)는 사회복지기관의 목표에 따라 전반적인 활동결과를 사정하는 과정을 말한다. 사회복지기관의 목표달성을 정확하게 평가하기 위해서는 다음의 두 가지 척도를 적용하여야 한다. 첫째는, '효과성의 척도'로 사회복지서비스에 대한 욕구와 관련되며 기관의 서비스가 수행된 정도를 평가한다. 둘째는, '효율성의 척도'로 기관의 가용한 자원과 관련하여 기관의 서비스가 수행되는 정도를 평가한다.

따라서 사회복지기관의 평가기능을 효과적으로 수행하기 위해서는 기관조직의 구성원이 업무에 대한 평가활동을 자유롭게 하며, 기관의 프로그램을 창의적인 분위기에서 수행하도록 하는 노력이 필요하다.

이상의 사회복지행정의 수행과정을 활동 영역과 분야별로 요약하여 정리하면 <표 6−2>와 같다.

〈표 6−2〉 사회복지행정 활동의 기능 및 범위

POSDCoRBE	기 능	적용 분야
기획(Planning)	변화하는 목표에 맞춰 과업을 계획	기획과 정책일반이론
조직(Organizing)	조직구조를 설정하는 과정으로 과업할당 및 조정	조직이론 및 조직구조
인사(Staffing)	직원의 채용·해고, 훈련, 교육, 승진	인사관리
지시(Directing)	합리적인 결정, 책임과 권한 위임 등 지시 및 지도	경영 및 관리일반
조정(Coordinating)	직원 간 효과적인 의사소통 유지	조직이론 및 커뮤니케이션
보고(Reporting)	직원, 이사회, 지역사회 등에 보고	문서관리
예산(Budgeting)	재정계획, 재정운영 및 책임	재정 및 예산관리
평가(Evaluating)	서비스 효과성, 자원투입−산출의 효율성 평가	편익분석

생각해 보기

1. 사회복지행정의 조직이론에 대한 최근 경향을 비교·분석하여 여러분의 생각을 토론해 봅시다.
2. 사회복지 동기에서 여러분이 가장 동의하는 동기는 무엇이며, 그 이유는 무엇인지 여러분의 생각을 토론해 봅시다.
3. 사회복지행정의 과정에 대해 설명하고 사회복지목표를 달성하기 위해서 취하게 되는 일련의 행동과정에 대해 여러분의 생각을 토론해 봅시다.

01 사회복지행정에 관한 설명 중 옳지 않은 것은?

① 사회복지정책과 사회복지실천보다 하위의 개념이다.
② 클라이언트와 조직에 대한 변화를 초래한다.
③ 사회사업적 지식, 기술, 가치 등을 의도적으로 적용한다.
④ 목표달성을 위한 내부적 조정과 협력 과정이다.
⑤ 사회복지정책을 서비스로 전환시키는 과정이다.

해설 사회복지행정, 사회복지정책, 사회복지실천 등의 세 가지 개념은 어느 한 분야가 다른 분야보다 상위에 있거나 하위에 있다고 말할 수 없다. 그러나 사회복지정책과 서비스를 연결시키는 매개 역할을 수행하는 것이 사회복지행정이라고 한다.

02 다음 내용들이 공통적으로 설명하고 있는 것은?

- 베버(Weber)에 의해 전개되었다.
- 지위에 따른 권위를 규정하는 엄격한 규칙의 체계
- 비인간적인 인간관계

① 체계이론 ② 관료제이론
③ 인간관계이론 ④ 과학적 관리론
⑤ 의사결정이론

해설 관료제이론은 특징을 요약하면 다음과 같다.
1) 인간의 개성보다는 공식인 지위에 기반을 둔 수직적이며 위계적인 권위구조
2) 지위에 따른 권위를 규정하는 엄격한 규칙의 체계
3) 명확하고 고도로 전문화된 분업과 책임의 명확화
4) 비인간적인 인간관계
5) 기술적 자격(실적이나 기술)에 기반을 둔 신분보장과 유급관료의 충원

03 총체적 품질관리(TQM)을 활용하는 사회복지조직에서 강조하는 것과 다른 것은?

① 조직에서는 시설 및 장비의 위생 상태에도 신경을 써야 한다.
② 사회복지사는 서비스에 관한 충분한 지식과 정보를 가지고 있어야 한다.
③ 서비스는 일관성 있게 제공되어야 한다.
④ 서비스는 이용자의 만족을 위해 장기적으로 제공되어야 한다.
⑤ 클라이언트에 대한 개별화된 이해가 전제되어야 한다.

해설 서비스는 가장 필요한 시기에 단기간에 걸쳐 제공되어야 한다.

연습문제

04 **다음은 사회복지행정의 과정 중 무엇을 설명하는 것인가?**

인사기록, 클라이언트의 사례기록, 기관의 서비스 수행 여부

① 기획 ② 지시
③ 보고 ④ 조직
⑤ 평가

해설 보고(reporting)는 행정가가 기관의 직원, 이사회, 지역사회 등의 기관에서 일어나는 상황을 알리는 과정이다.

05 **일반행정과 사회복지행정에 대한 비교 설명 중 틀린 것은?**

① 사회복지행정은 국민의 공공복리를 위해 존재한다.
② 사회복지행정은 지역사회에 대한 책임을 갖고 지역사회와 밀접한 관계를 가져야 한다.
③ 일반행정은 투입과 산출이 명확하다.
④ 사회복지행정은 다양하고 광범위하며 법령에 위반되지 않는 범위 내에서 활동적이고 자유롭다.
⑤ 일반행정 행정가는 전체 국민 혹은 지역주민에 대한 책임이 요구된다.

해설 사회복지행정은 지역사회 내의 인지된 욕구(클라이언트의 욕구) 충족을 위해 존재한다.

정답 01. ① 02. ② 03. ④ 04. ③ 05. ①

chapter 07

사회보험

Chapter

07 사회보험

제1절 사회보험의 개념

사회보험(social insurance)은 노령, 질병, 장애, 사망 등과 같은 사회적 위험이나 사고에 의한 소득의 중단이나 감소에 대비해 근로시기에 정기적인 보험료를 기여하고, 사유가 발생한 후 급여를 지급받음으로써 정상적인 사회생활을 영위할 수 있도록 하는 사회보장제도이다.

사회보험은 사회보장제도의 한 형태이다. 19세기 말 독일 비스마르크 정부의 사회정책에서 비롯되었다. 1935년 미국 사회보장법, 1942년 영국의 베버리지 보고서 등에서 확산되었고, 제2차 세계대전 이후 전 세계적으로 확대되기에 이르렀다. 우리나라의 경우 사회보장제도로서 사회보험, 공적부조, 사회서비스를 포함한다.

현재 우리나라의 사회보험체계는 공적연금(국민연금), 건강보험, 고용보험, 산업재해보상보험을 포함하고 있고, 2008년 7월 1일 전면 실시한 노인장기요양보험이 포함될 수 있다.

1. 사회보험의 개념

사회보험은 개인의 빈곤을 예방하고, 생활의 어려움으로 인한 소득의 중단·상실·감소 등이 오더라도 정상적인 생활을 유지할 수 있도록 해서 인간다운 삶을 실현할 수 있도록 하기 위해서 정부가 전 국민들에게 근로시기에 일정 기여를 하도록 하고, 생활의 어려움이 닥쳐서 정상적인 생활이 어려운 상황에 직면할 때 급여를 받을 수 있도록 하는 체계이다.

미국의 ARIA(American Risk & Insurance Association)가 정의한 것을 보면 "사회보험이란 일정한 위험을 다른 기관에, 주로 정부에 이전하는 형식으로 풀(pool)을 조성하여 위험분산 효과를 거두고자 하는 장치이다. 보험가입자에게 사전 규정된 손실 발생 시 금전적 보상이나 서비스를 법에 의거하여 해당자에게 제공하도록 하는 장치이다. 물론 가입, 수급자 요건, 급여의 종류, 급여의 방법, 급여액의 산정, 행정 등 제반 요건은 법률이 정하는 바에 따른다"라고 규정하고 있다(박상범, 1999).

현행 사회보장기본법 제3조 제2호는 사회보험을 "국민에게 발생하는 사회적 위험을 보험의 방식으로 대처함으로써 국민의 건강과 소득을 보장하는 제도"라고 규정하고 있다.

제2절 사회보험의 특징 및 기능

1. 사회보험의 특징

사회보험이란 위험요소들을 다른 기관에, 주로 정부에 이전하여 공동효과를 거두고자 하는 장치로서 사회보험제도의 일반적 특성을 살펴보면 다음과 같다(Rejda, 1999).

① 사회보험은 강제성을 띤다. 사회보험 가입의 강제성은 개인들을 일반적 위험요소(가장의 조기사망, 퇴직 후의 불충분한 수입, 장기간에 걸친 신체적 장해)들로부터 개인 및 가족을 보호하도록 한다.

② 사회보험은 최저수준의 수입을 보장한다. 최저수준의 수입이란 다른 수입원을 고려하지 않고서도 최소수입만으로 쾌적한 생활을 영위할 수 있고, 적절한 수준의 생활을 영위할 수 있어야 한다.

③ 개인적 적정성보다는 사회적 공평성이다. 즉, 사회적 공평성이란 모든 기여자들에게 골고루 혜택이 돌아가도록 한다는 것이고, 개인적 적정성이란 개개인이 기여한 만큼 이에 맞추어 혜택을 준다는 것이다.

④ 급부(給付)와 소득의 관련이다. 즉, 사회보험에서 급부는 소득과 어느 정도 연관되어 있고, 급부 역시 생활수준 등 갖가지 경제여건을 고려하여 정해져야 한다.

⑤ 급여를 지급받을 권리요건이다. 즉, 사회보험에서 규정되어 있는 수급자격 요건을 갖추게 되면 자연발생적으로 급여를 지급받게 된다.

⑥ 급여는 추정된 욕구(needs)에 의해 결정된다.

⑦ 수익자 부담 형식의 재원조달원칙이다.

2. 사회보험의 기능

사회보험은 다음의 기능을 가진다(권육상 외, 2010).

① 국민의 경제적 위험에 대비할 수 있는데 이를 통해 국민의 최저생활을 보장할 수 있다.

② 소득재분배의 기능을 담당할 수 있으며(수직적 소득재분배, 세대 간 소득재분배 기능) 사회연대의식을 고취할 수 있다.

③ 빈곤의 예방 기능을 담당할 수 있다.

④ 국민연금의 기여금은 금융투자의 수단으로 사용되어 경제발전을 도모할 수 있다.

⑤ 국민의 노동력 확보와 생산성 향상을 통해 경제적 이득을 확보할 수 있다.

이상의 내용을 바탕으로 사회보험과 민간보험의 차이점을 정리하면 <표 7-1>과 같다.

〈표 7-1〉 사회보험과 민간보험의 차이점

구 분	사회보험	민간보험
제도의 목적	최저생계 또는 의료보장	개인적 필요에 따른 보장
보험가입	강제	임의
부양성	법적 수급권	없음
수급권	정부 및 공공기관의 독점	계약적 수급권
독점 · 경쟁	공동부담의 원칙	자유경쟁
공동부담 여부	공동부담의 원칙	본인부담 위주
재원부담	능력비례 부담	개인의 선택
보험료 부담방식	주로 정률제	소득 정률제
보험료 수준	위험률 상당이하요율	경험률
급여수준	균등급여	기여비례
인플레이션 대책	가능	취약
보험사고 대상	인(人)보험	인(人), 물(物)보험
성 격	집단보험	개별보험

출처 : 옥필훈(2016).

제3절 우리나라 사회보험제도의 현황

우리나라 사회보험의 형태는 1964년 산업재해보상보험, 1977년 건강보험, 1988년 국민연금, 1995년 고용보험, 2008년 노인장기요양보험 실시로 사회보장제도로서의 기본 틀을 <표 7-2>와 같이 갖추게 되었다.

〈표 7-2〉 우리나라 5대 사회보험

구 분	국민연금	건강보험	노인장기 요양보험	고용보험	산업재해보상 보험
시 행	1988. 1.	1977. 7.	2008. 7.	1995. 7.	1964. 1.
	1994. 4. 도시지역	2003. 7. 직장 지역보험 재정통합	장기요양이 필요한 65세 이상 노인 및 치매 등 노인성 질환을 가진 64세 이하 국민	1998. 10. 1인 이상 사업장에 적용	2000. 6. 1인 이상 사업장 확대

적 용	1,917만 명 (2010. 10)	5,050만 명 (2010. 9)	약 287천 명 등급인정 (2009)	138만 개소 (975만 명) (2009. 12)	156만 개소 (1,388만 명) (2009. 12)
보험료	표준소득 월액의 9% (노사 1/2)	과세근로 소득의 5.64% (노사 1/2)	건강보험금×보험료율 (6.55%)	실업급여 : 0.9% (노사 1/2)	업종에 따라 0.4~37.7% (사업주 전액 부담)
주관부서	보건복지부	보건복지부	보건복지부	고용노동부	고용노동부
관리운영	국민연금 관리공단	국민건강 보험공단	국민건강보험공단	고용노동부	근로복지공단
관련법	국민연금법	국민건강보험법	노인장기요양보험법	고용보험법	산업재해보상 보험법
보장위험	노령, 장애, 사망	질병	고령, 노인성 질환 등으로 장기요양 필요	실업	업무상 재해
보장유형	소득보장	의료보장	장기요양보장	소득보장	의료소득 보장
가입자 유형	근로자+자영자	근로자+자영자	근로자+자영자	근로자	근로자

출처 : 보건복지통계연보(2010).

1. 국민연금

1) 국민연금의 의의

국민연금은 국민의 노령·폐질 또는 사망에 대하여 연금급여를 실시함으로써 국민의 생활안정과 복지증진에 기여함을 목적으로 한 사회보험이다. 보험료의 강제갹출과 정형화된 보험금의 지급을 특징으로 한다. 따라서 강제가입, 정형화된 보험금, 정부주관 등의 특성이 국민연금과 사보험을 구분되게 하나 국민연금과 사보험은 상호 보완적인 기능을 수행한다.

2) 국민연금제도의 필요성

① 생활수준의 향상과 의료기술의 발전 등으로 국민의 평균수명이 크게 늘어났고, 따라서 부양을 필요로 하는 노인의 수가 급격히 증가하여 고령인구가 증가하였다.

② 우리의 전통적인 가족제도인 대가족제도가 산업화와 더불어 핵가족화로 급격히 진행되어 왔다. 전반적인 생활수준의 향상, 낮은 출산율로 인한 핵가족화 및 서구문물의 성급한 도입 등은 많은 전통문화의 파괴와 함께 우리 사회에 개인주의 및 물질만능주의의 팽배라는 급격한 가족구조의 변화를 가져왔다.

③ 산업화, 도시화, 환경파괴는 각종 사고나 재해 등으로 인한 사망, 장해, 노년기 만성질환 및 이로 인한 장애를 증가시키는 사회적 위험의 증가를 가져왔다.

3) 국민연금의 가입대상

국내에 거주하는 18세 이상 60세 미만의 국민이 그 가입대상이다. 단, 공무원연금법, 군인연금법, 사립학교교직원연금법의 적용을 받는 공무원, 군인, 사립학교교직원은 제외된다.

〈표 7-3〉 국민연금 가입자의 종류별 가입요건

사업장 가입자	당연적용 사업장 가입자	상시근로자 1인 이상 사업장에 종사하는 18세 이상 60세 미만인 근로자와 사용자(의무가입) 1개월 이상 고용되는 임시·일용직 근로자 및 월 80시간 이상 근무하는 시간제 근로자
	특례적용 사업장 가입자	국민연금 가입 사업장에 종사하는 18세 미만의 근로자로서 사용자의 동의를 얻어 가입한 자
	외국인 사업장 가입자	18세 이상 60세 미만으로서 국민연금 적용 사업장에 종사하는 외국인 또는 외국에 거주하는 국민(해외교포 등)으로 체류하면서 국민연금 적용 사업장에 종사하는 자

지역가입자	당연적용 지역 가입자	18세 이상 60세 미만으로서 사업장 가입자가 아닌 자
	특례적용 지역 가입자	지역가입자의 요건을 갖춘 자로서 1999년 4월 1일 현재 60세 이상 65세 미만인 자
	외국인 지역가입자	18세 이상 60세 미만으로서 국내에 거주하는 외국인(국내체류 교포 등 포함)
임의가입자	–	사업장가입자 및 지역가입자 이외의 18세 이상 60세 미만의 자(본인의 신청에 의해 가입)
임의 계속 가입자	사업장 임의 계속 가입자	사업장에 종사하는 60세 이상 65세 미만의 자로 연장 가입 신청한 자
	지역 임의 계속 가입자	60세에 달한 지역가입자로서 65세 미만까지 연장 가입 신청한 자
	기타 임의 계속 가입자	60세에 달한 임의가입자로서 65세 미만까지 연장 가입 신청한 자

출처 : 국민연금공단(www.nps.or.kr).

4) 국민연금의 수급요건 및 급여수준

① 노령연금은 가입기간이 최소한 10년 이상 또는 특례노령연금은 5년 이상이 되어야 한다.

② 장애연금은 가입 중의 실병, 부상으로 인하여 그 완치 후에도 신체 또는 정신장애가 있는 자에 대하여 그 장애가 존속하는 동안 장애연금을 지급한다. 종전의 장해연금에서 장애연금으로 개정하여 그 수급대상 범위를 넓히고 있다.

③ 유족연금은 가입자가 사망했을 당시 노령연금수급권자, 가입기간이 10년 이상인 가입자, 장애등급 2급 이상에 해당하는 장애연금수급권자의 유족에게 지급된다.

〈표 7-4〉 연금의 종류별 수급요건 및 급여수준

연금 구분		수급요건	급여수준
노령연금	노령연금	가입기간 10년 이상으로 출생연도별 노령연금 지급개시 연령이 된 때(하단 "출생연도별 지급개시연령" 참조) (출생연도별 노령연금 지급개시연령 도달일로부터 5년 이내이면 소득이 없는 경우에 한함) 노령연금 수급권자가 출생연도별 노령연금 지급개시연령 도달일로부터 5년 이내에 소득이 있는 업무에 종사하는 기간	가입기간이 10년 기준 50%에 가입기간 10년을 초과하는 1년마다 5%를 가산(1년 미만이면 매 1개월마다 5/12% 가산) 초과하는 소득월액에 따라 감액하여 지급(최대 50%까지 감액) 연금지급개시연령부터 1년마다 감액률 차등 적용(50%~10% 감액) ※ 부양가족연금액은 지급되지 않음
	조기 노령연금	가입기간 10년 이상, 출생연도별 조기노령연금 지급개시연령(하단 "출생연도별 지급개시연령" 참조) 이상인 자가 소득이 있는 업무에 종사하지 아니하고, 출생연도별 조기노령연금 지급개시연령 도달일로부터 5년 이내에 청구한 경우(소득이 있는 업무에 종사하면 지급정지)	55세 수급 개시 기준 : 55세 70%, 56세 76%, 57세 82%, 58세 88%, 59세 94% 지급
장해연금		가입 중에 발생한 질병 또는 부상으로 완치 후에도 장애(노동능력의 손실 또는 감소가 의학적으로 인정)가 있는 자 초진일로부터 1년 6개월 경과 후에도 완치되지 아니한 경우에는 초진일로부터 1년 6개월이 경과한 날을 기준으로 장애 정도를 결정 만약 1년 6개월이 경과된 시점의 장애정도가 장애등급(1급~4급)에 해당하지 않았으나 그 장애가 악화되어 60세가 되기 전에 장애등급에 해당되면 청구한 날과 완치된 날 중 빠른 날을 기준으로 장애등급을 결정. 이때 60세 이후 청구한 경우라면 60세 전 완치일이 있는 경우에만 장애연금의 지급이 가능함	-1급 : 기본 100%+가급연금액 -2급 : 기본 80%+가급연금액 -3급 : 기본 60%+가급연금액 -4급 : 기본 225%(일시보상금)

〈출생연도별 지급개시연령〉

출생연도	1953~56년생	1957~60년생	1961~64년생	1965~68년생	1969년생~
노령연금 지급개시연령	61세	62세	63세	64세	65세
조기노령연금 지급개시연령	56세	57세	58세	59세	60세

유족연금	노령연금수급권자 －장애등급 2급 이상의 장애연금 수급권자 －가입기간 10년 이상인 가입자였던 자 －연금보험료를 낸 기간이 가입대상 기간의 1/3 이상인 가입자였던 자 －사망일 5년 전부터 사망일까지의 기간 중 3년 이상 연금보험료를 낸 가입자였던 자. 단, 전체 가입대상기간 중 체납기간이 3년 이상인 경우는 유족연금을 지급하지 않음	－가입기간 10년 미만 : 기본연금액 40%+부양가족연금액 10년~20년 미만 : 기본연금액 50%+부양가족연금액 20년 이상 : 기본연금액 60%+부양가족연금액
사망일시금	가입자 또는 노령연금수급권자, 장애3급 이상인 장애연금수급권자가 사망하였으나 국민연금법 제73조에 의한 유족이 없어 유족연금 또는 반환일시금을 지급받을 수 없는 경우 더 넓은 범위의 유족에게 지급하는 장제부조적 · 보상적 성격의 급여이다. ※ 노령연금수급권자, 장애3급 이상 장애연금수급권자인 경우 21.6.30 이후 사망하고, 지급받은 연금 총액이 사망일시금보다 적은 때에 한함	사망자의 최송소득월액과 가입기간 중 표준소득월액의 평균액 중 많은 금액의 4배 내의 금액을 초과할 수는 없다.
반환일시금	－가입기간 10년 미만인 자로서 60세가 된 경우(단, 특례노령연금수급권자는 해당되지 않음) －가입자 또는 가입자이었던 자가 사망하였으나 유족연금에 해당되지 않는 경우 －국적상실 또는 국외로 이주한 때	반환일시금은 가입기간 중 본인이 연금보험료에 대통령령으로 정하는 이자를 더하여 받게 된다. －납부보험료+이자(3년 만기 정기예금 이자율) ※ 2022년 3년 만기 정기예금이자율 : 1.3%

출처 : 국민연금관리공단(2023). www.nps.or.kr

2. 국민건강보험

1) 국민건강보험의 의의

우리나라의 국민건강보험법 제1조에서는 "국민의 질병·부상에 대한 예방·진단·치료·재활과 출산·사망 및 건강증진에 대하여 보험급여를 실시함으로써 국민보건 향상과 사회보장 증진에 이바지함을 목적으로 한다"고 명시하고 있다. 질병은 인간의 육체적·정신적 기능을 침범한다. 국민건강보험은 질병 또는 부상의 위험발생과 분만이나 사망 등으로 인해 개별 가계가 일시적으로 과다한 의료비를 지출함에 따라 겪게 되는 경제적 어려움을 덜어주고 국민건강을 향상시키기 위한 사회보장제도라 할 수 있다.

2) 국민건강보험의 특징

① 법률에 의한 강제가입방식
② 소득수준 등 부담능력에 따른 보험료 차등부담
③ 보험급여의 균등한 수혜
④ 보험료 징수의 강제성

3) 국민건강보험의 가입대상

피용자, 자영업자, 공직자(공무원, 교직원, 군인 등) 등 일정한 소득원을 가진 경제활동인구와 그 부양가족으로서 보험료를 부담하고 욕구가 발생(질병, 출산, 사망 등)하면 급여를 받는다. 보험료를 부담하는 사람을 피보험자라 하고 피보험자의 부양가족을 피부양자라 하며, 피보험자와 피부양자를 합해서 피보험대상자라고 한다. 피부양자는 직장가입자의 배우자, 직장가입자의 직계존속, 직장가입자의 직계비속 및 그 배우자, 직장가입자의 형제와 자매 중 직장가입자에 의하여 주로 생계를 유지하는 자로서 보수 또는 소득이 없는 자를 말한다. 외국인의 경우 직장가입자 적용사업장에 근무하면 외국인 및 재외국인도 직장가입자가 될 수 있다.

4) 국민건강보험의 급여수준

(1) 요양급여

피보험자 또는 피부양자가 질병에 걸리거나 부상을 입었을 때 보험자가 요양기관을 통하여 의료서비스를 제공하는 것을 말한다. 요양급여의 범위는 진찰(현물급여), 약제 또는 치료재료의 지급(현물급여), 처치·수술 기타의 치료(현물급여), 의료시설에의 수요(현물급여), 간호(현금급여), 이송(현금급여) 등이다.

(2) 분만급여

피보험자 또는 피부양자가 요양기관에서 분만하는 경우에 요양기관이 제공하는 서비스를 말한다.

(3) 요양비

보험자는 피보험자나 피부양자가 긴급 기타 부득이한 사유로 인하여 규정에 의한 요양기관 외의 의료기관이나 약국 등에서 요양을 받은 경우에는 요양급여에 상당하는 금액을 요양비로서 지급한다.

(4) 분만비

보험자는 피보험자 또는 피부양자가 규정에 의한 요양기관 외의 장소에서 분만한 때에는 보건복지부 장관이 정하는 분만비를 지급한다.

(5) 건강진단

보험자는 대통령령이 정하는 피보험자에 대하여 질병의 조기발견과 그에 따른 요양급여를 하기 위하여 건강진단을 실시한다.

(6) 부가급여

기본 급여와는 달리 보험자의 재정상태에 따라서 재량적으로 지급할 수 있는 보험급여이며, 장제비, 분만수당 및 본인부담보상금이 있다.

(7) 보건예방사업

건강한 생활습관의 유지·관리를 통한 자기관리의식을 고취시키고 질병의 조기발견 및 조기치료로 국민 건강수준의 향상을 도모함으로써 질병의 사전 예방으로 국민 의료비용을 줄이는 데 그 목적이 있다.

3. 고용보험

1) 고용보험의 의의

고용보험제도는 실업보험에서 비롯되었다. 자본주의 경제체제하에서 기술 혁신에 따른 산업구조조정과 경기변동에 따라 실업은 누구에게나 발생할 수 있는 사회적 위험이다.

고용보험은 실직근로자에게 실업급여를 제공하는 전통적 의미의 실업보험 사업 외에 산업구조조정의 촉진 및 실업예방, 고용촉진 등을 위한 고용안정 사업, 근로자의 생애직업능력개발을 위한 직업능력개발사업을 상호 연계하여 실시하는 사회보장제도임과 동시에 노동시장정책으로 정의될 수 있다. 따라서 실업보험이 실직자의 생계를 지원하는 사후적·소극적 사회보장제도인 반면, 고용보험은 실직자에 대한 생계지원은 물론 재취업을 촉진하고 더 나아가 실업의 예방, 노동시장의 구조개편, 직업훈련 등의 강화를 위한 사전적·적극적 차원의 종합적인 인력정책수단이라고 할 수 있다.

2) 고용보험의 목적

① 실업 시 생활안정
② 새 직장을 찾을 시간 제공
③ 불경기 시 경제의 안정
④ 실업의 사회적 비용 절감
⑤ 효율적인 노동력 활용

⑥ 고용주의 고용안정화 노력 유도
⑦ 숙련공의 고용유지

3) 고용보험의 가입대상

고용보험의 보험가입자는 사업주 및 근로자 모두이다. 고용보험법상의 사업주는 법인체인 경우에 법인 그 자체, 개인업체인 경우에 손익의 귀속주체가 되는 자연인인 대표자를 말한다. 고용보험에서 보험가입자로서 피보험자가 되는 근로자는 근로기준법 제11조에 규정된 근로자의 범위보다 넓은 개념으로 고용보험법 제8조 및 동법 시행령 제3조의 규정에 의한 적용제외 근로자 이외에 사업주(법인의 경우에는 대표이사)의 지휘·감독하에서 상시근로를 제공하고, 그 대가로 임금형태의 금품을 지급받는 자를 말한다.

4) 고용보험의 내용

(1) 고용안정사업

근로자가 자신의 적성과 능력에 맞는 직업을 올바로 선택하여 원하는 직장에 취업할 수 있도록 고용정보를 제공하고 직업훈련을 실시하며, 직업시도와 취업알선을 시행함은 물론 근로자가 실직했을 경우 실업에 대한 실업급여를 지급한다. 뿐만 아니라 경기변동, 산업구조 변화 등에 대처하여 실업의 예방, 재취업의 촉진, 고용기회의 확대 등을 도모하여 적극적인 고용정책의 차원에서의 고용안정사업을 시행하는 것이다.

(2) 고용안정 및 직업능력개발사업

근로자의 능력개발 및 향상을 촉진하는 것으로 고용안정 및 직업능력개발사업에 대해 열 가지로 나누어 살펴보면 다음과 같다(생각의마을, 2017).

① 고용창출의 지원

고용환경 개선, 근무형태 변경 등으로 고용의 기회를 확대한 사업주에게 필요한 지원을 하는 것이다.

② 고용조정의 지원

첫째, 경기의 변동 및 산업구조의 변화 등에 따른 사업 규모의 축소, 사업의 폐업 또는 전환으로 고용조정이 불가피하게 된 사업주가 근로자에 대한 휴업, 휴직, 직업전환에 필요한 직업능력개발 훈련, 인력의 재배치 등을 실시하거나 그 밖에 근로자의 고용안정을 위한 조치를 할 때 필요한 지원을 하는 것이다.

둘째, 고용조정으로 이직된 근로자를 고용하는 등 고용이 불안정하게 된 근로자의 고용안정을 위한 조치를 하는 사업주에게 필요한 지원을 하는 것이다.

③ 지역 고용의 촉진

고용기회가 뚜렷이 부족하거나 산업구조의 변화 등으로 고용사정이 급속하게 악화되고 있는 지역으로 사업을 이전하거나 그러한 지역에서 사업을 신설 또는 증설하여 그 지역의 실업 예방과 재취업 촉진에 기여한 사업주, 그 밖에 그 지역의 고용기회 확대에 필요한 조치를 한 사업주에게 필요한 지원을 하는 것이다.

④ 고령자 등 고용촉진의 지원

고령자 등 노동시장의 통상적인 조건에서는 취업이 특히 곤란한 자의 고용을 촉진하기 위하여 고령자 등을 새로 고용하거나 이들의 고용안정에 필요한 조치를 하는 사업주 또는 사업주가 실시하는 고용안정 조치에 해당된 근로자에게 필요한 지원을 하는 것이다.

⑤ 건설근로자 등의 고용안정 지원

첫째, 건설근로자 등 고용상태가 불안정한 근로자를 위하여 고용상태의 개선을 위한 사업, 계속적인 고용기회의 부여 등 고용안정을 위한 사업 등을 실시하는 사업주에게 필요한 지원을 하는 것이다.

둘째, 사업주가 단독으로 고용안정 사업을 실시하기 어려운 경우에는 사업주 단체에 대하여도 지원을 하는 것이다.

⑥ 고용안정 및 취업 촉진

고용관리 집단 등 고용개선 지원 사업, 피보험자 등의 창업을 촉진하기 위한 지원 사업을 직접 실시하거나 이를 실시하는 자에게 필요한 비용을 지원 또는 대부하는 것이다.

⑦ 고용촉진 시설에 대한 지원

피보험자 등의 고용안정, 고용촉진 및 사업주의 인력 확보를 지원하기 우하여 상담시설, 어린이집, 그 밖에 대통령령으로 정하는 고용촉진 시설을 설치 및 운영하는 자에게 필요한 지원을 하는 것이다.

⑧ 직업능력개발 훈련의 지원

첫째, 사업주에 대한 직업능력개발 훈련의 지원

둘째, 피보험자 등에 대한 직업능력개발 지원

셋째, 직업능력개발 훈련 시설에 대한 지원

넷째, 직업능력개발의 촉진 사업(기술지원 및 평가, 자격검정 사업 및 숙련기술 장려 사업)

다섯째, 선설근로자 등의 직업능력개발 지원

⑨ 고용정보의 제공 및 고용 지원기반의 구축

사업주 및 피보험자 등에 대한 구인 · 구직 · 훈련 등 고용정보의 제공, 직업 · 훈련 상담 등 직업지도, 직업소개, 고용안정 · 직업능력개발에 관한 기반의 구축 및 그에 필요한 전문 인력의 배치 등의 사업이다.

⑩ 지방자치단체 등에 대한 지원

지방자치단체 또는 대통령령으로 정하는 비영리법인 · 단체가 그 지역에서 비보험자 등의 고용안정 · 고용촉진 및 직업능력개발을 위한 사업을 실시하는 경우에는 대통령령으로 정하는 바에 따라 필요한 지원을 하는 것이다.

(3) 실업급여

실직자의 생계보장을 위한 구직급여와 조속한 재취업을 장려하기 위한 취업촉진수당으로 구분하며, 취업촉진수당의 종류는 조기재취업수당, 직업능력개발수당, 광역구직활동비 및 이주비로 구분된다.

① 구직급여

구직급여는 다음과 같은 요건을 모두 갖춘 경우에 지급한다.

첫째, 이직일 이전 18개월간(기준기간) 피보험 단위기간이 통산하여 180일 이상이어야 한다.

둘째, 근로의 의사와 능력이 있음에도 불구하고 취업하지 못한 상태에 있어야 한다.

셋째, 이직사유가 수급자격의 제한 사유에 해당하지 아니하여야 한다.

넷째, 재취업을 위한 노력을 적극적으로 해야 한다.

② 취업촉진수당

- **조기재취업수당** : 수급자격자가 안정된 직업에 재취직하거나 스스로 영리를 목적으로 하는 사업을 영위하는 경우이다. 또한 대기기간이 지난 후 재취업한 날의 전날을 기준으로 소정급여일수를 2분의 1 이상 남기고 재취업한 경우에 해당한다.
- **직업능력개발수당** : 수급자격자가 직업안정기관의 장이 지시한 직업능력개발 훈련 등을 받는 경우에 그 직업능력개발 훈련 등을 받는 기간에 대하여 지급하는 것이다. 또한 직업능력개발 수당의 금액은 교통비, 식대 등 직업훈련 등의 수강에 필요한 비용을 고려하여 고용노동부 장관이 결정하여 고시하는 금액이다.
- **광역구직활동비** : 수급자격자가 직업안정기관의 소개에 따라 광범위한 지역에 걸쳐 구직활동을 하는 경우에 지급한다. 또한 수급자격자의 거주지로부터 구직활동을 위하여 방문하는 사업장까지의 거리가 50km 이상일 때 지급한다.

- 이주비 : 수급자격자가 취업하거나 직업안정기관의 장이 지시한 직업능력개발 훈련 등을 받기 위하여 그 주거를 이전하는 경우에 지급한다. 또한 이주비의 금액은 수급자격자 및 그 수급자격자에 의존하여 생계를 유지하는 동거 친족의 이주에 일반적으로 드는 비용을 지급한다.

4. 산업재해보상보험

1) 산업재해보상보험의 의의

산업재해(industrial injury)에 대한 보상을 확실하고 신속·공정하게 처리하기 위하여 일정한 규모 이상의 기업에 대하여 사업주의 보험가입 의사에 불구하고, 강제적으로 산업재해보상보험에 가입시키고 보험료를 전액 부담하도록 하여 그 기업에서 산업재해가 발생하면 보상문제를 국가가 직접적으로 관장하여 사회보험방식으로 실시하는 제도가 산업재해보상보험제도이다.

산재보험제도는 근로자가 사업장에서 업무상 부상, 질병, 신체장애가 발생 또는 사망한 경우 이를 신속하고 공정하게 보상해 줌으로써 재해근로자와 그 가족의 생활안정을 도모하고 재해근로자의 재활 및 사회복귀를 촉진하기 위해 필요한 보호시설을 설치·운영하고 재해예방 및 근로자 복지증진을 위한 서비스를 제공하며, 이를 통해 사업주의 정상적인 기업활동을 보장하기 위한 사회보장제도로 정의될 수 있다. 우리나라에서는 고용노동부의 위탁을 받아 근로복지공단에서 수행하고 있다.

2) 산업재해보상보험의 특징

산업재해보상보험의 특징은 사회보험의 한 종류로서 여타의 사회보험과 유사한 특징들을 가지고 있지만, 산업재해보상보험이 가지는 고유한 특성을 살펴보면 다음과 같다(김기원, 2007).

① 무과실책임주의 채택
② 보험급여의 정형화, 정액화
③ 보험료의 부담
④ 이중적 성격
⑤ 사업장 중심 관리
⑥ 자진신고와 자진납부원칙
⑦ 업무담당자의 재량에 의한 판단, 처리
⑧ 적기에 확실한 보장

3) 산업재해보상보험의 가입대상

우리나라 산업재해보상보험의 도입 당시인 1964년에는 500인 이상을 상시 고용하는 광업 및 제조업 부문 사업체만을 그 가입대상으로 시작되었으나 2000년부터는 5인 미만의 전 사업장으로 확대되었다(현외성 외, 2011).

4) 산업재해보상보험의 급여

산업재해보상보험급여를 받기 위해서는 업무수행성과 업무기인성을 동시에 충족시켜야 한다. 업무수행성은 업무과정 중에 재해가 발생해야 한다는 것이고, 업무기인성은 업무로 인해 입은 재해여야 한다는 것이다(옥필훈, 2016).

산업재해보상보험급여의 종류는 다음 <표 7－5>와 같다.

〈표 7-5〉 산업재해보상보험의 급여종류

구 분	내 용
요양급여	진찰, 약재 또는 치료재료와 의지 및 기타 보장구의 지급, 처치와 수술 및 기타의 치료, 의료시설에의 수용, 개호, 이송, 기타 고용노동부 장관이 정하는 사항 등으로 전체 현물지급이 원칙이다.
휴업급여	업무재해로 인한 요양 때문에 근로를 할 수 없음으로 인해 임금을 받지 못하는 피해자에게 행해지는 단기적 급여로 평균임금의 70%를 지급한다. 단, 취업하지 못한 기간이 3일 이내인 경우는 제외된다.
상병보상급여	요양 개시 후 2년이 경과한 이후에도 상병이 치유되지 않는 경우 장해 정도에 따라 1~3급까지 연금을 지급한다. 1급 : 평균임금의 239일분 2급 : 평균임금의 291일분 3급 : 평균임금의 259일분
장해급여	상병이 치유된 후 신체에 장해가 남아 있는 경우로서, 등급에 따라 1급은 329일분, 2급은 291일분, 3급은 257일분, 4급은 224일분, 5급은 193일분, 6급은 164일분, 7급은 138일분이다. 또한 1~3급은 연금으로만 지급되며, 4년분까지 선급으로 지급이 가능하다. 4~7급은 일시금으로 연금 중에 선택 가능하며, 연금으로 선택 시 2년분 선급이 가능하다. 8~14급은 보상일시금으로만 지급한다.
유족급여	재해근로자가 사망한 경우로 유족보상지급은 평균임금의 52~67%를 지급한다. 수급권자가 요구 시 유족일시금의 50%를 일시금으로 지급하며 유족보상연금은 50% 감액하여 지급한다. 유족보상일시금 지급은 연금수급자격자가 없는 경우와 수급권자가 외국에 거주하는 경우에 해당한다.
특별급여	보험가입자의 고의·과실로 인한 재해 시 재해근로자는 산재보험법에 의한 보상에 더하여 민법상 손해배상청구를 할 수 있는데, 이 민사배상에 갈음하여 유족특별급여·장해급여를 지급한다.
간병급여	요양급여를 받는 자가 상시 또는 수시로 간병이 필요하여 실제 간병을 받는 경우에 지급하는 것이다. 상시 간병급여는 1일 38,240원이며, 수시 간병급여는 1일 25,490원이다.
장의비	재해근로자가 사망한 경우로 평균임금의 120일분이며, 최고금액은 11,176,020원, 최저금액은 8,222,860원이다.

출처 : 옥필훈(2016).

5. 노인장기요양보험

1) 노인장기요양보험의 의의

노인장기요양보험이란 노인성 질환 등으로 인하여 6개월 이상 혼자서 일상생활을 수행하기 어려운 노인들에게 신체활동 또는 가사지원 등의 장기요양급여를 사회적 연대원리에 의해 제공하는 사회보험제도로서, 수급자에게 배설, 목욕, 식사, 취사, 조리, 세탁, 청소, 간호, 진료의 보조 또는 요양상의 상담 등 다양한 방식으로 장기요양급여를 제공하게 된다.

2) 노인장기요양보험의 목적

노인장기요양보험제도를 통하여 노후의 건강증진 및 생활안정을 도모하고 그 가족의 부담을 경감시켜 줌으로써 국민의 삶의 질을 향상하도록 한다.

① 국가와 사회의 분담

② 전문적인 서비스의 제공

③ 가족의 부양부담 완화

3) 노인장기요양보험의 가입대상

노인장기요양보험의 대상자는 65세 이상 노인 또는 65세 미만 노인성 질환자(치매, 중풍 등)로서 거동이 현저히 불편하여 장기요양이 필요한 자이다. 대상자 여부는 등급판정위원회에서 판정하는데, 등급판정위원회는 6개월 이상의 기간 동안 일상생활을 혼자서 수행하기 어렵다고 인정되는 경우 장기요양을 받을 수 있는 자로 결정하고 심신상태 및 요양이 필요한 정도에 따라 등급을 판정한다.

〈표 7-6〉 장기요양인정조사표

<table>
<tr><th>영 역</th><th colspan="2">항 목</th></tr>
<tr><td>신체기능(12항목)</td><td colspan="2">- 옷 벗고 입기 - 세수하기 - 양치질하기 - 식사하기 - 목욕하기
- 체위 변경하기 - 일어나 앉기 - 옮겨 앉기 - 방 밖으로 나오기
- 화장실 사용하기 - 대변 조절하기 - 소변 조절하기</td></tr>
<tr><td>인지기능(7항목)</td><td colspan="2">- 단기 기억장애 - 자시 불인지 - 날짜 불인지 - 상황 판단력 감퇴
- 장소 불인지 - 의사소통·전달 장애 - 나이·생년월일 불인지</td></tr>
<tr><td>행동변화(14항목)</td><td colspan="2">- 망상 - 서성거림, 안절부절못함 - 물건 망가트리기 - 환청, 환각
- 길을 잃음 - 돈·물건 감추기 - 슬픈 상태, 울기도 함 - 폭언, 위험행동
- 부적절한 옷 입기 - 불규칙수면, 주야혼돈 - 밖으로 나가려 함
- 대·소변 불결행위 - 도움에 저항 - 의미가 없거나 부적절한 행동</td></tr>
<tr><td>간호처치(9항목)</td><td colspan="2">- 기관지절개관 간호 - 경관영양 - 도뇨관리 - 흡인 - 욕창간호
- 장루간호 - 산소요법 - 압성통증간호 - 투석간호</td></tr>
<tr><td rowspan="2">재활(10항목)</td><td>운동장애(4항목)</td><td>관절제한(6항목)</td></tr>
<tr><td>- 우측상지 - 우측하지
- 좌측상지 - 좌측하지</td><td>- 어깨관절 - 팔꿈치관절
- 손목 및 수지관절 - 고관절 - 무릎관절
- 발목관절</td></tr>
</table>

〈표 7-7〉 장기요양등급

장기요양등급	심신의 기능상태	장기요양인정 점수
1등급	심신의 기능상태 장애로 일상생활에서 전적으로 다른 사람의 도움이 필요한 자	95점 이상
2등급	심신의 기능상태 장애로 일상생활에서 상당 부분 다른 사람의 도움이 필요한 자	75~94점
3등급	심신의 기능상태 장애로 일상생활에서 부분적으로 다른 사람의 도움이 필요한 자	60~74점
4등급	심신의 기능상태 장애로 일상생활에서 일정 부분 다른 사람의 도움이 필요한 자	51~59점
5등급	치매환자(노인장기요양보험법 시행령에 따른 노인성 질병으로 한정)	45~50점

4) 노인장기요양보험의 급여

(1) 재가급여

① 단기보호

부득이한 사유로 일시적으로 가족의 보호를 받을 수 없는 수급자를 일정 기간 동안 단기보호시설에 보호하여 신체활동 지원과 심신기능의 유지·향상을 위한 교육·훈련 등을 제공하는 급여이다.

② 기타 재가급여

수급자의 일상생활·신체활동 지원에 필요한 용구를 제공하거나 가정을 방문하여 재활에 관한 지원 등을 제공하는 급여이다.

〈표 7-8〉 재가급여의 종류

구 분	내 용
방문요양	장기요양요원이 수급자의 집을 방문해서 목욕, 배설, 화장실 이용, 옷 갈아입기, 머리감기, 취사, 생필품 구매, 청소, 주변 정돈 등을 도와주는 급여
방문목욕	장기요양요원이 목욕설비를 갖춘 차량을 이용하여 수급자의 가정을 방문하여 목욕을 제공하는 급여
방문간호	장기요양요원인 간호사가 의사, 한의사 또는 치과의사의 지시에 따라 가정 등을 방문하여 간호, 진료의 보조, 요양에 관한 상담 또는 구강위생을 제공하는 급여
주·야간 보호	수급자를 하루 중 일정한 시간 동안 장기요양기관에 보호하여 신체활동 지원 및 심신기능의 유지·향상을 위한 교육·훈련 등을 제공하는 급여

출처 : 강용규 외(2011).

(2) 시설급여

노인의료복지시설(노인전문병원 제외)에 장기간 동안 입소하여 신체활동 지원과 심신기능의 유지·향상을 위한 교육·훈련 등을 제공하는 요양급여이다.

(3) 특별현금급여

① 가족요양비

장기요양기관이 현저히 부족한 지역(도서·벽지)에 거주하는 자, 천재지변 등으로 장기요양기관이 실시하는 장기요양급여 이용이 어렵다고 인정된 자, 신체·정신·성격 등의 사유로 가족 등이 장기요양을 받아야 하는 자에게 지급한다.

② 특례요양비

수급자가 장기요양기관으로 지정되지 않은 장기요양시설 등의 기관과 재가 또는 시설급여에 상당한 장기요양급여를 받은 경우 장기요양급여 비용의 일부를 지급한다.

③ 요양병원요양비

요양인정자가 노인복지법상 노인전문병원 또는 의료법상 요양병원 입원 시 간병비(간병인 이용비)의 일부를 지급한다.

생각해 보기

1. 사회보험의 개념 및 특징에 대해서 여러분의 생각을 토론해 봅시다.
2. 국민연금제도의 의의 및 필요성에 대해서 여러분의 생각을 토론해 봅시다.
3. 국민건강보험의 의의 및 특징에 대해서 여러분의 생각을 토론해 봅시다.
4. 고용보험의 의의 및 내용에 대해서 여러분의 생각을 토론해 봅시다.
5. 노인장기요양보험의 의의 및 목적에 대해서 여러분의 생각을 토론해 봅시나.

연습문제

01 다음 중 우리나라의 4대 사회보험법이 모두 갖추어진 연도는?

① 1993년 ② 2010년

③ 1983년 ④ 1990년

⑤ 2004년

해설 우리나라의 4대 사회보험은 1993년 고용보험법이 제정되면서 형식적으로나마 강제적 사회보험이 완비되었다고 할 수 있다.

02 다음 중 국민연금 급여의 종류가 아닌 것은?

① 장애연금 ② 퇴직연금

③ 반환일시금 ④ 유족연금

⑤ 노령연금

해설 국민연금법에 의한 법정급여는 노령연금, 장애연금, 유족연금, 반환일시금, 사망일시금이 있다.

03 다음 중 국민건강보험의 특징이 아닌 것은?

① 보험료 부담의 형평성을 보장한다.

② 본인의 의사에 관계없이 강제적용된다.

③ 소득수준 등 부담능력에 따라 보험료를 차등부담한다.

④ 보험급여의 수혜가 균등하다.

⑤ 보험료 징수의 강제성이 없다.

해설 국민건강보험은 연금보험과 달리 1년 단위의 회계연도를 기준으로 수입과 지출을 예측하여 보험료를 계산하며, 지급조건과 지급액도 보험료 납입기간과 상관이 없으며, 지급기간이 단기이다.

04 다음 중 고용보험에서 보험료는 누구로부터 징수되는가?

① 사업주 단독 ② 고용노동부

③ 사업주, 근로자 ④ 근로자 단독

⑤ 근로복지공단

해설 고용보험료는 사업주와 근로자가 부담한다.

05 **다음 중 장기요양등급은 몇 등급으로 구분되는가?**

① 1등급 ② 5등급

③ 1~10등급 ④ 1~3등급

⑤ 1~5등급

해설 장기요양등급은 심신의 기능저하 상태를 측정하는 방법에 따라 산정하며, 1~5등급으로 분류한다.

정답 01. ① 02. ② 03. ⑤ 04. ③ 05. ⑤

chapter 08

사회복지실천방법

Chapter 08

사회복지실천방법

제1절 개별사회사업

사회복지실천의 3대 방법론은 사회복지실천의 개입대상인 클라이언트 체계수준에 따라 개인을 대상으로 한 개별지도 혹은 개별사회사업(case work), 집단을 대상으로 한 집단사회사업(social work group), 지역사회를 대상으로 한 지역사회복지(community welfare)이다. 이를 구분하여 살펴보고자 한다.

1. 개별사회사업의 정의

사회복지가 전문화되기 훨씬 이전, 인보관에서 활동하거나 또는 자선단체조직(COS)을 통해 우애방문가로 활동하던 사회복지사들은 개인, 가족, 집단, 지역사회를 대상으로 원조 서비스를 하게 되었다. 19세기 후반과 20세기 초, 구체적인 실천기술보다는 개별 상황에 맞는 활동들을 수행하기 시작하였다. 개별사회사업의 개척자인 리치몬드(Richmond, 1922) 여사는 그녀의 저서에서 "개별사회사업이란 인간과 그의 사회환경의 개별적이고 의식적인 조정을 통하여 그의 인격을 발달시키는 여러 과정으로 이루어지는 것"이라고 하여 인간의 인격발달의 측면을 강조하였다.

레겐스부르크(Regensburg, 1938)는 "개별사회사업이란 사회복지사가 클라이언트로 하여금 그의 문제가 무엇인가를 명백히 하도록 도와주고 그 문제를 해결하는 다른 방법을 생각할 수 있도록 그를 도와주는 동안 문제를 다루는 클라이언트의 능력을 현실에 비추어 측정하는 방법"이라고 하여 문제해결을 위한 클라이언트의 능력을 중시하였다.

펄만(Perlman, 1974)은 "개별사회사업이란 사회적 기능수행 중에 나타나는 개인의 문제를 효과적으로 대처하기 위해 사회복지기관 또는 전문기관에서 활용하는 하나의 과정"이라고 하였다. 또한 개별사회사업의 목적은 치료가 아니라 현재의 문제에 대처하는 개인의 능력을 향상시키는 것임을 강조하였으며, 사회복지실천의 구성요소는 문제(Problem), 사람(Person), 장소(Place), 과정(Process)의 4P 개념이며, 이후 두 가지를 추가하여 전문가(Professional)와 제공자원(Provisions)을 제시하였다.

미국사회사업연감(Social Work Year Book)에서 "개별지도란 개인이 자기의 노력과 수단·방법으로써 원만히 기능할 수 없는 사회적응의 문제에 대하여 사회사업가들이 그들 각자에게 어떠한 해결책을 발견할 수 있도록 도와주는 데 이용되는 한 방법이다"라고 하였다(Social Work Year Book, 1954).

재스트로(Zastrow, 2000)는 "개별사회사업이란 개인의 문제나 사회적 문제를 해결하기 위해 일대일로 개인을 돕는 사회복지실천기술로서 클라이언트가 자신의 환경에 잘 적응하도록 돕거나 클라이언트의 삶에 부정적 압박을 가하는 사회·경제적 문제를 변화시키는 데 목적이 있다"고 하였다(Zastrow, 2000).

이상 여러 학자들의 정의를 통하여 개별사회사업의 일반적 특성을 발견할 수 있다(전재일 외, 2009).

첫째, 문제를 해결하려는 사람을 돕는 데 적용하는 지식, 이해 및 숙련된 기술의 활용에 기초를 둔, 사람을 돕는 하나의 방법이다.

둘째, 개별적으로 취급하며 과학적이지만 그 방법은 예술적 노력을 포함하기도 한다.

셋째, 개인의 외적인(환경적인) 문제와 개인의 내적인 문제를 가신 사람들을 돕는다.

넷째, 개인의 복지에 초점을 두지만 일반인의 복지를 부정하지는 않는다.

다섯째, 완전히 주관적인 생각을 가진 편견이나 환경적인 조정만이 아니라 심리적 요소와 사회적 요소를 결합하고 있는 심리·사회적인 것이다.

2. 개별사회사업의 원칙(관계의 7대 원칙)

개별사회사업에서의 관계를 비에스텍(Biestek, 1957)은 사회복지사와 클라이언트 간의 감정과 태도의 역동적인 상호작용이라고 정의하였다. 사회복지사가 클라이언트를 원조하는 과정에서 지켜야 할 7대 원칙은 다음과 같다(권중돈 외, 2011; 김형수 외, 2011; 배기효 외, 2009).

1) 개별화(Individualization)

이 원칙은 클라이언트 개개인의 독특한 자질을 알고 이해하는 일이며, 보다 나은 적응을 할 수 있도록 개개인을 도와줌에 있어서 각 클라이언트가 처한 상황에 따라 상이한 원리나 방법을 활용하는 것이다. 개별화는 인간은 개별적 존재이며 한 사람의 불특정한 인간으로서가 아니라 다른 사람들과 똑같지 않은 그 나름대로의 차이를 지닌 특정한 인간으로서 처우되어야 한다는 것을 중요한 원칙으로 하고 있다. 개별화를 위해서 사회복지사는 편견이나 선입관에서 벗어나야 하며, 인간행동에 관한 지식에 정통해야 한다.

2) 의도된 감정표현(Purposeful Expression of Feelings)

이 원칙은 자기감정, 특히 부정적 감정을 자유로이 표현하려는 클라이언트 욕구에 대한 인식에서 출발한다. 사회복지사는 의도적으로 경청하여야 하며, 그의 감정표현을 낙담시키거나 비난하지 말아야 하고, 치료하는 과정상 필요할 경우에는 자극을 주고 격려해 주어야 한다. 그러므로 치료하는 과정상 필요하다고 판단할 때에는 클라이언트가 자기의 감정을 적절히 표현할 수 있도록 적극적으로 격려하고 자극할 필요가 있다.

3) 통제된 정서적 관여(Controlled Emotional Involvement)

이 원칙은 클라이언트와의 면접은 주로 정서적인 면에 관계되고 있기 때문에 사회복지사는 클라이언트에게 자기감정을 말로써 표명하도록 권고하였다. 사회복지사는 이들 감정에 호응하기 위해 정서적으로 관여하게 되는데, 이 관여는 통제되는 것으로 케이스의 총체적 목적에 따라, 클라이언트 욕구 변화에 따라 또는 사회복지사의 전진적·진단적 사고에 따라서 그 방향이 설정되어야 한다는 것이다. 그러기 위해서 사회복지사는 자기훈련을 통해 자신의 욕구와 감정을 자각하고 이를 관리함으로써 클라이언트의 감정을 왜곡되게 이해하지 않도록 주의해야 한다.

4) 수용(Acceptance)

이 원칙은 사회복지사가 클라이언트의 강점과 약점, 바람직한 성격과 그렇지 못한 성격, 긍정적 감정과 부정적 감정, 건설적이거나 파괴적인 태도 및 행동 등을 그대로 인정하고 존중해 주는 것을 말한다. 클라이언트는 사회복지사가 호감을 가질 수 있는 사람일 수도 있지만 단점이 많은 미성숙한 사람일 수도 있다. 강간범이나 아동학대범, 상습적 마약중독자, 파렴치한 채무자 등 사회복지사가 관계하는 클라이언트는 항상 완성된 인격체와 애정 어린 성향을 지닌 사람들이 아닐 수도 있다. 그러나 '수용'한다는 것이 클라이언트의 일탈적 태도나 행동을 '시인'한다는 것을 의미하지 않는다. 그들의 부도덕하고 반사회적 행동을 받아들인다는 의미는 더더욱 아니다.

사회복지사는 윤리와 법, 전문적 가치 등에 의거하여 바람직한 것과 수용할 수 있는 것에 대한 기준을 가지고 있는 것이 당연하며, 사회복지사의 역할은 클라이언트를 바람직하다고 수용할 수 있는 상황으로 발전할 수 있도록 돕는 것이다. 따라서 클라이언트에 대한 관심과 따뜻한 마음, 성숙한 태도, 경청하는 자세 등을 갖고 중립성을 유지하려는 의지가 요구된다.

5) 비심판적인 태도(Non-judgment Attitude)

이 원칙은 클라이언트의 문제나 욕구발생의 원인에 대해서 클라이언트 자신이 책임이 있는지 없는지, 혹 있다면 어느 정도인지 등을 지나치게 단정적으로 표현해서는 안 된다는 것이다. 왜냐하면 도움을 구하러 오는 클라이언트들은 대부분 심판을 받지 않을까 하는 두려움을 가지고 오는 경우가 많기 때문에 비판에 대해 극도로 민감하기 때문이다. 이처럼 민감한 상태에 있을 경우 대부분의 클라이언트들은 자기방어적인 태도를 취하는 경우가 많다. 비판을 받을 위협을 느끼지 않을 때, 클라이언트는 사회복지사에게 신뢰감과 자존감을 가지고 자기 자신을 있는 그대로 표현할 수 있으며, 진정한 자신의 욕구와 문제를 자유로이 토의할 수 있다. 그러나 클라이언트의 태도, 행동, 가치, 기준 등에 대해 평가적 판단을 내리는 것은 필요하다. 이것은 클라이언트를 비판하기 위해서가 아니라 클라이언트를 이해하기 위해서이다. 사회복지사가 클라이언트에 대해 비심판적 태도를 지니고 있음을 전달하는 것은 매우 중요한데, 이를 위해서 사회복지사는 선입관이나 성급한 결론 유도, 문제의 유형화 등을 배제해야 한다.

6) 자기결정(Self-determination)

이 원칙은 사회복지실천 과정에서 클라이언트가 스스로 선택하고 결정을 내릴 수 있는 자유로운 권리와 욕구를 가지고 있다는 점을 인식하는 것을 말한다. 이에 따른 사회복지사의 임무는 클라이언트로 하여금 필요한 제반 자원을 발견, 활용할 수 있도록 도와주는 것이다.

7) 비밀보장(Confidentiality)

이 원칙은 전문적 원조관계를 통해 알게 된 클라이언트에 관한 정보를 사회복지사가 누설하지 않는다는 것을 의미한다. 따라서 사회복지사는 자신을 믿고 도움을 요청한 클라이언트의 비밀을 지켜줄 윤리적 의무가 있다. 비밀보장에 대한 믿음이 없다면 사회복지사와 클라이언트 사이에 신뢰관계는 형성될 수 없으며 효과적인 결과도 기대할 수 없다. 이와 같은 클라이언트의 권리는 절대적인 것만은 아니다. 가끔 클라이언트의 비밀을 사회복지기관 내에서나 다른 기관의 사회복지사에게 밝혀야 할 경우가 있는데, 이 상황에서는 관련된 모든 관계자에게 비밀보장의 의무가 확대·적용된다.

이상의 일곱 가지 원칙은 도움을 제공하는 전문적인 원조관계 형성을 위한 기본 전제요소이다. 비에스텍(Biestek, 1957)의 7대 원칙을 정리하면 다음 <표 8−1>과 같다.

〈표 8−1〉 비에스텍의 7대 원칙

클라이언트의 욕구	사회복지사의 반응 (7대 원칙)	내 용
1. 개별적인 인간으로 대우받고 싶은 욕구	1. 개별화	각 클라이언트가 개별적인, 독특한 특성을 가지고 있다는 것을 인정하고 이해하여 개별 클라이언트를 원조하는 내용과 방법, 과정에서 개별적으로 다루어야 한다는 원칙
2. 감정을 표현하고 싶은 욕구	2. 의도된 감정표현	클라이언트가 감정을 표현하고 싶은 욕구를 인식하여 클라이언트가 자신의 감정을 자유롭게 표현하도록 도와주는 것
3. 문제에 대해 공감적 반응을 얻고 싶은 욕구	3. 통제된 정서적 관여	클라이언트의 감정에 민감성을 가지며, 그것의 의미에 대해 이해하고, 클라이언트의 감정에 대한 의도적이고 적절한 반응을 하는 것
4. 가치 있는 인간으로서 인정받고 싶은 욕구	4. 수용	클라이언트를 있는 그대로 이해하는 것
5. 심판받지 않으려는 욕구	5. 비심판적인 태도	문제의 원인이 클라이언트의 잘못 때문인지 아닌지, 어느 정도 클라이언트에게 책임이 있는지 등을 심판하지 않으며, 클라이언트의 특성 및 가치관을 비난하지 않는 것
6. 스스로 선택하고 결정을 내리고 싶은 욕구	6. 자기결정	클라이언트가 모든 의사결정 과정에 참여하여 스스로 선택하고 결정하는 자유를 누리게 하는 것
7. 자신의 비밀을 지켜주기를 바라는 욕구	7. 비밀보장	클라이언트가 전문적 관계에서 노출한 정보를 사회복지사가 전문적 치료목적 외에 타인에게 알려서는 안 된다는 원칙

출처 : Biestek(1957).

3. 개별사회사업의 실천과정

1) 인테이크(Intake)

문제나 욕구를 가진 사람이 사회복지기관을 방문했을 때 그의 문제와 욕구를 확인하고 기관에서 서비스를 제공할 수 있는지 판단하는 과정을 접수(intake)라고 한다. 또한 접수를 통해 기관에서 서비스를 제공할 수 있다고 판단되면 기관을 찾아온 사람은 클라이언트가 되며 적합한 서비스를 받게 된다.

2) 자료수집

자료수집은 개입 가능성을 판단하고 개입에 도움이 될 수 있는 자료를 마련하여 클라이언트의 문제를 이해하고 분석, 해결하는 데 필요한 자료를 모으는 과정이다. 이렇게 수집된 자료를 바탕으로 클라이언트의 문제를 사정하게 되는데, 실제로 자료수집과 사정은 거의 동시에 반복해서 진행된다. 즉, 사회복지사는 자료를 수집하면서 사정을 위해 먼저 수행하기도 하지만 사정을 진행하면서 추가적으로 자료를 수집하기도 한다.

3) 사 정

사정은 진단(diagnosis)이라고도 한다. 사정(assessment)이란 사회복지사가 다루어야 할 상황을 이해하고 그것을 개별화하여 특수한 상황 속에서 관련된 요인들을 확인하고 분석하는 것이다.

사정단계에 있어서 다루어야 할 주요한 내용은 다음과 같다(전재일 외, 2009).

첫째, 문제의 확인과 진술
둘째, 개인적·사회적 상황의 역동성 분석
셋째, 목표와 표적의 설정
넷째, 과제와 전략의 결정
다섯째, 변화 노력의 예측

사정은 원조관계의 발전에 핵심적 부분으로서, 사회복지사와 클라이언트의 공동 노력으로 이루어져야 한다. 또한 사정은 개인의 차이와 욕구에 기초를 둔 여러 가지 치료적 접근방법을 제공한다.

4) 계획 및 개입

이러한 일련의 과정에 따라 클라이언트의 변화 목적 및 방향이 제시되면 클라이언트의 사회복지실천의 구체적인 목표가 설정된다. 그 목표에 따른 실천방법의 선택 및 개입 수준이 결정되고 그 방향에 따라 개인적 접근, 집단적 접근, 지역사회적 접근 등의 방향설정이 이루어진다. 실천방법의 설정에 따라 각기 어떠한 모델에 입각하여 클라이언트의 목적을 달성할 것인가의 세부목표도 이 단계에서 설정되고 실행된다고 할 수 있다(장인협 외, 2007).

5) 평가 및 종결

종결은 사회복지사와 클라이언트 간의 전문적 관계를 단절하는 과정이다. 평가는 실제 개입의 과정과 결과가 얼마나 잘 진행되었는지를 판단하는 단계이다. 사회복지사는 종결에 따른 클라이언트의 반응으로 긍정적인 측면에서는 성취감으로 인해 상실감이 감소되는 것이며, 부정적인 측면에서는 사회복지사에게 집착하여 과거 문제 또는 새로운 문제를 발생시켜 관계를 유지하려고 하는 경우가 있기 때문에, 클라이언트의 감정과 태도에 대해 민감하게 반응하여 기술적으로 접근이 필요한 단계이다.

일반적으로 클라이언트의 문제를 종결해야 할 시기는 모든 목표가 달성되었을 때, 목표가 달성되지 않았거나 더 이상 진전이 없는 것으로 보일 때, 다른 요인들이 개입되어 관계를 끝내야 할 필요가 있을 때이다. 즉, 종결이란 클라이언트가 도움을 받기로 동의한 목표들을 달성하여 사회복지사와의 관계를 단절하고 스스로 문제를 해결하도록 준비하는 과정이며, 종결과정에서는 종결에 따른 감정을 처리하는 것이 가장 중요한 과제이다.

4. 개별사회사업의 개입모델

1) 심리사회적 모델

심리사회적 모델은 리치몬드(M. Richmond)에서 출발하여 1930년대 해밀턴(G. Hamilton)에 의해 심리사회적 이론으로 불리게 되었으며, 1960년대 홀리스(F. Hollis)에 의해 실천이론과 접근방법으로 체계화되었다.

심리사회적 모델에서는 인간의 문제를 파악할 때 심리적 혹은 정서적이고 사회적인 환경까지 이해하는 '상황 속의 인간(person-in-situation)'을 강조한다. 또한 클라이언트와 사회복지사의 관계를 중요하게 여기고, 관계를 형성하기 위해 클라이언트를 수용하고 개별화하며 '클라이언트가 있는 곳에서 출발'하는 등의 실천원칙을 강조한다. 하지만 심리사회적 모델의 주요 이론적 배경은 정신역동이론이며, '상황 속의 인간'의 시각을 강조하지만 개입의 초점은 역시 클라이언트의 심리 내적 과정에 치중되어 있다(Woodrow, 1983).

즉, 심리사회적 모델에서는 클라이언트가 자신의 행동과 감정에 대해 이해하고 통찰함으로써 자신의 문제를 해결하기 위한 능력을 고취하도록 원조하는 것을 강조하는데, 사회복지사는 클라이언트의 심리적 변화와 사회환경적인 변화를 위해 다음과 같은 행동을 주로 수행한다(Woods & Hollis, 1990).

① 지지

클라이언트를 수용하고 클라이언트를 원조하려는 의사를 분명히 하며 클라이언트의 문제해결 능력에 대해 확신하고 있음을 표현함으로써 클라이언트의 자기존중감을 증진한다.

② 직접적 영향

조언이나 제안을 통해 사회복지사의 의사를 관철한다.

③ 탐색, 기술, 환기

탐색과 기술을 통해 클라이언트가 처한 환경 혹은 클라이언트와 환경 간의 상호작용에 관한 사실을 진술하고 설명하도록 원조하며, 환기를 통해 사실과 관련된 감정을 이끌어 냄으로써 카타르시스를 경험하도록 원조한다.

④ 인간과 상황에 대한 고찰

최근 사건과 관련하여 인간과 상황의 상호작용에 대해 고찰한다.

⑤ 유형, 역동에 대한 고찰

클라이언트의 성격 혹은 행동유형과 심리 내적 역동에 대해 고찰한다.

⑥ 발달적 고찰

성인기 이전의 생애경험과 이런 경험이 현재 기능에 미치는 영향을 고찰한다(김상균 외, 2002 재인용).

2) 인지행동모델

인지행동모델의 이론적 기반은 인지이론, 행동주의 이론, 학습이론 등이다. 기본 가정은 인지활동은 행동에 영향을 미치며, 모니터되고 변경될 수 있으며, 바람직한 행동변화는 인지변화를 통해 영향을 받는다는 것이다. 따라서 이 모델은 비합리적 신념이나 인지적 오류, 자기패배적 사고의 변화를 통해 감정이나 행동변화를 유도하며 자기 자신과 타인, 삶에 대한 정확하고 객관적인 평가를 통해 합리적이고 기능적인 인지창출을 목적으로 한다(조흥식 외, 2009).

대표적 기법으로 엘리스(Ellis)의 합리-정서 치료는 가장 오래된 인지 재구성법이라고 할 수 있다. 즉, 엘리스(Ellis)의 합리-정서 치료를 대표하는 A-B-C 'ABCDE 모형'으로 설명된다. 이것은 인지적(cognitive), 행동중심적(action-oriented), 인식적(cognitive)인 기법으로 생각이나 신념은 그 마음속에 있는 곳에 기인한다는 이론이다. A는 문제장면이나 촉발되는 선행사건(Antecedents), B는 그 사건에 대한 믿음의 고착(Belief system), C는 결과(Consequences)로 인한 정서적 장애 또는 행동적 장애, D는 비합리적 신념에 대한 논박(Dispute), E는 비합리적 신념에 대한 논박 후의 결과(Effect)로 나타나는 순서이다.

이 이론의 기본 전제는 인간의 지각, 운동, 사고 및 정서의 과정은 매우 밀접하게 관련되어 있다고 가정한다. 즉, 촉발된 선행사건(A)에 대해 클라이언트의 비합리적인 주관적 신념(B)의 결과로 인한 정서적 장애발생(C)에 대하여, 부당성을 적극적으로 논박(D)하여 비합리적 정서를 합리적 정서로 전환시키는 효과를 나타낸다(E). 이러한 상담과정에서 제일 중요한 부분은 B의 신념체계이다. 이것은 어떤 사건에 대한 주관적 해석으로 인지를 왜곡하여 분노, 좌절 등 정서적 장애를 발생시키는 근원이 되기 때문이다. 따라서 부정적 사고를 체계적으로 정리하고 훈련하도록 학습시켜 실제로 표현되는 행동의 장애를 변화시킬 수 있다는 이론이다.

벡(Beck, 1967)의 인지모형(cognitive model)은 인간의 사고가 개인의 정서를 변화시키고 행동을 변화시킨다는 이론으로, 우울증에 대한 인지치료를 중심으로 시작되었다. 인지모형은 우울증의 원인과 치료에서 우울증을 유발하는 인지, 즉 왜곡된 사고의 패턴이 중심적인 역할을 하는 것으로 벡의 광범위한 임상경험과 실험적 접근을 병행하여 우울증 환자의 인지형태와 그 사고과정상의 왜곡을 발견하고, 이를 정신병리와 결부시켜 우울증의 모형으로 정립한 '인지삼제(cognitive-triad)'이론이다.

이 모형은 부정적인 자동적 사고, 역기능적 인지도식, 인지적 오류의 세 가지 주요한 개념으로 심리학적 기초 이론으로 정립하였다(이장호 외, 2004). 첫째, 부정적인 자동적 사고는 어떤 사건에 당면하여 자동적으로 떠오르는 생각이다. 즉, 이러한 자동적 사고가 부정적인 내용일 경우 심리적 문제로 이어진다. 특히 우울한 사람들은 부정적인 내용의 자동적 사고를 하는 경향이 강해서 사소한 단서에 의해서도 부정적인 생각이 자동적으로 촉발되는 경향이 있다. 둘째, 역기능적 인지도식은 현실적응에 도움이 되지 않는 클라이언트의 기본적인 생각의 틀과 그 내용을 말하는데 사회적 의존성, 자율성이라는 두 가지 주제의 신념들로 구성된다. 셋째, 인지적 오류는 어떤 경험이나 사건을 해석하고 받아들이는 과정에서 생기는 추론이며, 인지적 오류에는 흑백논리, 과잉일반화, 선택적 추상화, 의미확대 및 의미축소 등 여러 가지 오류가 있다. 따라서 벡의 인지모형은 현실을 제대로 지각하지 못하거나 사실 또는 그 의미를 왜곡하는 부정적인 자동적 사고에 대한 클라이언트의 전형적인 인지왜곡을 밝혀서, 정서적 경험과 부적응적 행동이 왜곡된 신념체계로 비롯된 것임을 이해하는 데 초점을 맞추는 세 가지 개념이라고 할 수 있다.

3) 문제해결모델

문제해결의 과정은 클라이언트의 곤경을 해결하기 위해 사람이나 대상 및 환경을 조작하는 것이 아니고 활동적인 사회복지사와 클라이언트와 주변 환경 간에 이루어지는 교류를 일반적으로 증진시켜 나가는 것을 의미한다. 따라서 이 모델에서 강조하는 요점 중 하나는 문제를 느끼고, 문제를 안고 다니며, 문제를 경험하고 있는 자로, 바로 도움을 얻고자 하는 클라이언트라는 사실이다. 문제해결모델은 클라이언트가 지니는 문제의 해결은 클라이언트를 통하고, 클라이언트와 함께, 클라이언트의 힘을 빌려 가능하다는 점을 강조한다(양점도 외, 2011 재인용).

4) 행동수정모델

토마스(Thomas)가 주장한 것으로 사회화의 중요성을 강조하고 있으며 학습이론에 기초를 두고 있다. 토마스 이론의 초점은 오직 현재의 조작적 행동과 반응적 행동에 있으며, 이러한 행동이 강화 또는 소멸에 의하여 어떻게 될 수 있는가에 두고 있다. 행동은 학습과 조직화의 법칙을 따르며 조건화의 과정을 통해서 학습되며 수정될 수 있다.

행동수정모델은 특히 개별사회사업에 있어서는 조작적 행동을 중심으로 그 효과가 인정되고 있다. 최근에 와서 행동 치료자들에 대한 인식이 증가되었고, 클라이언트나 환자와 그들의 관계는 치료에 있어서 중요하고 통합적 부분을 차지하고 행동수정을 수반하는 측면에서 의식적·효과적으로 활용되고 있다(전재일 외, 2009).

5) 4체계모델

1970년대 초 핀커스와 미나한(Pincus & Minahan)이 개발한 것이다. 포괄적이고 전체적인 관점에서 클라이언트 체계를 사정할 수 있는 기초를 제공하고, 사회복지사로 하여금 인간과 그의 공식적·비공식적 자원체계 간의 연결에 초점을 두고 있다. 이 모델에서 사회복지의 초점은 사람의 문제 혹은 자원체계에 있는 것이 아니라 사람과 자원체계 그리고 자원체계 간의 상호작용에 있다. 사회복지사는 사회복지실천 과정에서 대상을 네 가지 체계로 분류하였다. 즉, 변화매개체계, 클라이언트체계, 표적체계, 행동체계라는 4체계를 살펴보면 다음과 같다(Pincus & Minahan, 1973).

첫째, 변화매개체계(change agent system) : 사회복지사와 사회복지사를 고용하는 기관과 조직을 말한다.

둘째, 클라이언트체계(client system) : 서비스나 도움을 필요로 하는 사람을 말한다.

셋째, 표적체계(target system) : 변화매개자들이 그들의 목표를 달성하기 위해 영향을 주거나 변화시키는 것이 필요한 사람들로서 때로는 클라이언트와 중복되기도 한다.

넷째, 행동체계(action system) : 변화매개자들이 변화 노력을 달성하기 위해 서로 상호작용하는 사람을 말하는데 이웃, 가족, 전문가 등이 해당된다.

제2절 집단사회사업

집단사회사업은 개별사회사업 이후 개발된 것으로 이 당시 사회문제는 빈부격차, 도시·농촌 간의 격차, 급격한 도시화로 인한 주택문제, 빈민가 문제, 범죄·비행의 증가, 여자·아동의 노동문제 등이 있는데 이를 해결하기 위해 실시했던 활동이 집단사회사업이다. 이에 이 절에서는 집단사회사업의 정의, 유형, 실천모델을 중심으로 살펴보고자 한다.

1. 집단사회사업의 정의

코노프카(Konopka, 1972)는 '집단사회사업'이란 의도적인 집단경험을 통하여 인간의 사회적 기능을 증진시키고 개인, 집단 또는 지역사회의 문제를 더욱 효과적으로 처리하려는 사람들을 돕는 사회복지의 한 방법이라고 하였다. 그리고 빈터(Vinter, 1974)는 '집단사회사업은 클라이언트 사이에서 바람직한 변화를 유도해 내기 위하여 소규모의 대면집단 내에서 그리고 이 집단을 통하여 개인에게 서비스를 제공하는 실천방법'이라고 정의했다.

트렉커(Trecker, 1975)는 '집단사회사업'이란 사회복지의 한 방법으로서 사회복지기관 안에 있는 집단에 소속한 개인이 프로그램 활동에 있어서 그들의 상호작용을 지도하는 사회복지사에 의하여 도움을 받고 그들의 욕구와 능력에 따라서 타인과의 관계를 맺도록 성장의 기회를 가진 경험을 주며 개인, 집단 및 지역사회의 성장과 발전을 도모하는 것이라고 하였다.

이상 여러 학자들의 정의를 살펴보면, 집단사회사업은 집단성원들이 역동적인 상호작용을 통해 서로 간의 사고방식이나 행동양식, 일상생활관 등을 변화시킬 수 있도록 원조하는 과정이라고 할 수 있다.

2. 집단의 유형

1) 자연집단

자연집단(natural group)은 자연적으로 일어난 사건, 개인 간의 친분 또는 성원들 상호가 지각한 욕구 등에 의하여 자발적 형태로 함께 모인 집단이다.

2) 치료집단

치료집단(treatment group)이란 성원들이 사회·정서적 욕구를 충족시키는 집단을 의미한다. 치료집단을 형성하는 목적은 교육, 성장, 행동변화 혹은 사회치료에 대한 성원들의 욕구를 충족시키는 것을 포함한다.

① 교육집단 : 교육집단은 성원들 자신과 그들의 사회에 관하여 학습하는 성원들을 돕는 것을 중요한 목적으로 하는 집단이다.
② 성장집단 : 성원 자신과 타인에 대한 성원들의 사고, 감정, 행동을 인식하고, 확대하고, 변화시키려는 것으로 성원들의 능력개발을 목적으로 하는 집단이다.
③ 교정집단 : 성원들의 행동을 변화시키고, 그들의 개인적 문제를 처리하거나 개선하고, 사회적·건강적 충격 이후에 재활을 돕는 것을 목적으로 하는 집단이다.
④ 사회화집단 : 성원들의 사회적 기술과 사회적으로 수용되는 형태의 행동을 효과적으로 수행할 수 있도록 학습하는 데 도움을 주는 집단이다.

3) 과업집단

조직이나 기관의 문제에 대한 해결책 모색, 새로운 아이디어 개발, 효과적 원조전략 수립 등의 과업수행을 목적으로 하는 집단을 말한다. 따라서 집단과 함께 일하고 노력할 주제에 대해 관심이 많은 사람이나 특별한 재능을 가진 사람들로 구성된다.

치료집단과 과업집단의 차이를 비교하면 <표 8-2>와 같다.

〈표 8-2〉 치료집단과 과업집단의 비교

구 분	치료집단	과업집단
결 속	집단성원의 개별적 욕구에 따라	수행해야 할 과업에 따라
역 할	상호작용을 통해 발달	상호작용이나 임명을 통해 발달
의사소통 패턴	개방적	특정한 과업에 대한 토론에 초점
절 차	집단에 따라 융통성이 있거나 공식적으로 이루어짐	공식적인 안건이나 규정에 따라 이루어짐
구 성	공동의 관심사, 문제, 특성 등에 근거	필요한 재능, 전문성, 노동분화에 따라 구성됨
자기노출	높음	낮음
비밀보장	개인적 수준에서 처리되거나 집단 내에서 유지됨	개인적으로 처리될 수 있지만 공개되기도 함
평 가	집단성원의 치료적 목적 성취 정도에 따라 성공 여부를 평가함	집단성원이 성취한 과업이나 의무사항, 결과물에 의해 평가됨

출처 : Toseland & Rivas(1995).

4) 자조집단

자조집단을 지지집단의 한 유형으로 구분하는 학자도 있고, 지지집단과는 다른 집단으로 구분하기도 한다. 알코올, 마약 등 약물이나 암 또는 비만과 같은 핵심적인 공동 관심사가 있다는 점에서 지지집단과 유사하다.

일반적으로 자조집단은 전문가가 긴집적 역할을 수행하기 때문에 사회복지사가 주도적인 역할을 하지는 않는다. 사회복지사는 물질적 지지를 제공하거나 다른 체계와의 연결, 자문, 지지제공 등의 역할을 한다. 집단을 이끌어 가는 실질적인 역할은 자조집단의 성원이 한다.

3. 집단사회사업의 실천모델

집단의 목표와 목적은 적용할 집단사회사업의 실천모델을 결정하게 된다. 파펠과 로스만(Papell & Rothman)이 제시한 집단사회사업의 세 가지 모델은 사회적 목표모델, 상호작용모델, 치료모델이 있다. 이를 살펴보면 다음과 같다(전재일 외, 2009, 한인영 외, 2011 재인용, 김형수 외, 2011 재인용).

1) 사회적 목표모델

사회적 목표모델은 인보관, YMCA, YWCA, 보이 스카우트, 걸 스카우트 등과 같은 초기 집단사회사업이 그 목적으로 사회적 목표를 지지한 이후부터 오늘날까지 계속 활동해 오고 있는 것이다. 수많은 클럽이나 집단들이 끊임없이 증가하고 있으며, 모든 연령층, 성별 및 관심에 이르기까지 더욱 많은 성원들을 집단에 끌어들이고 있다. 이 모델의 대표자는 코노프카(Konopka), 코일(Coyle), 윌슨(Wilson) 등이 있다. 이들은 사회복지사의 역할을 가능하게 하는 자(enabler) 또는 교사의 역할을 보았다(Piccard, 1975). 사회복지사의 중요한 책임은 성원들에게 방법, 기회 및 능력을 부여함으로써 그들로 하여금 어떤 규정된 변화의 달성을 용이하게 하거나 가능하게 하는 것이다.

사회적 목표모델의 중요한 개념은 사회의식과 사회책임이다. 집단사회사업은 이러한 목표를 달성하는 데에 적절한 방법으로 인식되고 있다. 이 모델은 집단의 관심과 노력에 밀접하게 관계된다. 이것은 지역사회 내의 문제에 본격적으로 착수하여 최근에는 지역사회의 발전에 수반하는 사회문제를 해결하는 방향으로 사용되고 있다.

2) 상호작용모델

상호작용모델의 특징은 집단성원과 사회 간에 공생적이며 상호적인 관계를 통해 집단성원들의 요구와 문제를 해결하는 것이다. 사회복지사는 집단성원들을 위해 일한다기보다는 클라이언트와 함께 일하고 서로 돕는 동반자적인 관계를 맺고 있다고 볼 수 있다. 상호작용모델에 해당하는 대표적인 집단으로는 가정폭력 피해자 집단, 당뇨환자 집단, 한부모가족 모임 등을 들 수 있다. 이 집단에서 집단성원들은 서로 지지해 주며 자신의 인생을 스스로 통제하도록 도움을 받는다.

3) 치료모델

치료모델은 사회적 기능수행에 뚜렷한 문제가 있거나 문제발생의 위험이 높은 개인에게 원조하는 것을 강조하는 임상모델이다. 치료모델의 초점은 집단을 통해 개인을 치료하는 것으로, 집단은 개인의 목적을 달성하기 위한 도구 또는 상황이며, 집단구조와 집단과정에서의 변화는 그 자체가 목적이기보다는 목적달성을 위한 수단이다. 치료모델은 신체적으로나 정신적으로 장애를 가진 사람, 법률상 범죄자, 격리되거나 소외된 사람을 위하여 교정시설, 병원 그리고 가족서비스기관 등에서 활용된다. 치료모델에서 집단 사회복지사는 집단 형성과 운영에 강한 힘과 영향력을 행사한다. 집단성원은 전문가의 진단에 의해 구성된다.

제3절 지역사회복지

지역사회의 발전을 위해 지역사회 통합과 생활환경 개선을 목적으로 하는 지역사회복지는 지역사회 구성원의 복지를 증진시키기 위하여 개인, 가족, 지역주민, 지역사회, 사회제도 등에 바람직한 변화를 일으키고자 하는 전문적인 사회복지의 한 방법이다. 이 절에서는 지역사회복지의 정의, 접근방법, 실천모델, 실천과정, 사회복지사의 역할에 대해 살펴보고자 한다.

1. 지역사회복지의 정의

지역사회복지(community welfare)란, 이상적인 지역사회를 건설하기 위한, 즉 지역사회의 복지를 증진시키기 위한 사회복지실천의 한 분야라고 할 수 있다. 산업화 이후 지역사회에 나타나는 제반 문제(빈곤의 심화, 도시화 등)를 해결하기 위하여 시작되어, 지역사회의 여러 복지 관련 기관을 운영하는 데 필요한 자금이나 자원을 모집하고 이를 분배하는 사업에까지 이르는 것을 총칭하는 것이다. 지역사회에 나타나는 제반 문제를 해결하거나 지역구성원들의 문제해결능력을 향상시켜 그들의 삶의 질을 증진시키기 위해 전개되는 모든 활동을 지역사회복지라고 할 때, 지역사회복지는 매우 포괄적인 개념이 된다(박상하 외, 2009).

지역사회복지란 매우 포괄적인 개념으로 전문 혹은 비전문 인력이 지역사회 수준에 개입하여 지역사회에 존재하는 각종 제도에 영향을 주고, 지역사회의 문제를 해결하고자 하는 일체의 사회적 노력을 의미한다(최일섭 · 류진석, 1999; 강용규 외, 2011 재인용).

로스(Ross, 1967)는 지역사회복지를 '지역사회가 스스로 그 필요성과 목표를 설정하고, 그 목표를 달성하기 위해 필요한 자원을 내부적으로 동원하여 실천을 수행하는 것이다. 특히 지역사회에서 협동적이며 공동적인 태도와 실천을 확대하고 발전시키는 과정'이라고 설명하고 있다.

던햄(Dunham, 1970)은 지역사회복지를 '사회적 상호작용의 의식적 과정으로서 다음의 몇 가지 목적에 관심을 가지는 사회복지의 한 방법'이라고 정의했다. 그 목적은 다음과 같다. 첫째, 지역사회복지는 지역주민의 욕구와 자원 간의 조정을 도모하고 유지함으로써 광범위한 지역문제를 해결한다. 둘째, 지역사회복지는 주민참여, 자기결정, 상호 협조 등의 능력을 발전시키고 강화 · 유지하도록 도와줌으로써 지역주민 자신의 문제에 효과적으로 대처하도록 한다. 셋째, 지역사회와 기타 집단 간의 관계, 의사결정 능력의 배분 등에 변화를 일으키도록 한다.

이상의 개념을 종합·정리해 보면, 지역사회복지는 지역사회라는 구체적인 영역 안에서 지역사회 주민의 복지향상을 도모한다는 목적적인 개념과 생활상의 과제를 해결하려는 실천서비스를 제공하려는 실천적 개념이 내포되어 있다고 할 수 있다(감정기 외, 2009).

2. 지역사회복지의 접근방법

지역사회복지는 다양한 방법으로 접근할 수 있는데, 내용을 살펴보면 다음과 같다(감정기 외, 2009).

1) 제도적 접근

가장 거시적인 접근으로 공공부조 및 사회복지서비스 관련 제도가 지방자치단체의 사회복지 전달체계를 통해서 집행되는 구조와 절차를 말한다.

2) 전문적 접근

전문적 사회복지실천 또는 사회복지로서 지역사회를 단위로 하는 지역사회조직이나 지역사회복지실천이 여기에 속한다.

3) 사회운동적 접근

사회변화 또는 사회문제의 해결을 위해 사회구성원의 참여로 이루어지는 집합적이고 지속적인 행동을 가리킨다. 사회문제에 대해 지역사회 구성원이 집합적으로 대응하는 과정에서 이루어지며, 그 형태와 성격은 사회문제와 운동 주체에 따라 다양하다. 주민운동이나 지역운동으로 불리기도 한다.

4) 상조적 접근

지역사회 구성원이 활동의 주체가 되는 점에서 사회운동적 접근과 비슷하지만, 그 목적이 구성원 상호 간의 자조 혹은 상부상조 활동에 있다는 점에서 차이가 있다. 우리 사회의 전통적인 두레, 계, 품앗이 등이 이 유형에 속한다.

5) 지지적 접근

위의 접근들을 보조, 지원하거나 연계하는 성격을 갖는 접근으로, 사회봉사활동 및 모금을 조직하거나, 협의회나 연합회 결성을 통한 활동이 해당된다. 사회봉사단체, 공동모금회, 사회복지협의회, 분야별 사회복지서비스 협의기구 등이 이 접근에 속한다.

3. 지역사회복지의 실천모델

1) 로스만의 지역사회복지의 실천모델

지역사회복지의 실천모델은 그 목적에 따라 지역사회개발모델, 사회계획모델, 사회행동모델의 세 가지로 나누어 볼 수 있다. 이 절에서 사회복지실천에 있어서 가장 광범위하게 인정받는 로스만(Rothman, 1968)의 실천모델을 살펴보면 다음과 같다.

(1) 지역사회개발모델(Locality Development : Model A)

이 모델은 지역사회 수준에서 광범위한 지역주민들의 참여를 통해 주민들을 목표결정과 실천행동에 참여시키는 것이다. 이 지역사회개발모델에서는 민주적인 절차, 자발적인 협동, 토착적인 지도자 개발, 자조정신의 촉진 등 민주적인 절차를 포함하는 지역개발을 강조할 뿐만 아니라, 지역복지관에 의한 근린지역, 소단위 지역개발을 위한 프로그램, 교육 등도 포함된다.

(2) 사회계획모델(Social Planning : Model B)

이 모델은 비행청소년, 주택, 고용, 정신건강 등과 같은 사회적 문제해결을 위한 전문적인 기술과정을 강조한다. 이 모델에서 중요한 것은 문제해결을 위한 합리적인 계획 수립과 통제된 변화이다. 이 모델에 의한 구체적인 활동은 문제의 발견과 정의, 의사전달 구조 및 행동체계의 구축, 사회적 목표와 정책의 선택, 결정, 계획의 실제적인 수행, 활동 결과에 대한 평가 등을 포함한다. 사회계획모델의 예로는 우리나라 사회복지사업법(2003년 개정, 2004. 7. 31. 시행)에 명시한 지방자치단체의 지역사회복지계획을 들 수 있다.

(3) 사회행동모델(Social Action : Model C)

이 모델은 지역사회에 불이익을 당하는 집단(계급, 계층) 또는 주민들이 사회정의와 민주주의에 입각하여 불리한 처우와 환경 그리고 제도 등을 변화시키는 것이다. 이러한 사회행동의 대표적인 예로는 소수인종집단(racial and ethnic minorities) 학생운동, 여성해방운동(feminism movement), 여권신장운동(woman's rights movement), 급진정당(radical party), 노동조합운동(labor union), 복지권추구운동(welfare right pursuit movement) 등을 들 수 있다.

이상 로스만의 세 가지 모델의 특징을 정리하면 <표 8-3>과 같다.

〈표 8-3〉 로스만의 지역사회복지 실천모델

성 격	지역사회개발모델	사회계획모델	사회행동모델
목 표	-자조 -지역사회 활동능력 배양 -전체적 조화(process goal)	-지역사회의 제 문제 해결 (task goal)	-권력관계의 변화, 자원의 이동 -기본적인 제도상 변혁 (task goal · press goal)
지역사회 구조와 문제상황에 관한 전제(가설)	-지역사회의 상실, 아노미 -사회적 관계나 문제해결 능력의 결여 -정태적이고 전통적 지역사회	-지역사회의 여러 문제 산재 -정신적 · 신체적 건강문제, 주택문제, 여가활동	-불리한 입장에 처해진 주민 -사회적 부정, 박탈, 불평등

변화를 위한 기본 전략	-함께 모여 이야기해 봄 -모여서 자신의 욕구를 결정하고 해결해 나가는 것 -지역사회의 자주성 중시	-진상파악을 위한 논리적인 조치를 강구 -문제에 대한 자료수집 -가장 합리적이고 가능한 방안 강구	-억압자 분쇄를 위한 규합 -주민의 합법적인 적을 찾아내고 집단행동을 조직하여 적대집단에 압력을 행사함
변화를 위한 전술과 기법	-합의(consensus) -지역사회 여러 집단이나 이익단체 간의 상호 교류, 집단토의	-합의 또는 갈등	-갈등 또는 투쟁, 대결, 직접행동, 교섭
특징적인 실천가의 역할	-조력자, 조정자, 교육자, 능력부여자	-사실발견, 수집가와 분석가, 사업추진자, 촉진자, 기획가	-옹호자, 선동가, 매개자, 중재자, 지지자
변화의 매개체 (변화수단)	-과제지향적인 소집단들의 조직과 지도	-자료수집과 분석, 공식조직(기관, 행정, 입법부)의 조정	-대중조직체와 대중운동의 조직과 유도, 정치적 과정에 영향 파급
권력구조에 관한 견해	-권력구조는 지역사회 향상을 위해 공동 노력을 기울이는 협동자	-권력구조는 전문가의 고용자이고 후원자	-권력구조는 공격, 파괴되어야 하는 억압세력이고 반대세력
클라이언트 집단이나 클라이언트의 범위	-전체 지역사회(지리적인 지역사회 전체)	-지역사회 전체 또는 지역사회 일부분(기능적인 지역사회 내포)	-지역사회의 일부분(억압받고 있는 주민이나 지역의 문제해결)
지역사회 구성집단 간의 이해관계에 관한 전제	-공통적인 이익 또는 의견 차이의 조정 가능성	-조정 가능한 이해 또는 갈등 상태에 있는 이해	-쉽게 조정되지 않는 상호 갈등하고 있는 이해 -부족한 자원
클라이언트 집단에 대한 견해	-주민 : 완전히 개발 안 된 상당한 잠재력을 지님	-소비자 -사회계획 결과로 나오는 프로그램, 서비스의 소비자, 이용자, 수혜자	-피해자 : 체제의 희생자
클라이언트 역할에 대한 견해	-문제해결 과정의 참여자	-수혜자, 소비자	-동료(같은 회원), 고용사, 임명자
권한 부여의 이용	-협력적이고 동의된 결정을 이끌어 내기 위한 지역사회의 능력을 키우는 것(주민들의 역량을 증진시킴)	-서비스 제공을 위해 주민들의 욕구를 소비자로부터 찾아냄(서비스를 선택할 수 있도록 소비자에게 알려줌)	-수혜체계(지역사회의 정책결정에 영향을 미치는 권리나 수단)에 객관적인 권력을 부여하는 것(참여자의 역량을 증진시킴)

출처 : Rothman(2001 : 45-46).

2) 웨일과 갬블의 지역사회복지 실천모델

로스만 모델이 발표된 이후, 많은 이론들이 로스만 모델의 확장이나 수정에 기여하였다. 그중 웨일과 갬블(Weil & Gamble)의 여덟 가지 실천모델은 근린지역사회조직모델, 기능적 지역사회조직모델, 지역사회개발모델, 사회계획모델, 프로그램 개발과 지역사회 연계, 정치・사회행동, 연합, 사회운동 실천모델로 살펴보면 다음과 같다(Weil & Gamble, 1995, 권육상 외, 2010 재인용).

(1) 근린지역사회조직모델

이 모델은 지역사회개발을 통한 지역주민의 삶의 질 향상에 목표를 두며, 목표를 위하여 지역사회조직을 가능하게 하는 구성원들의 능력개발이 주요 전략이 된다.

(2) 기능적 지역사회조직모델

이 모델은 공통의 관심사에 근거한 기능적 지역사회조직에 중점을 두어 사회적 이슈나 특정 집단의 권익보호 및 옹호를 목표로 하고 있으며, 지역사회 내의 기존의 태도 및 인식, 행위와 변화에 초점을 두고 옹호를 이끌어 낼 수 있는 사회정의를 위한 행동들을 핵심전략으로 삼고 있다.

(3) 지역사회개발모델

이 모델은 지역사회의 전반적인 개발을 위해서는 경제적 영역과 사회적 영역의 개발이 동시에 이루어져야 함을 강조하고, 지역주민 관점에 기초한 개발계획을 변화전략으로 강조하며, 저소득계층을 실천의 우선 수혜자로 본다.

(4) 사회계획모델

이 모델은 지역사회 욕구에 부합한 프로그램을 개발하고 여러 서비스를 조정하는 네트워크 제공에 초점을 맞추고 있으며, 주요 공무원 및 지역사회 지도자, 사회서비스 제공기관의 관리자들이 참여하여 사회문제를 충분히 지적하고 그 해결방안을 담고 있는 계획안을 개발하는 것이 주요 전략이다.

(5) 프로그램 개발과 지역사회 연계

이 모델은 특정 집단에 대한 서비스 개발을 주요 변화목표로 삼고 있으며, 기관이 제공하는 서비스의 효과성 및 질(質)의 향상, 새로운 전달체계의 개발 등이 주요 전략이 된다.

(6) 정치 · 사회행동

이 모델은 지역주민의 정치적 권력 향상이나 기존 제도의 변화가 주요 목표이며, 이에 따른 정치행위나 사회정책 결정에 대한 영향력 행사가 주요 전략이 된다.

(7) 연합

이 모델은 사회적 이슈와 관련된 옹호를 주요 목표로 하고 있으며, 정책변화에 영향력 행사를 위한 여러 기관들의 협력된 권력구축을 주요 전략으로 삼고 있다. 따라서 지역사회 내의 문제해결이 한 집단의 힘으로 이루어지기가 어렵다고 판단되어, 지역사회의 여러 집단들의 장기적인 협력관계가 요구될 때 선택될 가능성이 높다.

(8) 사회운동

이 모델은 사회정의 실현을 주요 목표로 하며, 추진하고자 하는 행동의 목표나 대의가 전체 지역주민들에게 수용되고 문제의 중요성이 대중에게 인식될 때 확장되어 갈 수 있다.

4. 지역사회복지의 실천과정

일반적으로 지역사회복지실천은 지역사회에서 발생하는 문제 또는 욕구의 해결을 통해 지역사회를 변화시키고자 하는 목적으로, 지역사회 문제해결 과정은 사회복지실천에서 적용되는 일반적인 문제해결 과정에 기반을 두고 구성한다. 문제해결 과정은 사회복지실천 전반에 걸쳐 널리 적용할 수 있는 실천과정의 하나이기 때문에 이에 기반을 두어 지역사회 변화를 위한 체계적 과정을 전개시킬 수 있다. 이 절에서 지역사회복지 실천과정을 지역사회 문제 발견 및 분석, 정책 및 프로그램 개발, 프로그램 실천, 프로그램 평가로 나누어 살펴보면 다음과 같다(최일섭 · 이현주, 2006, 김은주, 2007 재인용).

1) 문제발견 및 분석

지역사회 문제를 발견하고 분석한다. 문제를 어떻게 개념화하느냐에 따라 정책수립을 위한 구상이 달라지고 그에 따른 구체적인 해결방안과 실천전략이 달라지기 때문에 문제를 규정하는 것이 중요하다. 사회문제라는 것이 '가치판단(value judgment)'에 의해 지배되며 집단에 따라 그 규정이 다르다는 사실에 주목할 필요가 있다. 즉, 누가 주어진 문제를 '문제'로 보며 누가 그것을 '문제'로 보지 않는가에 대한 분석을 해야 한다. 또한 사회문제와 관련된 객관적인 자료를 수집하고 분석한다.

2) 정책 및 프로그램 개발

문제를 보는 관점이 다양한 것처럼 주어진 문제를 해결하는 데 있어서 목표와 방향도 다양할 수 있다. 정책목표를 설정할 때는 정책의 실현 가능성(feasibility), 이념(ideology), 합리성(rationality)을 고려한다. 정책이 수립된 후에는 프로그램을 개발한다. 프로그램 개발은 효과성과 효율성이 강조된다.

3) 프로그램 실천

프로그램의 내용은 매우 다양하나 크게 두 가지 범주로 나눌 수 있다. 첫째는 과정중심적인 활동이고, 둘째는 과업중심적인 활동이다.

'과정중심적인 활동'이란 클라이언트 집단이 문제를 스스로 해결할 수 있도록 능력을 배양해 주는 활동을 말하며, '과업중심적인 활동'이란 클라이언트 집단이 필요로 하는 서비스를 직접적으로 제공해 주는 활동을 말한다.

4) 프로그램 평가

프로그램 평가는 프로그램의 실천과정에서 수집된 정보를 입수(monitoring)해서 실천에 반영(feedback)하여 실천의 궤도를 수정하는 것이다. 또한 지역사회복지실천의 전 과정을 통해 성취하고자 하는 목표가 어느 정도 달성되었는지 프로그램의 효과성(effectiveness)과 영향(impact)을 측정한다.

5. 사회복지사의 역할

지역사회복지실천에 있어 사회복지사의 역할은 매우 중요하다. 이는 각 지역사회마다 시대마다 그리고 해결해야 할 문제마다 그 특성과 해결점이 다르고 다양하게 변화하기 때문에 이에 대처하는 사회복지사의 역할은 매우 중요한 것이다. 이와 같이 지역사회의 문제를 해결하기 위한 사회복지사의 역할을 지역사회복지 실천모델에 따라 분류하면 <표 8-4>와 같다.

〈표 8-4〉 **지역사회복지 실천모델에 따른 사회복지사의 역할분류**

지역사회개발		사회계획		사회행동	
Ross	Lippitt	Morris & Binstock	Sanders	Grosser	Grossman
안내자	촉매자	계획가	분석가	조력자	행동조직가
조력자	전문가		계획가	중개자	
전문가	실천가		조직가	대변자	
치료자	조사자		행정가	행동가	

출처 : 최일섭 · 류진석(1999), p. 152 재인용.

앞의 분류표에서 나타나는 사회복지사의 역할을 구체적으로 제시하면 다음과 같다.

① 안내자(guider)의 역할

지역사회의 문제해결에 따른 올바른 목표를 설정하고, 이것을 해결하는 방도를 강구하도록 도와주는 역할이다. 지역사회복지사는 문제해결을 위한 대안의 선택이 지역사회 전체의 노력이 되도록 해야 하며, 자신의 목적을 위해 주민을 이용하거나 또는 조종하거나 조치를 강요해서는 안 된다.

② 조력자(enabler)의 역할

지역사회복지의 활동과정을 용이하게 하는 역할이다. 즉, 지역사회의 문제를 인식하게 해주고, 그 문제의 인식들을 집약할 수 있도록 도와주는 것이다. 지역사회복지사는 지역주민들이 상호관계를 유지하고 협동적인 일에 참여하는 데 만족감을 가지도록 도와주어야 한다.

③ 전문가(expert)의 역할

지역사회복지사가 문제해결 과정에서 자신의 전문성을 나타내는 역할이다. 즉, 필요한 자료와 정보를 제공하고, 기술상 경험, 자원의 출처, 실천방법상 권고 등을 제공한다.

④ 치료자(therapist)의 역할

지역사회 내 긴장을 조성하고 지역사회 구성원들 간의 분리를 가져오는 원인들을 시정하고 이를 치료하는 역할이다. 이를 위해서는 지역사회의 역사적 배경 및 사회문화, 관습, 집단경험, 각 구성원 간의 상호 역동성 등을 이해해야 한다.

⑤ 분석가(analyst)의 역할

지역사회의 계획된 변화를 이룩하기 위해서 사실적 발견과 분석을 전제조건으로 삼는 역할이다. 지역사회 문제에 대해 정확한 자료를 근거하지 않고는 성공적인 결과를 얻을 수 없기 때문에 지역사회복지사는 지역사회의 조사를 토대로 당면문제를 세밀히 분석해야 한다.

⑥ 계획가(planner)의 역할

지역사회의 문제해결을 위해 누가, 무엇을, 어떻게 접근할 것인지 구체적인 계획을 수립하는 역할이다. 이때 지역사회복지사는 공간적 · 재정적 · 인적 · 물적 · 법적 · 철학적인 면도 중시해야 한다.

⑦ 조직가(organizer)의 역할

지역사회복지의 실천과정에 있어서 지역사회의 행동체계를 적절히 참여시키며, 지역주민들이 실천해야 할 역할을 분명히 해주고, 그러한 역할을 효과적으로 수행할 수 있도록 훈련을 시키는 일이다. 지역주민들에게 참여의식을 고취시켜 지역사회가 수립된 계획을 제도화하여 스스로 추진해 나가도록 사기와 능력을 북돋워 주어야 한다.

⑧ 행정가(administrator)의 역할

지역사회복지의 프로그램을 계획에서 설정한 목표까지 효율적이고 효과적으로 달성하도록 인적 · 물적 · 재정적 측면을 관리하는 역할이다. 이때 지역사회복지사가 유의해야 할 점은 달성해야 할 목표에 대한 정확한 인식과 이해 그리고 그 목표를 달성하기 위한 융통성을 지녀야 한다는 것이다.

⑨ 행동가(activist)의 역할

지역사회 내 불이익을 당하는 계층의 입장에 서서 그들의 이익을 대변하는 역할이다. 지역사회복지사는 지역사회 내 자원의 불평등한 배분과 서비스 불공평성 등에 대하여 정부나 관련기관에 압력을 가하는 역할을 수행한다.

생각해 보기

1. 사회복지 학문에 있어 사회복지실천이 왜 필요하며 우리가 중요하게 인식해야 하는지 여러분의 생각을 토론해 봅시다.
2. 개별사회사업의 일곱 가지의 원칙 중 여러분이 가장 중요하다고 생각하는 원칙은 무엇인지 그 이유에 대해 여러분의 생각을 토론해 봅시다.
3. 개별사회사업의 개입모델 중 여러분이 클라이언트를 대상으로 개입할 때 어떤 이론모델을 적용하고자 하는지 그 이유에 대해 여러분의 생각을 토론해 봅시다.
4. 집단의 유형에서 치료집단과 과업집단의 차이가 무엇인지 비교하여 여러분의 생각을 토론해 봅시다.
5. 자신이 생각하고 있는 지역사회의 정의란 무엇인지와 지역사회의 문제점에 대하여 여러분의 생각을 토론해 봅시다.
6. 지역사회의 변화가 자신 또는 지역주민들의 삶에 긍정적인 영향을 미친 경험이 있는지 여러분의 생각을 구체적으로 토론해 봅시다.

01 **사회복지사가 클라이언트를 원조하는 과정에서 지켜야 할 7대 원칙 중 틀린 것은?**

① 학교폭력 가해자를 비난하는 클라이언트의 감정에 과도하게 반응하지 않는다. – 통제된 정서적 관여
② 감정을 표현하고 싶어 한다. – 의도적 감정표현
③ 의사결정에 참여하여 스스로 선택 및 결정을 하고 싶어 한다. – 자기결정
④ 동성애 집단에 대한 편견과 선입견에서 벗어나야 한다. – 개별화
⑤ 클라이언트의 알코올 중독 태도나 행동을 허용한다. – 수용

해설 수용은 클라이언트를 있는 그대로 인식하고 대하는 것을 말한다. 그러나 수용과 허용은 다르다. 수용은 클라이언트의 일탈적인 태도나 행동을 '해도 좋다, 해도 된다'라고 허용하는 것이 아니다. 따라서 클라이언트의 알코올 중독 태도나 행동을 허용하는 것은 수용의 원칙에서 벗어나는 것이다.

02 **개별사회사업의 7대 원칙 중 비밀보장이 어려운 경우를 모두 고른 것은?**

〈보기〉

A. 학교폭력 피해자 상담　　B. 아동학대
C. 자살의 위협　　D. 폭력의 위협

① A · B · C　　② A · C
③ B · D　　④ D
⑤ A · B · C · D

해설 사회복지사 및 전문가는 클라이언트의 동의 없이는 클라이언트에 대한 정보를 누설하지 않아야 한다. 단, 클라이언트에 대한 더 나은 서비스를 제공하기 위한 전문가들의 사례회의, 타인이나 클라이언트 자신의 생명을 위협하는 경우 비밀보장은 제한당할 수 있다.

03 **사정(assessment)단계에서 사회복지사가 다루어야 할 사항이 아닌 것은?**

① 문제의 확인과 진술　　② 지역사회자원 연계
③ 변화 노력의 예측　　④ 과제와 전략의 결정
⑤ 개인적 · 사회적 상황의 역동성의 분석

해설 사정(assessment)단계는 진단(diagnosis)이라고도 한다. 즉, 사정이란 사회복지사가 다루어야 할 사항을 이해하고 그것을 개별화하고 특수한 상황 속에서 관련된 요인들을 확인하고 분석하는 것이다.

연습문제

04 **사회복지실천의 종결과정에서 클라이언트를 돕는 순서는?**

① 종결에 대한 감정 다루기 → 성취한 것을 정리하기 → 종결을 계획하기 → 변화를 안정시키기

② 종결에 대한 감정 다루기 → 종결을 계획하기 → 성취한 것을 정리하기 → 변화를 안정시키기

③ 종결을 계획하기 → 성취한 것을 정리하기 → 종결에 대한 감정 다루기 → 변화를 안정시키기

④ 성취한 것을 정리하기 → 종결을 계획하기 → 변화를 안정시키기 → 종결에 대한 감정 다루기

⑤ 종결을 계획하기 → 종결에 대한 감정 다루기 → 성취한 것을 정리하기 → 변화를 안정시키기

해설 **종결단계의 과업**

- 종결을 계획하기(종결시기 결정하기)
- 종결에 대한 감정 다루기(분리하는 동안 경험하는 정서적 반응 서로 해결)
- 성취한 것을 정리하기(제공된 서비스와 목표달성 정도의 평가)
- 변화를 안정시키기(획득된 성과를 유지하고 계속 발전할 수 있도록 계획)

05 **다음 〈보기〉에서 설명하는 개념은 무엇인가?**

〈보기〉

인간 혹은 인간의 문제를 이해하기 위해서는 인간의 심리 내적인 특성만을 고려할 것이 아니라, 이 외에도 환경 혹은 상황까지 모두 고려해야 한다. 특히 인간과 환경 혹은 인간을 둘러싼 상황이 서로 상호작용하는 과정이나 결과를 간과해서는 안 된다.

① 상황 속의 인간　　② 항상성

③ 기능수의　　④ 창조적 자아

⑤ 순환론적 인과성

해설 상황 속의 인간개념은 해밀턴(G. Hamilton)이 사용한 것으로서 심리사회모델에서 초점이 되는 개념이다.

06 **심리사회적 모델의 개입기법 중에서 클라이언트가 처한 환경 혹은 클라이언트와 환경 간의 상호작용에 관한 사실을 진술하고 설명하도록 원조하며, 사실과 관련된 감정을 이끌어 냄으로써 카타르시스를 경험하도록 하는 기법은 무엇인가?**

① 탐색, 기술, 환기
② 지지
③ 직접적 영향
④ 비밀보장
⑤ 인간과 상황에 대한 고찰

해설
- **지지** : 클라이언트를 수용하고 클라이언트를 원조하려는 의사를 분명히 하며 클라이언트의 문제해결 능력에 대해 확신하고 있음을 표현하는 것이다.
- **직접적 영향** : 조언이나 제안을 통해 사회복지사의 의사를 관찰한다.
- **인간과 상황에 대한 고찰** : 최근 사건과 관련하여 인간과 상황의 상호작용에 대해 고찰한다.
- **비밀보장** : 전문적 원조관계를 통해 알게 된 클라이언트에 관한 정보를 사회복지사가 누설하지 않는다는 것을 의미한다.

07 **엘리스(Ellis)의 합리적 정서치료의 중심인 ABCDE 모델에 대한 설명 중 각각에서 의미하는 내용과 거리가 먼 것은?**

① A : 인간의 정서를 유발하는 어떤 사건이나 현상
② B : 선행사건에서 유발되는 특정한 행동
③ C : 정서적 · 행동적 결과
④ D : 비합리적인 사고에 도전하는 치료자의 논박과정
⑤ E : 합리적인 신념으로 재구조화된 이후 갖게 되는 태도와 감정의 결과

해설 B는 Belief system의 약자로서 신념의 체계를 의미한다. 사건 A(Accident)는 선행사건, B는 신념체계, C(Consequence)는 결과, D(Dispute)는 논박, E(Effect)는 효과이다. 결과(C)를 유발하는 주요 원인은 신념체계(B)이다.

08 **다음 〈보기〉의 설명과 관련된 모델은?**

〈보기〉

학교폭력 가해자에게 분석일지의 일종인 분노일지(anger-log) 등을 실제로 작성하도록 가르치고 자신을 스스로 훈련하도록 할 뿐만 아니라, 그 결과로 분노 조절에 실질적인 향상이 있을 때 다양한 강화로 그 결과가 지속될 수 있도록 지도한다.

① 역량강화모델
② 정신역동모델
③ 4체계모델
④ 문제해결모델
⑤ 행동수정모델

해설 행동수정모델은 관찰 가능한 행동과 환경에 초점을 두고 클라이언트의 문제가 되는 행동과 행동 전후에 어떤 상황과 결과가 있었는지를 분석하고, 클라이언트의 행동과 환경을 변화하기 위해 분석일지를 기록하거나 말로 보고하도록 하여 진행과정을 모니터링하고 개입 이후에도 자신의 행동을 스스로 변화시킬 수 있도록 원조하는 것이다.

09 행동수정모델에서 사용하는 강화와 처벌에 대해 바르게 설명한 것은?

① 부적 처벌은 불쾌한 자극을 주어 잘못된 행동을 수정하는 것이다.
② 정적 처벌은 행동의 결과로 불쾌한 자극을 제거함으로써 이루어진다.
③ 정적 강화는 강화를 제공함으로써 행동을 감소시킨다.
④ 강화는 바람직하지 않은 행동을 감소시키기 위해 사용하는 방법이다.
⑤ 부적 강화는 불쾌한 자극을 제거함으로써 행동을 증가시키는 것이다.

해설 강화는 바람직한 행동을 증가시키기 위해 사용하는 것으로서 부적 강화는 바람직한 행동을 증가시키기 위해 불쾌한 자극을 제거하는 것이다.
㉵ 지각하는 학생에게 화장실 청소를 시켰는데, 지각을 하지 않는 바람직한 행동을 하자 불쾌한 자극이었던 화장실 청소를 면제시켜 주는 것이다.

10 치료집단과 과업집단의 비교설명 중 틀린 것은?

① 과업집단은 자기노출이 낮은 편이다.
② 치료집단은 공동의 관심사, 문제, 특성 등에 근거를 두고 있다.
③ 과업집단은 개인적으로 처리될 수 있지만 공개되기도 한다.
④ 치료집단은 상호작용이나 임명을 통해 발달한다.
⑤ 과업집단은 집단성원이 성취한 과업이나 의무사항, 결과물에 의해 평가된다.

해설 치료집단은 상호작용을 통해 발달하며 과업집단은 상호작용이나 임명을 통해 발달한다.

11 다음 〈보기〉에서 설명하는 사회복지사의 역할은 무엇인가?

〈보기〉

S 사회복지사는 노인복지기관 평가에 대비하여 업무를 조정하고 준비를 위한 계획표를 작성하였다. 그리고 해당 기간 동안의 인적·물적·재정적인 관련 문서를 정리하였다. 즉, 이것은 노인복지기관이 우수한 평가를 받기 위한 과정이다.

① 분석가
② 행정가
③ 계획가
④ 치료자
⑤ 행동가

해설 **행정가의 역할** : 계획을 수립하고 지역사회가 이를 수용하게 하거나, 프로그램을 실제 운영하거나, 주민들이 이를 알고 반응을 보이는 단계에서 발휘된다. 또한 프로그램 운영과정에서 여러 가지 행정적인 문제가 발생하므로 이에 능동적으로 대처하는 융통성이 요구된다.

12 다음 〈보기〉는 로스만이 제안한 지역사회복지 실천모델 중 어디에 해당하는가?

〈보기〉

맥도날드 햄버그를 먹은 아동이 용혈성요독증후군(HUS)에 걸렸다는 소식이 알려졌다. 그리고 검찰조사 결과 덜 익은 고기패티를 고객들에게 판매했다는 사실이 보도되자 많은 사람들이 해당 제품 불매 운동을 벌이며 기업에 대한 규제 강화와 제도 개혁을 촉구하고 있다.

① 사회운동
② 사회계획
③ 프로그램 개발 및 조정
④ 연대활동
⑤ 지역사회개발

해설 **사회행동모델** : 사회행동모델에서는 제도개혁을 지역사회복지실천의 목표로 삼는다. 사회행동의 진술로는 정치적 압력, 법적 행동, 사회적 대결, 협상 등을 사용하는데 불매운동은 대표적인 사회적 대결 전술에 속한다고 볼 수 있다.

정답

01. ⑤ 02. ① 03. ② 04. ⑤ 05. ① 06. ① 07. ② 08. ⑤ 09. ⑤ 10. ④
11. ② 12. ①

chapter 09

아동복지

Chapter

09 아동복지

제1절 아동복지의 이해

1. 아동복지의 개념

아동복지(child welfare)란 아동의 전반적인 안녕을 보장하기 위한 국가, 사회 그리고 지역의 민간단체의 모든 노력들, 즉 법, 정책, 행정을 비롯해서 전문가에 의한 구체적인 서비스를 포함하여 총칭하는 말이다. 아동복지를 어원적인 측면에서 보면 아동이 편안히 잘 지내는 상태를 뜻한다고 볼 수 있다(곽형식 외, 2008).

아동복지의 개념을 협의와 광의로 구분하여 살펴보면, 협의적 의미의 아동복지는 "부모가 아동양육 책임을 이행할 수 없거나 지역사회가 아동 및 가족이 요구하는 자원과 보호를 제공하지 못할 때 기능을 강화, 보완, 대리하는 것"이라는 치료적인 측면을 강조하며, 광의적 의미의 아동복지는 "일반아동을 포함한 모든 아동들의 행복을 위해서 그들의 신체적 · 사회적 · 심리적 발달을 보호하고 촉진하기 위한 방법"으로 예방적인 측면을 강조한다.

프리들랜더(Friedlander, 1959)는 "아동복지는 단지 빈곤, 방치, 유기, 질병, 결함 등을 지닌 아동 혹은 환경에 적응하지 못하는 비행아동들에게만 관심을 두는 것이 아니다. 아동복지란 모든 아동이 신체적 · 지적 · 정서적 발달에 있어서 안전하며 행복할 수 있도록 위험에서 지키며, 보호하기 위하여 공 · 사의 제 기관에서 실시하는 사회적 · 경제적 · 보건적인 제 활동들이다"라고 하여 아동복지의 대상을 보다 명확히 제시하였다(이영철 외, 2000).

아동복지 사업지침(보건복지부, 1995)에서는 아동복지에 대해 "사회의 특별한 보호가 필요한 요보호아동을 포함한 모든 아동들이 가족 및 사회의 일원으로서 육체적·정신적으로 건강하게 성장·발달할 수 있도록 보호, 지원하여 그들의 건전육성을 도모함"으로 정의하였다. 사회복지사전(1993)에 의하면, "아동복지란 일반적으로 특수한 장애를 가진 아동은 물론 모든 아동들이 가족 및 사회의 일원으로서 육체적·정신적으로 건전하게 성장·발휘할 수 있도록 지역, 사회복지서비스 분야에 있는 공·사 단체나 기관들이 협력하여 아동복지에 필요한 사업을 계획하며 실행에 옮기는 조직적인 활동을 의미한다"라고 정의하고 있다.

이상의 아동복지의 개념을 종합해 보면 아동복지란 보호를 필요로 하는 특수한 환경과 장애를 가진 아동은 물론 모든 일반아동들과 그 가족들이 건전하게 성장하고 발달할 수 있도록 여러 분야에 걸쳐 국가와 사회단체 및 민간단체에 의해 이루어지는 일련의 계획적이고 조직적인 활동이라고 할 수 있다(권육상, 2010).

아동복지대상의 변화를 【그림 9-1】로 보면 다음과 같다.

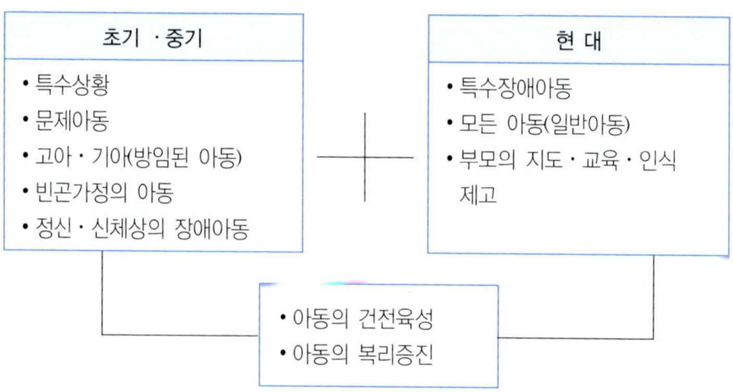

【그림 9-1】 아동복지대상의 변화

출처 : 박차상 외(2006).

제2절 아동복지대상 및 아동문제

1. 아동복지대상

우리나라 아동복지법에서는 연령에 의해 아동을 규정하고 있는데 아동을 만 18세 미만으로 보고, 민법 및 소년법에서는 19세 미만으로 보며, 근로기준법에서는 15세 미만인 자로, 국민기초생활보장법에서는 18세 미만의 자로 보고 있다. 그리고 아동문제에 따른 대상으로는 요보호아동과 일반아동으로 분류하고 있다.

1) 요보호아동

① 양육환경상의 문제를 지닌 아동(빈곤가정아동, 결손가정아동, 학대아동, 미혼모아동)
② 신체 · 정서 · 행동장애 아동(신체장애아동, 정서장애아동, 행동장애아동, 정신장애아동)

2) 일반아동

<표 9－1>과 같다.

〈표 9-1〉 국내 법률상 아동의 개념 및 연령 구분

법 률	호 칭	연령 구분
아동복지법	아 동	18세 미만의 자
청소년기본법	청소년	9세 이상 24세 이하의 자
청소년보호법	청소년	19세 미만의 자
소년법	소 년	19세 미만의 자
한부모가족지원법	아 동	18세 미만(취학 중인 경우에는 22세 미만)의 자
근로기준법	연소자	15세 미만의 자
민 법	미성년자	19세 미만의 자
국민기초생활보장법	아 동	18세 미만의 자

출처 : 권육상 외(2010) 재구성.

2. 아동문제

아동은 태아기에서부터 18세까지 심신이 함께 성장하고 발달하며 사회적 보호를 필요로 할 뿐만 아니라, 미래를 책임질 사회적 역할까지 기대되는 대상이다. 우리 사회가 안고 있는 아동문제는 필수적으로 포괄적 대책이 요구되는바, 이에 아동과 관련한 몇 가지 문제영역을 제시한다(박용순, 2001).

1) 가족문제

아동문제를 유발하는 가족문제를 지칭함에 있어서 흔히 '문제아동의 이면에는 문제가족이나 문제부모가 있다'는 말이 있다. 실업이나 빈곤에 의한 가족의 경제적 불안정, 가족구조상의 결함, 부모양육상의 결함 등은 아동문제를 유발하게 된다. 부모의 학력이나 사회적 지위가 우대받는 사회에서 부모의 실업과 빈곤은 아동에게 매우 부정적인 영향을 미칠 수 있다. 그 외에 빈곤으로 인한 영양실조, 불결한 주거환경 등은 아동의 건전한 성장에 장애요인이 되고 있다. 이것은 교육기회의 박탈과 함께 나아가 비행으로까지 연결될 수 있는 것이다. 부모의 이혼 또는 사망 등으로 인하여 가족이 해체되거나 결손가족이 될 경우에도 아동에게 심각한 정서적 상처를 주게 된다.

2) 사회환경의 문제

전통사회가 해체된 이후 도시화·산업화·정보화된 현대사회는 아동의 성장에 부적합한 주변 환경을 제공하고 있다. 즉, 환경오염, 공해문제, 교통문제, 슬럼지역, 위험지역 등은 아동에게 부정적인 영향을 미친다. 특히 상업적 매스컴의 영향, 무절제된 성인들의 행태는 물론, 아동학대나 성폭행 등이 심각한 사회문제로 대두되고 있다. 이에 따라 사회환경적인 측면에서 아동의 건전한 성장과 발달을 위한 개입이 절실히 요구된다. 그러나 사회환경이 충분하지 못한 것이 현실이며 사회적 지원체계의 문제는 다시 아동문제를 더욱 심각하게 만드는 요인이 되고 있다.

사회적 환경을 더욱 확실하게 갖추어 아동문제에 적극적으로 대처할 필요가 있다.

3) 부적응의 문제

아동문제 중에서 특수한 욕구를 지닌 장애아동의 경우 이에 적절한 특수한 사회복지서비스가 제공되어야 한다. 대개 지적장애아동들은 심리적으로 자기학대, 자살, 학업포기 등의 문제행동을 일으킬 소지가 있기 때문에 특별한 보호가 요구되고 있다. 이러한 욕구를 지닌 아동문제는 자신의 문제 이외에 가족이나 사회환경의 무관심과 방치에 기인되는 경우도 있으므로 이에 적합한 서비스 개입이 필요하다.

4) 지원체계의 부족

오늘날 핵가족화의 증대, 맞벌이가족의 증가, 편부모가족 등으로 인하여 아동문제가 확산되고 있다. 저소득층의 가정일수록 이러한 현상은 더욱 현저하게 나타나고 있으며, 사회적 지원체계의 부재로 아동이 가정에 홀로 방치됨으로써 다양한 아동문제가 발생하고 있다. 이와 같은 아동문제를 해결하기 위해서는 사회적 지원체계가 절실히 요구된다.

5) 경제적 문제

경제적 안정은 가정생활 속에서 아동에게 미치는 영향이 매우 크다. 가정의 경제적 불안정은 아동들의 최소한의 욕구가 충족되지 않은 상태로서 건전한 성장과 발달에 장애요인이 되고 있다. 즉, 경제적 문제로 이들의 건강을 해칠 뿐만 아니라, 교육의 기회마저 박탈함으로써 지능이나 정서에 커다란 상처를 주게 된다. 따라서 아동에게 의식주의 문제는 심신의 발달에 필수적인 요소가 되므로 공적·사적 프로그램을 통해서 경제적 혜택과 안정이 보장되어야 한다.

제3절 아동복지의 원칙 및 기능

1. 아동복지의 원칙

아동은 건강하게 출생하여 행복하고 안전하게 자라나도록 그 복지가 보장되어야 한다(아동복지법 제1조). 이러한 목적은 아동에 대한 무차별, 안정된 가정환경, 아동의 이익을 최우선으로 고려하는 기본 이념에도 반영된다(동법 제2조).

현대사회에서 아동문제를 해결하기 위한 아동복지의 기본 원칙으로는 권리와 책임의 원칙, 보편성과 선별성의 원칙, 개발적 기능의 원칙, 포괄성의 원칙, 전문성의 원칙 등 다섯 가지를 제시하고 있다(전재일 외, 2001).

1) 권리와 책임의 원칙

(1) 아동의 권리와 책임

국제협약(1989)은 아동의 권리내용을 구체적으로 명시하고, 아동의 의견 표명권을 인정하여 아동이 권리의 주체임을 강조하고 있다.

아동의 권리는 생존권, 발달권, 보호권, 참여권으로 나누어 볼 수 있다.

① 생존의 권리 : 적절한 생활수준을 누릴 권리, 의료서비스를 받을 수 있는 권리

② 발달의 권리 : 교육, 놀이, 여가, 정보를 누릴 권리, 문화활동, 사상, 양심, 종교의 자유를 누릴 권리

③ 보호의 권리 : 각종 착취와 학대, 가족과의 인위적 분리, 형법들의 폐습으로부터 보호받을 권리

④ 참여의 권리 : 자신의 의견을 표현할 자유와 자기생활에 영향을 주는 일에 대해 말할 수 있는 권리, 책임감 있는 어른이 되기 위해 아동 자신의 능력에 부응하여 적절한 사회활동에 참여할 기회를 가질 권리

아동은 권리의 주체이므로 사회구성원으로서 개인의 책임감을 발전시켜 나가야 한다. 아동은 자신의 본분을 지킬 수 있어야 하며, 부모나 사회가 규정하고 있는 질서를 지킬 의무가 있다. 또한 자녀로서 부모의 양육과 보호를 따를 책임도 있는 것이다(한성심 외, 2009).

(2) 부모의 권리와 책임

아동의 양육과 보호의 1차적 책임은 부모에게 있다. 아동에 대한 재정적, 신체적, 정서적, 기타 광범위한 부모의 의무를 감당해야 한다. 또한 부모는 아동을 양육하는 보호자 또는 후견인으로서 권리를 행사하는데, 부모는 아동의 인격발달에 영향을 주는 행동이나 생활양식에 어떤 기준을 결정해야 한다. 부모의 교육, 종교, 직업이 영향을 미치며, 아동의 건강보호는 지역사회의 보건서비스 활용 여하에 좌우되며, 의료적 보호가 요청될 때 부모가 가지는 지식의 정도와 부모에 의해 이루어지는 선택에 달려 있다(이소희, 2005).

(3) 사회의 권리와 책임

사회생활에서 질서유지와 아동의 복지증진을 위한 권리와 책임을 가진다. 아동을 보호하기 위해서 단속이나 동세력을 행사하기도 하고, 부모의 부적절한 규제에 대하여 규제하기도 한다.

2) 보편성과 선별성의 원칙

아동복지의 서비스는 보편성과 선별성이 동시에 적용되어야 한다. '보편성'은 전체 아동을 대상으로 하는 포괄적이고 기회균등적인 시여제도를 말하고, '선별성'은 특수아동을 대상으로 하는 보충적이고 열등처우적인 서비스 제공을 의미하고 있다. 기존의 아동복지사업은 특수한 아동을 중심으로 보충적 서비스가 중심이 되어왔으나, 앞으로는 전체 아동을 위한 보편적인 수준에서 의료, 주택, 교육 등의 질적인 서비스가 제공되어야 한다.

3) 개발적 기능의 원칙

아동복지는 사회복지의 주요 기능인 개발적 기능을 통해 문제아동의 변화를 유도하는 데 그 의미를 두고 있다. 개발적 기능은 제도적인 변화를 초래하는 것은 물론, 국가의 경제개발과 사회개발의 제 조건을 향상시키고 창조하는 일의 참여를 의미한다. 즉, 사회의 부정적인 문제들에 대해 의도적인 변화를 초래하게 하여 개발체계와 보조를 맞추는 일련의 활동을 의미한다. 따라서 아동은 사회적으로 소속이 없는 소외된 대상이 아니라, 국가발전에 능동적으로 참여할 수 있는 기회를 제공함으로써 건전하게 성장할 수 있도록 각별한 관심을 가져야 한다.

4) 포괄성의 원칙

아동복지는 기본 전제로서 아동들에게 안정된 가정생활, 경제적인 안정, 교육기회, 건강유지, 오락활동, 특수보호 등에 대한 프로그램이나 서비스가 포괄적이고 통합적으로 제공되어야 한다. 아동복지 프로그램은 상호 보완적으로 적절히 제공되어야 하므로 부분적인 서비스 제공만으로는 아동문제를 완전히 해결할 수 없을 것이다. 그러므로 아동복지사업은 다양한 아동문제에 접근할 수 있는 통합적인 서비스가 요청되며, 어느 분야에서는 상호 간에 의뢰, 조정, 보완함으로써 아동의 전인적인 특성을 살려가야 한다.

5) 전문성의 원칙

아동복지서비스는 산업화·도시화·정보화 사회에 따라 점차 높은 전문성이 요구되면서, 기존의 보모활동이나 자원봉사자로서는 당면한 아동문제를 쉽게 해결할 수 없는 실정이다. 이에 아동의 욕구를 충족할 수 있는 전문적인 지식과 기술을 지닌 전문인력이 요청되고 있다. 따라서 아동복지사업을 효율적으로 전개하기 위해서는 사회복지학, 아동복지론, 교육학, 심리학 등을 이수한 전문인력의 활용이 반영되어야 한다. 또한 현행 전문가에 대한 체계적인 교육과 훈련을 통해 아동복지 전문인력을 양성하고 활용해야 한다.

아동복지의 원칙과 지향점, 관점, 사회와의 관계, 원칙이 지향하는 목표는 <표 9-2>와 같다.

〈표 9-2〉 아동복지의 원칙과 범위

원 칙	지향점	관점	사회와의 관계	목 표
권리와 책임	아동, 부모, 사회의 상호 권리와 책임성	아동	사회책임성	아동의 복리
보편성과 선별성	전체 아동의 기회균등과 특수아동의 보충적 서비스 제공	아동	사회기여	서비스 대상의 확대
개발성	사회개발에 참여할 수 있도록 기회제공	사회	사회의 일원	능동적 참여
포괄성	가정, 경제, 교육, 건강, 보호 등 포괄적이고 통합적 서비스 제공	사회	사회통합	전인적 인격 양성
전문성	아동복지 전문인력의 양성과 활용	아동	사회통합	전문적 서비스 제공

출처 : 윤철수 외(2008).

2. 아동복지의 기능

아동복지가 가지고 있는 기능을 중심으로 아동이 가정에서 적절하게 양육될 수 있도록 가정의 양육기능을 어떻게, 어느 정도까지 원조하는가 하는 관점에서 아동복지서비스를 유형화한 것이 카두신(Kadushin)의 모델인데, 이를 3S 모델이라고 한다(Marher & Lager, 2000).

카두신의 모델은 아동 양육기능의 1차적 책임이 부모에게 있으며 부모가 아동양육의 책임을 다하지 못할 때 그 정도에 따라 국가나 사회가 부모의 양육을 보완하거나 대리할 수 있다는 시각을 반영한 것으로, 잔여적 관점에서 문제가 있는 가족에게 복지서비스를 제공하는 것이다. 아동복지서비스 기능에 의한 분류는 아동복지서비스를 최소제한으로부터 최대제한에 이르는 연속신상에 있는 것으로 보고 아동을 위한 최선의 조치가 무엇인가에 대한 관점으로 설명할 수 있다(한미현 외, 2008).

1) 지지적 서비스(Supportive Services)

가정의 역할을 지원하는 서비스로 원가정의 구조를 침해하지 않으면서 그 가정의 기능이 원활하게 수행될 수 있도록 하는 서비스이다. 부모와 자녀관계를 비롯한 가족체계 내부의 역동적인 힘을 지지하고 강화하는 것이다. 그러나 부모의 역할을 대신하거나 떠맡지는 않는다.

2) 보충적 서비스(Supplemental Services)

가정의 역할을 보완하는 서비스로 부모의 사망, 유기, 이혼, 재혼, 질병 등 부모로서의 역할을 제대로 수행할 수 없는 상황이 발생할 경우에 부모의 역할을 보충해 주거나 일부를 대행해 주는 서비스이다. 보육서비스, 빈곤가정을 지원하는 소득보완사업, 아동수당 등이 이에 속한다.

3) 대리적 서비스(Substitutive Services)

가정을 대신하는 서비스로 부모의 사망, 질병, 유기 등의 사유로 가정이 해체되어 일시적 또는 영구적으로 와해되거나 부모의 역할이 상실되었을 경우, 아동의 개별적 욕구에 따라 부모역할의 부분 또는 전체를 대리하는 서비스이다. 아동은 자신의 가정을 떠나서 다른 가정이나 시설에서 생활하면서 서비스를 제공받게 된다. 입양서비스, 아동양육시설, 쉼터, 아동치료 보호시설 등에서 이루어지는 시설보호서비스, 가정위탁서비스 등이 이에 속한다.

아동복지서비스의 기능에 따른 분류는 다음 <표 9-3>과 같다.

〈표 9-3〉 아동복지서비스의 기능에 따른 분류

구분	정의	기능
지지적 서비스	아동의 욕구를 충족시키기 위한 부모의 능력을 지원, 강화하기 위한 서비스	• 부모역할을 잘 수행할 수 있도록 부모들을 지지하고 가족기능을 강화함 • 아동의 원가정 구조를 침해하지 않고 가정 외부에서 가족 내부의 역할기능이 제대로 수행될 수 있도록 서비스를 제공함
보충적 서비스	아동이 받는 보호를 보충해 주거나 부모의 보호가 부적절하고 제한되었을 때 이를 보상하기 위해 부모역할의 일부를 대행하거나 돕는 서비스	• 부모역할이 영구적 혹은 일시적으로 충분히 충족되지 못할 경우 부모역할의 일부를 보충함으로써 부모가 다른 역할을 보다 충실하게 수행할 수 있음 • 가정의 형태는 그대로 있으나 가정 외부에서 지원함
대리적 서비스	아동 개개인의 문제에 따라 제3자가 부모역할의 일부 또는 전부를 대신하는 서비스	• 아동의 원가정이 해체되어 아동에게 보호와 양육기능을 수행할 수 없게 되었을 때 아동을 다른 가정이나 시설에서 보호함 • 아동이 원가정을 완전히 떠나 제3자에 의해 일시적 또는 영구적으로 보호를 받음

출처 : 한미현 외(2008).

제4절 아동복지의 현황과 과제

1. 소득 및 의료보장

아동에 대한 소득보장은 아동이 있는 가정의 소득을 유지시켜 주기 위해 국가가 직접적인 소득이전 프로그램을 통해 소득을 보완해 주는 것으로서 아동수당, 사회보험, 공공부조의 형태로 실시된다. 아동수당은 소득보장의 대표적인 프로그램으로서 그 중요성이 인정되고 있다.

그러나 우리나라에는 아직 아동수당제도가 없으며, 다만 연말정산 시에 아동이 있을 경우, 부양가족으로 등록하여 세금면제를 받는 제도가 있다. 사회보험에 의한 아동의 소득지원은 가정의 소득을 지원함으로써 간접적으로 이루어진다고 할 수 있다. 그리고 공공부조는 국민기초생활보장제도에 의해 이루어진다. 또한 대부분의 아동은 국민건강보험에 의한 의료서비스를 받고 있다.

국민건강보험에 의해 의료보장을 받을 수 있는 빈곤층은 의료급여제도에 의해 의료서비스를 받을 수 있다(유공순 외, 2007).

2. 아동상담사업

우리나라 아동상담사업은 서울아동상담소(1959년) 설립을 계기로 시작되었으나, 일반아동을 포함한 모든 아동 및 청소년을 위한 종합적이고 포괄적인 상담사업을 본격적으로 실시하고자 노력하기 시작한 것은 1990년대에 들어와 문화부에 의해 청소년상담실이 설립되면서부터라고 해도 과언이 아니다.

아동상담사업은 요보호아동의 발생을 예방하고 이미 발생된 경우의 사후지도를 강화하며 지역사회의 자원활용 및 알선으로 아동의 복지를 증진시키려는 목표를 가지고 있다. 이를 위해 각 시・도에 아동상담소와 일시보호소가 설치되어 있고 시・도 및 시・군・구에 아동복지지도원이 배치되어 있고 읍・면・동 단위에는 아동위원이 위촉되어 있다.

아동상담의 주요 대상은 가출・부랑아, 문제아동, 결손가정아동, 저소득가정의 아동, 기・미아 심신장애아동 등이다. 그러나 장기적・적극적인 상담이나 치료서비스의 제공보다 소극적 차원의 선도, 보호자에게 인계하는 수준의 상담서비스에 그치고 있는 한계점을 가지고 있다.

3. 보육사업

영유아보육사업이란 영유아보육법 제1조의 목적을 달성하기 위하여 6세 미만의 취학 전 아동을 국가나 사회에서 대신 보호하고 교육하는 서비스를 말한다.

기혼여성의 취업확대 및 여성의 사회참여 증가로 급증하는 보육수요에 능동적으로 대처하기 위해 보육사업을 실시하고 있다. 우리나라에서 보육사업이 법적으로 실시된 것은 1961년 아동복리법이 제정되면서 보육시설을 아동복지시설 중의 하나로 규정하면서부터이지만 1991년 영유아보육법이 제정,

시행되면서 보육사업의 주관부처를 보건복지부로 일원화하고 종전의 단순 탁아 개념에서 탈피하여 보다 질 높은 아동보호와 유아교육 기능의 보육사업으로 육성, 발전적으로 전환하였다.

우리나라 영유아 보육서비스는 국·공립보육시설, 법인보육시설, 직장보육시설, 가정보육시설, 협동보육시설, 민간보육시설을 통해 이루어지고 있는데, 민간보육시설 및 가정보육시설이 대부분을 차지하고 있어 보육사업의 책임을 민간이 주로 떠맡고 있음을 알 수 있다(남기민, 2011).

4. 가정보호사업

가정보호사업을 입양사업, 가정위탁보호사업, 공동생활가정 보호, 시설보호사업 등으로 구분하여 살펴보면 다음과 같다(임춘식 외, 2007).

1) 입양사업

입양은 보호자가 없거나 보호자로부터 이탈된 아동에게 건전한 가정을 영구적으로 제공하여 신체적·정신적·사회적으로 건전하게 성장할 수 있도록 하기 위한 사업이다. 입양사업의 기본 방향은 국내입양을 우선으로 하며 국외입양을 차선책으로 추진하고, 입양가정에 대한 사후관리 강화, 국내입양가정에 대한 지원책 강구를 통한 국내입양 활성화 추진, 입양에 관한 국민의식 제고를 위한 대국민 홍보를 강화하는 데 있다.

2020년 국내 입양은 260명, 국외 입양은 232명으로 나타났으며, 국내 입양기관은 23곳이다(보건복지부, 2022). 정부에서는 입양대책으로 입양가정에 대한 지원강화와 함께 국내입양 지정기관을 입양전문기관으로 육성하고 있다.

2) 가정위탁보호사업

가정위탁보호사업은 보호가 필요한 아동을 보호 및 양육하기를 희망하는 가정에 위탁 및 양육함으로써 가정적인 분위기에서 건전한 사회인으로 자랄 수 있도록 하는 데 목적이 있다. 위탁가정의 선정기준은 친인척인 경우 위탁받고자 하는 자 및 그 가족에게 범죄, 가정폭력, 아동학대, 알코올 및 약물 중독 등이 없어야 하며, 가정위탁에 필요한 교육을 이수하여야 하나 대리양육가정 및 친·인척 위탁가정의 경우에는 가정위탁 후 6개월 이내에 반드시 교육을 이수하여야 한다.

3) 공동생활가정 보호

공동생활가정 보호는 기존의 시설보호에서 탈피하고 가정보호 형태를 강조하고 지역사회 중심의 아동보호를 위한 새로운 보호형태로, 보호를 필요로 하는 아동에게 가정과 같은 주거여건과 보호를 제공하는 게 목적인 시설로서 1997년부터 시범사업을 추진하고 있다.

그룹홈의 유형은 단기보호, 장기보호, 치료보호가 있다.

① 단기보호는 경제적 위기 또는 부부의 갈등이나 별거, 수감 및 아동학대 등으로 인해 보호자 또는 친·인척이 함께 거주할 수 없는 아동을 보호하는 시설이다.

② 장기보호는 기존의 소년소녀가장 또는 시설에서 보호 중인 아동 및 장기보호가 필요한 아동을 보호하는 시설이다.

③ 치료보호는 시설보호에 적응하지 못하거나 약간의 정서적 문제 등으로 인하여 시설보호가 적합하지 않은 아동을 보호하는 것을 말한다.

4) 시설보호사업

시설보호사업이란 과거에는 주로 기·미아를 양육하는 데 1차적 목적이 있었지만 오늘날에는 단순한 수용보호의 차원을 넘어 아동들의 건전한 성장과 인격발달 및 사회적 치료를 목적으로 하여 아동문제를 근본적으로 해결하려는 시도까지를 포함하고 있다. 시설보호의 목적은 아동이 시설을 통해서 기본적인 욕구를 충족받고 사회화 및 교육 등의 생활 전반에 대한 지도를 받아 사회인으로 기능할 수 있도록 하는 것이다(전재일 외, 2001).

아동복지법 제52조에 의하면 아동복지시설의 종류는 다음과 같다.

① 아동양육시설

보호대상 아동을 입소시켜 보호, 양육 및 취업훈련, 자립지원 서비스 등을 제공하는 것을 목적으로 하는 시설

② 아동일시보호시설

보호대상아동을 일시 보호하고 아동에 대한 향후의 양육대책 수립 및 보호조치를 행하는 것을 목적으로 하는 시설

③ 아동보호치료시설

불량행위를 하거나 불량행위를 할 우려가 있는 아동으로서 보호자가 없거나, 친권자나 후견인이 입소를 신청한 아동 또는 가정법원, 지방법원 소년부지원에서 보호위탁된 19세 미만인 사람을 입소시켜 치료와 선도를 통하여 건전한 사회인으로 육성하는 것을 목적으로 하는 시설이자, 정서적·행동적 장애로 인하여 어려움을 겪고 있는 아동 또는 학대로 인하여 부모로부터 일시 격리되어 치료받을 필요가 있는 아동을 보호·치료하는 시설

④ 공동생활가정

보호대상아동에게 가정과 같은 주거여건과 보호, 양육, 자립지원 서비스를 제공하는 것을 목적으로 하는 시설

⑤ 자립지원시설

아동복지시설에서 퇴소한 사람에게 취업준비기간 또는 취업 후 일정 기간 동안 보호함으로써 자립을 지원하는 것을 목적으로 하는 시설

⑥ 아동상담소

아동과 그 가족의 문제에 관한 상담, 치료, 예방 및 연구 등을 목적으로 하는 시설

⑦ 아동전용시설

어린이공원, 어린이놀이터, 아동회관, 체육・연극・영화・과학실험전시 시설, 아동 휴게 숙박시설, 야영장 등 아동에게 건전한 놀이・오락, 그 밖의 각종 편의를 제공하여 심신의 건강유지와 복지증진에 필요한 서비스를 제공하는 것을 목적으로 하는 시설

⑧ 지역아동센터

지역사회아동의 보호・교육, 건전한 놀이와 오락의 제공, 보호자와 지역사회의 연계 등 아동의 건전육성을 위하여 종합적인 아동복지서비스를 제공하는 시설

⑨ 아동보호전문기관

⑩ 가정위탁지원센터

위의 아동복지법상의 아동복지시설은 각 시설 고유의 목적 사업을 해치지 아니하고 각 시설별 설치기준 및 운영기준을 충족하는 경우 다음과 같은 사업을 추가로 실시할 수 있다.

① 아동가정지원사업 : 지역사회아동의 건전한 발달을 위하여 아동, 가정, 지역주민에게 상담, 조언 및 정보를 제공하여 주는 사업
② 아동주간보호사업 : 부득이한 사유로 가정에서 낮 동안 보호를 받을 수 없는 아동을 대상으로 개별적인 보호와 교육을 통하여 아동의 건전한 성장을 도모하는 사업
③ 아동전문상담사업 : 학교 부적응 아동 등을 대상으로 올바른 인격 형성을 위한 상담, 치료 및 학교폭력예방을 실시하는 사업

④ **학대아동보호사업** : 학대아동의 발견, 보호, 치료 및 아동학대의 예방 등을 전문적으로 실시하는 사업

⑤ **공동생활가정사업** : 보호대상아동에게 가정과 같은 주거여건과 보호를 제공하는 것을 목적으로 하는 사업

⑥ **방과 후 아동지도사업** : 저소득층 아동을 대상으로 방과 후 개별적인 보호와 교육을 통하여 건전한 인격형성을 목적으로 하는 사업

5. 과 제

우리나라 아동복지사업은 주로 불우한 아동들을 수용·보호하고 의식주를 제공하는 등 소극적인 보호사업으로 인식되어 왔다. 하지만 아동복지란 불우한 아동, 요보호아동들에 대한 실질적 복지욕구의 충족뿐만 아니라 일반아동들도 포함되는 모든 아동의 복지향상이라는 보편주의적이고 새로운 차원에서 인식되어야 한다. 또한 저출산·고령화사회로의 진입, 사회양극화의 증대, 아동문제의 다양화 등 사회구조적으로 많은 변화가 이루어지고 있다. 이러한 변화는 아동복지에 대해서도 보다 적극적인 대처를 요구하고 있다.

이러한 변화와 함께 아동복지의 쟁점과 과제는 어떤 것들이 있는지 살펴보고자 한다(현외성 외, 2011).

① **저출산·고령화사회 및 사회양극화의 변화에 부응하는 아동복지가 필요하다**

우선 저출산 문제 해결을 위해서는 출산 및 아동양육에 대한 사회적 책임을 인식하고 가임여성의 사회참여를 보장하는 보육시스템 구축과 보육비 지원, 가족기능 강화 프로그램의 확대가 실시되어야 한다. 사회양극화는 빈곤아동의 증가를 초래할 수 있다. 따라서 아동 관련 공공부조의 확충을 통해 아동의 정상적 성장과 교육이 이루어지도록 지원의 수준이 확대되어야 한다.

② 보편주의적 아동복지에 해당하는 아동수당의 도입이 필요하다

아동문제에 대한 예방적 차원의 아동복지를 구현할 수 있을 것이다. 소득지원사업이 가족해체로 인한 경제적 위기상황을 미연에 방지하기 위해서는 초기에는 아동이 있는 일정 소득 이하의 가구에 그리고 궁극적으로는 모든 가구에 양육비용을 보조하는 아동수당을 지급하는 방안이 검토되어야 한다. 이미 1995년 전 세계적으로 81개국에서 다양한 형태의 아동수당(혹은 가족수당)이 도입되어 실시되고 있다(박종삼 외, 2008).

③ 요보호아동복지를 우선해야 한다

현재 아동복지의 대상이 모든 아동으로 확대되고 있는 추세이나, 요보호아동 대상의 선별주의적 복지사업이 더 중요하다. 이는 가족의 보호와 양육에서 벗어난 요보호아동에 대한 지속적인 관심과 대책이 필요하기 때문이다.

④ 가족기능이 강화되어야 한다

아동은 건강하고 건전한 부모와 가족구성의 보호 속에서 건강하고 건전하게 성장할 수 있다. 이를 위해서는 다양한 부모교육 및 훈련 프로그램이 이루어져야 한다. 또한 국가와 사회는 가족기능을 잘 수행할 수 있도록 지원해야 한다.

⑤ 국내입양과 위탁의 활성화가 제도적으로 이루어져야 한다

우리나라 요보호아동을 국내에서 보호, 양육하는 사회적 책임의식을 가져야 한다. 이를 위해 입양가족과 위탁가정에 대한 지원을 강화하고 관련기관의 서비스를 다양화해야 한다.

⑥ 학교사회사업이 활성화되어야 한다

학교생활로 인해 아동들은 갈등과 고민을 겪기도 하며, 집단따돌림을 당하거나, 또래그룹에 문제가 생길 수도 있다. 아울러 아동 개인의 문제나 가족의 문제가 학교생활에 영향을 주기도 한다. 이러한 다양한 학교 관련 아동의 욕

구를 충족시키기 위한 노력으로 학교사회사업이 활성화되어야 한다. 이를 위해 학교사회복지사 등의 전문가를 배치하고 구체적으로 제도화해 나가야 한다.

생각해 보기

1. 아동복지의 개념에서 협의와 광의로 구분하여 여러분의 생각을 토론해 봅시다.
2. 아동복지의 대상 및 그들의 문제에 대해서 여러분의 생각을 토론해 봅시다.
3. 아동복지의 원칙 및 기능에 대해서 여러분의 생각을 토론해 봅시다.
4. 아동복지의 현황에 대해서 여러분의 생각을 토론해 봅시다.
5. 아동복지의 과제에 대해서 여러분의 생각을 토론해 봅시다.

연습문제

01 우리나라는 연령에 의해 아동을 규정하고 있다. 다음 중 아동복지법에서의 아동의 연령은?

① 18세 미만
② 20세 미만
③ 15세 미만
④ 13세 미만
⑤ 16세 미만

해설 우리나라 아동복지법에서는 아동의 연령을 18세 미만으로 보고, 민법 및 소년법에서는 19세 미만으로 보며, 근로기준법에서는 15세 미만인 자로, 국민기초생활보장법에서는 18세 미만의 자로 보고 있다.

02 다음 중 양육환경상의 문제를 지닌 아동이 아닌 것은?

① 빈곤가정아동
② 신체장애아동
③ 결손가정아동
④ 학대아동
⑤ 미혼모아동

해설 아동문제에 따른 대상으로는 요보호아동과 일반아동으로 분류하고 있다. 요보호아동은 양육환경상의 문제를 지닌 아동, 빈곤가정아동, 결손가정아동, 학대아동, 미혼모아동이며, 신체 · 정서 · 행동장애 아동은 신체장애아동, 정서장애아동, 행동장애아동, 정신장애아동이다.

03 현대사회에서 아동문제를 해결하기 위한 아동복지의 기본 원칙이 아닌 것은?

① 권리와 책임의 원칙
② 보편성과 선별성의 원칙
③ 개발적 기능의 원칙
④ 포괄성의 원칙
⑤ 개별화 원칙

해설 현대사회에서 아동문제를 해결하기 위한 아동복지의 기본 원칙으로는 권리와 책임의 원칙, 보편성과 선별성의 원칙, 개발적 기능의 원칙, 포괄성의 원칙, 전문성의 원칙 등 다섯 가지를 제시하고 있다.

04 아동복지에서 가정보호사업이 아닌 것은?

① 입양사업
② 가정위탁보호사업
③ 아동상담사업
④ 시설보호사업
⑤ 공동생활가정 보호

해설 아동복지의 현황에서 아동 가정보호사업으로는 입양사업, 가정위탁보호사업, 시설보호사업, 공동생활가정 보호이다.

05 **아동복지의 과제 내용이 아닌 것은?**

① 가족기능 강화 ② 학교사회사업 활성화
③ 요보호아동복지 우선 ④ 의료재활
⑤ 아동수당 도입

해설 아동복지의 과제는 저출산·고령화사회 및 사회양극화의 변화에 부응하는 아동복지, 보편주의적 아동복지에 해당하는 아동수당 도입, 요보호아동복지 우선, 가족기능 강화, 국내입양과 위탁의 활성화 제도 마련, 학교사회사업 활성화 등이 있다.

정답 01. ① 02. ② 03. ⑤ 04. ③ 05. ④

chapter 10

청소년복지

Chapter

10 청소년복지

제1절 청소년의 개념

1. 청소년의 개념

청소년을 일반적으로 아동이 성인으로 변해가는 중간에 놓여 있는 사람으로 지칭하고 있으나, 청소년기가 정확히 언제 시작하여 언제 끝나는가에 대한 의견은 합의되지 않고 있다. 그 이유는 무엇보다도 사람의 성장이 한 단계에서 다음 단계로 옮겨가는 것을 명확하게 알 수 있는 것이 아니기 때문이다. 그러나 아동이 성장을 하면 성인이 된다는 것은 부인할 수 없는 사실이므로 청소년기는 아동기와 성인기를 연결하는 다리의 역할을 한다고 볼 수 있다.

'청소년(adolescence)'이라는 용어는 그 개념에 대한 일률적인 규정은 정해진 바 없으나 통상 청소년과 소년을 총칭하는 말로 홀(Stanly Hall)이 처음으로 체계화하여 사용하면서부터 일반화되었다(청소년대책위원회, 1983).

청소년이라는 개념을 살펴보면, 생물학적으로는 '성장하는 상태에 있는 일정 기간'을 일컫고, 청년심리학에서는 '청소년은 현대 산업사회의 산물이며 단순히 나이의 문제가 아니라 사회적 변화나 기준으로 특징지어지는 독특한 시기'라고 하였다.

연령에 의한 청소년의 개념을 살펴보면 우리나라의 경우 법률상 청소년의 연령이 다소 상이하게 규정되고 있다. 청소년기본법에 명시되어 있는 청소년은 9세 이상 24세 이하의 자이며, 민법에서는 만 19세를 성년이라고 규정하고 있다. 또한 청소년보호법에서는 19세 미만은 보호의 대상인 청소년으로 규정하고 있다. 청소년기본법에 따른 나이인 9~24세에서 상한선 나이인 24세 규정은 발달적인 측면이나, 사회적 합의 그리고 제도의 시행효과 측면에서 적절한 기준으로는 볼 수 없다고 보며, 19세가 되는 3월 1일을 기준으로 상한선을 정하는 것이 청소년 육성이나 청소년 보호 측면에서 위의 세 가지 조건(발달적 측면, 사회적 합의, 시행효과)을 갖추기에 가장 적절한 연령기준이라고 결론내리고 있다(김용균, 2009 재인용).

청소년기는 부모의 보호가 절대적으로 필요한 과도기적 시기로 생리적·신체적·사회적·심리적으로 다양한 특성을 나타내는데, 주로 아동과 성인의 이중적 성격을 나타내므로 청소년을 주변인 또는 중간인이라고 부르기도 한다. 이때에는 자기의 특유성이나 참모습을 객관적으로 자각하게 되며 자신의 처지, 능력, 책임을 깨닫게 되는 자아발견의 시기이고, 부모의 보호나 감독, 통제로부터 점차적으로 벗어나 독립된 하나의 인격으로 인정받고자 하는 심리적 이유의 시기이며, 불안정한 생활에서 안정된 생활로 재구성하여 가는 시기, 즉 독특한 자기세계의 가치관을 형성하여 가는 시기이다. 한편 청소년기는 부정기, 제2반항기로 감수성이 예민하고 불쾌감을 자주 느끼며 정신적 자주성을 강하게 부정하는 반면, 비판적인 태도를 나타내어 기성세대의 제도나 관습을 강하게 강요하게 되면 자기가 설정한 세계로 이탈해 가는 시기이기도 하다(남일재 외, 2007).

2. 청소년복지의 목적과 목표

헌법 제34조 제4항에 따르면, 국가는 청소년의 복지향상을 위한 정책을 실시할 의무를 진다고 규정하고 있다. 그리고 청소년기본법 제2조에서는 기본이념으로 청소년이 사회구성원으로서 정당한 대우와 권익을 보장받음으로써 스스로 생각하고 자유로운 활동을 할 수 있도록 하며 유해한 환경으로부터 보호하는 것을 규정하고 있다. 이러한 헌법과 청소년기본법에 명시된 권리와 이념에서 청소년복지의 목적과 목표를 도출할 수 있다.

청소년복지의 목적은 헌법에 명시된 청소년의 권리인 인간다운 생활의 영위를 지원하는 동시에 청소년의 복지향상을 위한 것이다. 이를 위해 청소년복지는 모든 청소년들이 심신의 불완전한 상태를 극복하는 정상화를 지향하며, 다양한 서비스의 제공은 원만한 인격체로 성장할 수 있는 바람직한 환경조성을 위한 제도적 개선을 지향한다(오영재 외, 2004).

이러한 청소년복지의 목적을 달성하기 위한 목표는 매우 광범위한데 '청소년의 모든 권리를 존중해 주며 육체적 성장과 인격형성 및 올바른 가치관을 정립하는 데 필요한 교육의 실현과 환경을 조성하기 위한 국가와 사회의 적극적인 노력과 제반 활동'이라고 할 수 있다. 이처럼 주변 환경 여건의 제공이 청소년복지를 이루는 기본이라고 할 때, 그에 따른 구체적 방법을 다음과 같이 제시할 수 있다.

첫째, 청소년이 처한 환경을 부정적인 것에서 긍정적인 것으로 변화시키는 것이다.

둘째, 왜곡된 사회화를 정상적인 것으로 변화시켜 줌으로써 청소년 문제를 미연에 예방하는 것을 목적으로 하는 구체적인 서비스를 제공하는 것이다.

셋째, 이미 존재하는 문제를 가진 청소년이나 요보호청소년에 대해 치료나 교정을 통하여 해결하고 사회적 통합을 이루는 것이다.

제2절 청소년기의 발달 특성

청소년기는 발달적으로 아동과 성인 양 집단 사이에 존재하는 시기이다. 이 시기 청소년의 일반적인 특성을 세 가지로 구분하여 살펴보면 다음과 같다(배기효 외, 2009; 장휘숙, 2004; Zastrow & Kirst-Ashman, 1997).

1) 신체적 특성

청소년기에 나타나는 대표적인 신체변화로는 먼저 호르몬의 변화를 들 수 있다. 즉, 청소년기는 그 어떤 시기보다도 호르몬의 분비가 왕성해지는 시기이다. 호르몬은 내분비선에 의해 분비되는 물질로서 신체의 특정 세포에 메시지를 전달한다. 호르몬 분비의 피드백 체계는 사춘기가 시작될 때, 남자 청소년은 안드로겐(androgen)과 테스토스테론(testosterone)과 같은 호르몬이, 여자 청소년에게는 에스트로겐(estrogen)과 프로게스테론(progesterone)과 같은 호르몬이 분비되기 시작한다. 이러한 호르몬은 청소년의 신체적 · 생리적 발달에 중요한 역할을 하여, 남자의 경우 외부 생식기, 신장의 증가, 목소리의 변화 등을, 여자의 경우 가슴과 자궁의 발달, 뼈대의 변화 등 제2차 성징을 나타나게 하며, 얼굴 피부, 뇌 및 어깨 골격에 영향을 준다.

둘째, 신장과 체중의 증가이다. 청소년기는 유아기 이후 인간의 발달단계에서 가장 왕성한 신체발육이 일어나는 성장급등(growth spurt) 시기로서 남녀 모두 신장과 체중이 급격히 증가한다. 개인차가 존재하지만 대체로 소녀의 성장급등 시기는 10~11세이고, 소년은 12~13세로 소녀가 소년보다 약 2년 정도 앞서서 일어나는 것을 알 수 있다. 또한 청소년기 동안의 체중 증가는 뼈의 증가는 물론 근육과 지방의 증가 및 각종 신체기관의 크기 증가에 기인한다. 이러한 성장급등 현상은 청소년의 신장과 체중 이외의 다른 부위에서도 현저하게 나타난다.

셋째, 성적 측면에서의 성숙이다. 청소년기에 다다르면 성인과 같은 생식능력을 갖게 될 뿐 아니라 생식과는 직접적인 관련이 없지만 남녀를 구분하는 데 중요한 요인인 2차적 성특징(secondary sex characteristics)이 발달하게 된다. 일반적으로 2차적 성특징이 발달하기 시작할 때 사춘기가 시작되었다고 말한다. 그러나 성장은 계속적인 과정이기 때문에 사춘기 이후에도 신장과 체중은 물론 2차적 성특징의 성장은 계속된다.

2) 심리적 특성

자아정체감의 확립과 독립의 요구에 따른 '심리적 이유'의 현상이다. 청소년기가 되면 타인이나 외계사물과의 종속적 관계에서 벗어나 점차 감춰졌던 내면세계에 눈을 뜨기 시작하여 자기의 주관적 세계 속에서 자아를 찾고 자기를 발견하여 독립적인 자아형성을 희구한다. 부모로부터 이탈되고 독립적인 개인으로 인정받기 원하며 소속감을 바탕으로 가정과 부모에게서 동료와 이성 등 그 외의 사회집단으로 변화되어 간다. 청소년들은 심리적으로 불안, 고독, 회의, 허세, 반항적인 마음이 생기는 시기이다.

3) 사회적 특성

청소년들은 자기 자신과 공동체와의 건전한 관계성, 개인과의 상호작용 등에 대한 원리를 인식하는 사회적 특성을 가진다. 자신이라는 존재는 사회적 관계 속에 우리 감정의 공동체적 차원으로 자각하고 사회의 존재는 너와 나의 일부로서 협력체적 구성임을 인식하게 된다. 청소년들은 또래와의 관계 속에서 자신의 정체감을 형성하고 유지하는 데 필요한 심리적·사회적 지지를 얻게 되는데, 이 시기에 또래 친구들로부터 충분한 지지를 받지 못하면 부정적인 자아상이 생기게 되고 사회적 고립감을 갖게 되기도 한다. 이 시기의 청소년은 자기 자신이 타인을 떠난 독립체적 존재가 아니라 공동체적 의식 속에 자기임을 발견하는 존재로 인식하게 된다.

제3절 현대사회와 청소년 문제

현대사회에서 발생하는 청소년들의 문제는 어느 한 순간에 이루어지는 것이 아니라 상당한 기간에 걸친 과정을 통해서 이루어진다고 할 수 있다. 이러한 시간적인 측면뿐만 아니라 청소년들을 둘러싸고 있는 여러 상황요인들이 복합적으로 작용하는 과정 속에서 청소년 문제가 발생하게 된다. 이 절에서 청소년의 문제를 개인문제, 가정문제, 학교문제, 사회문제로 나누어 살펴보면 다음과 같다(남일재 외, 2007; 박상하 외, 2009; 박용순, 2008).

1. 개인문제

갓프레드슨과 허쉬(Gottfredson & Hirschi, 1990)는 범죄일반이론에서 자기통제력과 범죄행위는 매우 밀접하게 관련이 있다고 보고하였다. 즉, 자기통제력이 낮은 사람일수록 범죄를 저지를 가능성이 크지만 자기통제력이 높은 사람일수록 범죄를 저지를 가능성이 낮다고 하였다. 손영민(2016)의 연구에서도 자기통제력이 낮을 경우 청소년들은 비행에 영향을 미친다고 보고하였으며, 비행친구들과의 교류가 많을수록 청소년들은 비행 경험이 많아진다고 하였다.

김헌수와 김현실(2001)의 연구결과에서는 재범청소년과 초범청소년을 비교한 연구에서 청소년 개인적인 성향과 관련하여 높은 공격성향과 반사회적 성격 특성 및 높은 우울성향이 재범과 관련이 있다고 보고하였다. 이혜순(2013)의 연구에 따르면 자아존중감이 높을수록 학교생활 적응을 잘하는 것으로 나타났으며, 청소년이 스스로 지각한 자아존중감에 따라 행동을 결정하고 이러한 결정이 적응행동과 직접 연관된다고 보고하였다. 반면 청소년이 갖는 낮거나 부정적인 자아존중감은 학교생활 부적응에 영향을 미친다고 하였다. 또한 장민지(2017)의 연구에서는 자아존중감이 낮을수록 학교생활에 부적응을 보일 뿐만 아니라 SNS 중독 경향성에도 영향을 미친다고 보고하였다. 이 외에도 청소년 비행과 학교생활 부적응에 영향을 미치는 개인적 요인, 우울성향, 대인관계 및 일상생활 스트레스, 학업스트레스 등이 선행연구를 통해 보고되고 있다(김성봉 외, 2017; 김수연, 2013; 김혜리, 2013; 서보준 외, 2010).

2. 가정문제

인간 사회의 가장 기본적인 집단은 가정이다. 가정은 인간이 출생하여 최초로 가지는 인간관계이고 양친과 자녀를 그 구성요건으로 하며, 애정과 존경과 신뢰를 정신적 요소로 상호 협조하여 살아가는 혈연적 집단이다(박종화, 1996). 따라서 문제발생 원인이 적은 가정일수록 그 속에서 적절한 인간관계와 역할을 배울 수 있게 된다. 청소년은 가정생활에서 올바른 인격을 형성하며, 가정 내 부모의 가치관, 교육적 식견, 부부관계, 자녀의 이해 정도, 교육에 대한 열의, 가정교육의 방침, 양육방식 등에 의해 가장 예민하게 영향을 받는다. 그러나 가정이 불행하다면 성장하는 청소년은 정서적으로 불안하고 많은 문제를 지닌 비행청소년이 될 수 있으며, 이러한 청소년의 성격은 성인이 되어서도 지속되어 일생의 사생활을 지배하게 된다. 많은 연구에서 가정문제 중 별거니 이혼, 배우자 또는 자녀학대, 알코올 및 약물 중독 등의 문제를 가진 부모가 청소년 비행의 발생을 높이는 원인임을 지적하고 있다.

그 밖에 청소년 비행과 밀접한 관계가 있는 문제가정을 살펴보면 다음과 같다(Sutherland, 1947).

① 빈곤가정

실업, 저소득으로 인해 경제적으로 빈곤한 가정

② 시설가정

고아원 등 아동양육시설이 가정의 역할을 하는 경우

③ 도덕성이 결여된 가정

가족원 중 범죄자나 품행불량자 등이 있는 가정

④ 애정결핍 가정

부모와 자녀 혹은 형제자매 간의 애정이 결핍된 가정

⑤ 갈등가정

가족원 사이에 감정, 이해관계, 가치관 등의 갈등으로 인한 가정불화가 지속적으로 일어나는 가정

⑥ 결손가정

부모 중 한 명 혹은 모두가 사별한 경우, 이혼, 별거, 실종, 장기수형 등에 의한 구조적 결손

⑦ 훈육결여 가정

과잉간섭, 편애, 방임, 과도한 통제 등 자녀에 대한 훈육과 감독이 적절치 못한 가정

3. 학교문제

학교는 청소년의 지적 성장과 신체적 발육을 위한 교육의 장으로서, 청소년의 잠재능력을 계발하고 지도하여 사회발전에 기여할 수 있는 건전한 인간 양성을 위한 기능을 지니고 있다. 특히 청소년 시기에 있어서 학교기능은 청소년의 개성에 따라 능력을 배양해 주며 가정과 사회에 잘 적응할 수 있도록 도와주는 데 있다. 학교생활은 학생인 청소년에게 소중한 시기로서 맑고 밝은 분위기 속에 각자의 가치관과 의지력 등을 형성하는 교육과정이어야 한다. 그럼에도 불구하고 현재 학교사회는 입시와 경쟁 위주의 학습을 강요하는 등 청소년에게 정신적인 상처를 주거나 원만한 활동에 장애요인이 되고 있어 반사회적이고 반항적인 비행집단화의 문제를 야기하고 있다. 그러므로 학교 주변의 환경적 악화는 물론 경쟁 위주의 학습 강요 등은 청소년 문제와 연관하여 해결해야 할 학교문제로 볼 수 있다.

4. 사회문제

사회의 급격한 변화와 문화의 발전은 산업화, 도시화, 정보화 등의 과정을 그대로 보여주고 있는데, 이것 또한 많은 청소년들로 하여금 갈등을 낳게 하고 있다. 교통과 통신의 발달로 인해 도시사회는 공간적으로 협소해지고 일상생활 또한 획일적이고 시간적 제약을 받을 수밖에 없는 관계로 이기적인 경쟁심리 속에서 생활하게 되었다. 이와 같은 사회 속에서 청소년들은 정서적인 고갈과 메마른 감정을 갖게 되고 개인중심의 고독감에 도취되어 사회구조의 모순에 회의를 느끼며 현실거부의 현상으로 비행을 저지르게 된다. 인터넷의 보급을 통한 사이버시대의 도래는 정보의 홍수를 가져오게 되었고, 이를 악용하는 불건전한 사이트나 채팅을 통한 범죄는 심각한 사회문제를 야기하고 있으며 이에 대한 강한 대처가 절실히 요구된다. 또한 유흥 음식점이나 향락업소, 비디오방, 도박장, 사창가 등도 이들이 쉽게 비행할 수 있는 환경적 요소가 되고 있다.

5. 우리나라 청소년 범죄의 특징

청소년 범죄의 현황을 바탕으로 그 특징을 살펴보면 다음과 같다(박정란 외, 2014; 이미경, 2016).

1) 조폭화 및 흉악화

물질만능주의 사회풍조, 풍요 속에서 느끼는 상대적인 박탈감, 그리고 대중매체의 폭력장면의 장기간 노출과 이에 대한 무비판적 수용은 청소년들이 단순한 비행이나 탈선의 차원을 넘어 흉악범죄(강력범)와 조폭범죄(조직폭력)에 가담하게 되는 결과를 가져왔다.

2) 학생범죄의 증가

청소년 범죄 현황(법무연수원, 2015)을 살펴보면 2004년에는 소년 범죄자가 3.7%를 차지하였고, 2008년에는 범죄인원이 증가하여 6.2%까지 차지하였으나 증감을 반복하고, 2013년에는 소년 범죄자가 4.6%로 나타남에 따라 지난 10년 동안의 범죄 통계를 볼 때 전체 범죄자 중 소년 범죄자의 비율은 대체로 증가하는 경향으로 볼 수 있다. 또한 연령 분포에서는 10~13세의 경우는 재산범죄가 98명, 강력범죄(폭력)가 89명 순으로 나타났고, 14~15세의 경우도 역시 재산범죄, 강력범죄(폭력)의 순으로 각각 16,914명, 6,421명으로 나타났다. 16~17세의 경우 재산범죄가 20,426명으로 가장 높은 비율이고 다음으로는 강력범죄(폭력)가 9,235명, 위조범죄가 1,398명, 강력범죄(흉악)가 1,149명으로 나타났다. 18세의 경우 재산범죄가 8,297명으로 가장 높은 비율로 나타났고, 강력범죄(폭력)가 6,374명, 다음으로 위조범죄가 650명, 강력범죄(흉악)가 632명으로 나타났다.

3) 집단화

청소년기에는 집단소속에 대한 열망이 강한 시기이기 때문에 범죄행위 시에도 또래집단과 무리를 지어 행동하는 경향이 있다. 이들은 학교, 지역사회에서 자연스럽게 집단을 형성하여 호기심과 충동에 의한 모험을 즐기며 범죄세계에 대한 동경심을 갖게 되어 자연스럽게 비행에 빠져들기도 한다.

4) 성범죄의 증가

성교육 부재, 잘못된 성 인식, 윤리 및 도덕성 부족, 성인 위주의 각종 저속한 공연물과 퇴폐유행 업소 등의 유해한 사회환경은 감수성이 예민한 청소년들을 자극하여 성범죄에 빠져들게 한다.

5) 재범률 증가

청소년 비행의 누범자가 날로 증가하고 있다. 최근 10년 동안의 소년 범죄자의 전과 현황을 성인의 전과 현황(법무연수원, 2015)과 대비하여 살펴보면 2004년에는 범죄자 중 성인의 55.5%, 소년의 33.8%가 전과자였고, 2013년에는 성인의 45.0% 소년의 41.5%가 전과자로 나타나 소년 범죄자의 경우 재범의 비율이 증가한 것을 볼 수 있다. 2008년 이후부터는 소년 범죄자의 재범 비율이 매년 증가하고 있으며, 2008년에 26.4% 이후, 2009년에 32.5%, 2010년에 35.2%, 2011년에 36.4%, 2012년에 37.4%, 2013년에 41.5%로 계속 증가하는 것으로 나타났다. 2013년에는 전년도 대비 4.1%가 증가하여 증가폭도 커지고 있음을 확인할 수 있다.

따라서 이러한 청소년 재범률의 증가폭은 우리나라뿐만 아니라 전 세계적으로 증가하고 있다는 것에서 재범률을 줄이기 위한 뚜렷한 법적인 제도장치가 마련되어야 할 것이다.

제4절 청소년복지서비스

청소년복지서비스를 대상에 따라 일반청소년, 비행청소년, 청소년가장 등으로 구분하여 살펴보면 다음과 같다(남일재 외, 2007).

1. 일반청소년을 위한 서비스

일반청소년을 위한 서비스는 종합적인 예방과 대책이 장기적으로 이루어져야 할 것이다. 왜냐하면 청소년기의 주요 과업은 자아정체성 확립이고, 이를 통하여 차세대의 주역으로 성장할 것이기 때문이다. 이러한 과업을 제대로 달성하지 못한다면 많은 문제가 발생하게 된다. 따라서 청소년을 건전하게 육성하기 위해서 자아정체성의 확립, 능력개발에 도움을 줄 수 있는 프로그램들이 다양한 청소년단체와 관련시설들을 중심으로 제공되고 있다. 구체적으로 자아개념 증진 프로그램, 가치관 확립 프로그램, 수련활동, 진로지도, 자원봉사, 여가선용 및 공동체 의식 함양 프로그램 등을 꼽을 수 있다.

2. 비행청소년을 위한 서비스

청소년비행의 종류가 다양화되고 있고, 그 빈도 및 강도 또한 나날이 증가하고 있다. 특히 우리나라 청소년비행은 비슷한 문화권인 중국, 일본 등과 비교해서 그 정도가 훨씬 심각한 것으로 보고되고 있다. 이에 대한 예방적 사회대책의 일환으로 청소년보호법이 발효되어 실시되고 있으나 청소년비행은 수그러들지 않고 있다. 비행청소년들은 대개 가출을 시작으로 범죄, 약물남용, 학교폭력 등과 같은 비행에 쉽게 빠지게 된다. 이를 해결하기 위한 방법으로 상담 및 치료 프로그램, 교정 및 교화 프로그램, 주변 환경 정화, 매스컴 등의 홍보 및 교육활동, 학교와 복지기관 및 지역사회의 연계강화 프로그램들이 이루어지고 있다.

3. 청소년가장을 위한 서비스복지사업

청소년가장이란, 첫째, 만 20세 미만의 아동으로 한 세대를 구성하고 있는 가정, 둘째, 노동력이 없는 직계혈족을 모시고 있으나 아동이 실질적인 가정을 책임지고 있는 결손 및 빈곤 가정, 셋째, 경제적 및 심리적으로 전적인 책임을 지고 있지 않는 방계혈족과 더불어 생활하는 아동으로 정의된다. 부모 대신 자신이 집단의 가장이 된 청소년들은 심리적 고립과 괴리감, 대인관계 장애, 가족문제, 가사문제, 경제적 어려움 등의 문제에 직면한다. 이러한 문제를 해결하기 위해 생활보호서비스와 결연사업, 가사지원서비스 등을 제공하고 있다.

제5절 청소년복지의 과제

청소년기본법 제5조 제4항에서는 '청소년은 안전하고 쾌적한 환경 속에서 자기발전을 추구하고 정신적·신체적 건강을 해치거나 해칠 우려가 있는 모든 형태의 환경으로부터 보호받을 권리를 가진다'고 청소년의 권리를 규정하고 있다. 미래사회를 이끌어 갈 청소년의 복지증진을 위해서 필요한 구체적인 과제를 살펴보면 다음과 같다(김형수 외, 2011; 조흥식 외, 2009).

첫째, 가정의 기능과 역할 강화를 위한 다양한 조치가 필요하다. 가정은 청소년에게 있어서 1차적 보호장소이기 때문에 가정을 통해서 최소한의 물질적인 욕구가 충족되도록 소득보장체계를 확충하고 가정의 기능을 지원 또는 강화하는 서비스 프로그램의 확대가 필요하다.

둘째, 청소년복지의 대상이 단순히 문제청소년이나 요보호청소년에 한정되지 않고 모든 청소년으로 확대되어야 한다. 청소년복지의 대상선정과 관련하여 연령뿐 아니라 일반아동을 대상으로 확대할 경우 청소년복지가 가지는 사회복지의 가치를 실현하는 것으로, 비행청소년과 요보호아동의 위급한 경우가 아닌 일반아동을 위한 보편주의적 복지를 실현하는 것이 중요하다.

셋째, 청소년복지는 사회복지의 한 영역으로 청소년의 기본적 욕구를 충족시키고, 신체·심리·정서적 영역까지 최상의 발달을 도모하기 위해 공식적인 기관과 선달세계를 통해 제공되는 조직적인 서비스라고 할 수 있다. 이에 청소년복지의 정체성을 가진 정책과 전달체계의 마련이 필요하다.

넷째, 청소년복지의 주요 수단은 청소년복지서비스, 교육기회 확대사업, 근로조건 개선사업, 청소년활동사업, 청소년행정 등을 들 수 있다. 이에 청소년 개인의 보호 측면과 전체 가족의 유지 측면 간의 균형을 유지하고, 청소년복지의 대상이나 중점 프로그램을 선정하는 과정에서 정책의 모든 대상이 자신의 요구와 관계없이 무차별적으로 주어지는 것으로 보편적인 성격을 지닐 것이다. 그러나 '보편주의'와 도움을 요청하는 경우에 한하여 가장 조속한 시일 내에 자립할 수 있게 하는 방향으로 시정적이며, 종별적이며, 열등처우의 원칙을 바탕으로 시행하는 '선정주의' 간의 균형을 이루도록 정책적 통합이 필요하다.

다섯째, 지역사회에 기반을 둔 청소년복지체계가 필요하다. 사회양극화 현상, 학교부적응, 가정해체 등으로 위기청소년이 급증하고 청소년의 욕구는 다양한 반면, 위기청소년의 가정 및 사회복귀를 돕는 지역사회 중심의 위기청소년 사회안전망은 여전히 취약하다. 따라서 지역사회의 특성에 따른 사업개발과 서비스 계획을 수립할 수 있도록 하여 지역사회가 각기 다른 배경과 특성을 가진 지역의 청소년에 대한 우선순위를 세울 수 있도록 지역사회의 역량을 강화해 나가는 접근이 필요하다.

여섯째, 청소년복지와 청소년에 대한 정책과 서비스는 즉시 그 결과가 나타나기보다는 시간이 어느 정도 지난 후에 나타나기 때문에 단기비용과 장기수익 간의 균형 등의 특성을 고려하여 미래 시민사회 성인을 키운다는 보다 거시적인 마인드가 필요하다고 할 수 있다.

생각해 보기

1. 청소년을 잘 이해하기 위해서 우리가 가져야 할 마음가짐은 무엇인지 여러분의 생각을 서로 토론해 봅시다.
2. 최근 학교폭력으로 인해 청소년들의 심리·정서적 문제뿐만 아니라 자살로 이어지는 경우가 많은데, 청소년의 학교폭력을 예방하기 위한 구체적인 정책과 실천내용에 대한 여러분의 생각을 서로 토론해 봅시다.
3. 경제적 어려움으로 인해 이혼하는 가정이 증가함에 따라 자녀들이 시설로 입소되는 경우가 많습니다. 이러한 현시점에서 시설청소년들이 가정에서처럼 정상적인 삶을 살아갈 수 있도록 하기 위한 구체적인 정책과 서비스에 대한 여러분의 생각을 서로 토론해 봅시다.

01 **청소년기 발달에서 가장 두드러진 것은 무엇인가?**

① 지능발달 ② 운동능력 발달
③ 언어발달 ④ 상징적 사고
⑤ 성적 성숙

해설 청소년기의 가장 중심적인 발달은 성적 성숙이다. 성호르몬이 생성되고 분비되어 신체적 특징이 발달한다. 이로 인해 청소년은 즐거움과 불안, 당황스러움 같은 양가감정을 경험한다.

02 **우리나라 청소년복지의 향후 과제에 대해 틀린 것은?**

① 청소년복지의 대상은 모든 대상이 아닌 문제청소년과 요보호청소년에 한정되어야 한다.
② 가정의 기능과 역할 강화를 위한 다양한 조치가 필요하다.
③ 청소년의 신체·심리·정서적 영역까지 최상의 발달을 도모하기 위해 공식적인 기관과 전달체계를 통해 제공되는 조직적인 서비스가 필요하다.
④ 지역사회에 기반을 둔 청소년복지체계가 필요하다.
⑤ 미래 시민사회 성인을 키운다는 보다 거시적인 마인드가 필요하다.

해설 청소년복지 대상을 한정하기보다는 모든 청소년으로 확대되어야 한다.

정답 01. ⑤ 02. ①

chapter 11

가족복지

Chapter

11 가족복지

제1절 가족의 정의와 기능

1. 가족의 정의

가족은 사회제도 중 가장 오래된 것으로 인류의 역사와 함께 여러 가지 영향을 받으며 꾸준히 지속되어 온 기본적인 사회제도이다. 전통적으로 가족은 혈연을 중심으로 하는 집단으로서 형성되어 왔다. 그러나 가족은 시대에 따라, 사회·문화적 배경에 따라 정의하는 방식이 다르며, 가족에 대한 정의를 한마디로 규정하기는 어렵다.

보편적인 가족에 대한 정의를 살펴보면 가족(家族, family)이란 혼인, 혈연 및 입양을 조건으로 의식주의 공동해결, 정서적 유대와 공동체적 생활방식을 가지는 집단이다. 가족과 유사한 용어로는 가정, 가구 등이 있다. 가정(家庭, home)은 가족이 의식주를 공동으로 영위하는 집단으로서, 온정이나 사랑에 기반한 정서적 유대와 서로 소속감을 느끼는 연대의식을 가진 공동체를 의미한다. 가구(家口, household)는 1인 또는 2인 이상이 모여 취사, 취침 및 생계를 같이하는 생활 단위로, 한 집에서 기거하는 사람들로 구성된 사회·경제적 단위를 말한다. 따라서 가족은 혈연, 혼인, 입양 등으로 한 집안을 이룬 사람들의 집단이나, 가구는 혈연관계와는 상관없이 주거와 생계를 같이하는 단위이다(양점도 외, 2010).

2. 가족의 기능

1) 머독(Murdock, 1949)

- 성적 기능
- 경제적 기능
- 출산기능
- 교육기능

2) 스트롱과 드볼트(Strong & Devault, 1992)

- 친밀한 관계의 근원을 제공
- 경제적 협조의 단위로서 기능
- 자녀 출산 및 그들의 사회화를 돕는 기능
- 가족구성원에게 지위와 사회적 역할을 할당

3) 재스트로(Zastrow, 2000)

- 인구생산
- 아동양육 기능
- 사회구성원의 사회화 기능
- 성적 행동의 통제 기능
- 가족애정의 원천 기능

4) 양옥경(2004)

- 출산 및 양육의 기능
- 경제적 기능
- 교육 및 사회화 기능
- 성적 기능

- 사회통제 기능
- 사회보장 기능
- 지위계승 기능
- 정서·애정적 기능
- 문화활동 기능

제2절 가족복지의 개념

가족복지란 가족의 기능을 향상시키고, 가족관계의 조화를 성취하는 것을 목적으로 가족생활을 보호 및 강화하며, 가족 내 상호관계 그리고 사회적응상의 문제를 가진 개인과 가족을 원조하며, 가족의 사회적 기능을 향상시키기 위하여 정부와 민간기관이 제공하는 사회적 서비스를 말한다. 가족복지서비스는 국가 차원의 제도적·정책적인 것과 민간기관의 전문적인 원조방법 등이 있다(김승의, 2008). 즉, 가족복지란 가족생활을 보호하고 강화할 뿐만 아니라, 가족구성원의 사회인으로서의 기능을 높이기 위해서 행해지는 서비스 활동을 의미한다(NASW, 1995).

제3절 가족문제와 가족복지 대상

가족문제는 사회 전반에 걸쳐 자녀양육과 교육의 문제, 청소년 문제, 맞벌이 부부의 가족문제, 가족이탈의 근로자 문제, 여성문제, 주택문제, 소비자 문제, 노후문제 등과 밀접한 연관이 있기 때문에 거시적 차원에서 가족문제를 이해하고 접근해야 한다. 따라서 가족문제에 대해 구체적인 내용을 살펴보면 다음과 같다(강용규 외, 2011; 김형수 외, 2011).

1. 가족문제

1) 구조적인 가족문제

가족문제의 발생원인은 가족의 구조적인 결함 때문으로, 특히 가족구성원 간의 관계에서 발생하는 많은 문제들이 있다. 구조적 가족문제는 가족구성원 간의 관계문제로 연결된다. 따라서 결손가정이나 가족구성원상의 문제가 가족문제의 근원이 되고 있다는 사실이다. 이에 따라 가족문제에 대한 접근으로서 문제상황에 적합한 전문적인 가족복지서비스가 제공되어야 한다.

2) 기능적인 가족문제

가족의 기능은 생물학적으로 종족을 유지하며, 심리학적으로 상호 의존하여 애정적 욕구를 충족하고, 경제적으로 물질적 욕구를 해결하고, 사회문화적으로 도덕이나 관습에 적응하는 일이다. 그러나 가족의 기능적 장애는 가족의 문제를 일으키는 주요 원인이 된다. 가족문제를 파악하기 위해서는 그 가족의 기능이 어떻게 수행되고 있는가를 파악해야 할 필요가 있다.

3) 사회경제적인 가족문제

개인이 가지는 사회적 기능의 장애나 결함의 원인이 가족에게만 있다고 할 수 없다. 따라서 지역사회, 경제체제, 사회・문화적인 요인 등과 관련하여 가족문제를 파악해야 하며, 가족의 능력을 이해해야 한다. 많은 가족들이 빈곤, 질병, 실업, 비행, 범죄 등의 사회경제적 문제에 직면하고 있으며, 이러한 요인이 가족의 관계와 기능 면에 많은 문제를 야기하고 있다.

4) 역동적인 가족문제

가족문제를 역동적 입장에서 분석하는 것은 구조적・관계적・사회경제적 조건 등의 상호 역동성에 의해 문제가 발생하는 것으로 보는 관점이며, 가령

가족의 구조적 결함으로 인한 결손가정, 기능적 장애로 인한 경제적 부양기능 결여, 가족의 감정관계의 영향으로 인한 부부관계의 혼란, 부모−자녀 관계 혼란, 형제−자매 관계 혼란 등의 문제들이 상호 역동적으로 발생된다는 것이다. 그러므로 가족복지의 관점에서 가족의 집단역할이나 힘의 파장을 막을 수 있는 전문적 개입이 필요하다.

5) 한국의 가족문제

첫째, 경제적 부양의 문제, 즉 가족의 소득문제가 많이 나타나고 있음을 알 수 있다. 가정의 빈곤문제, 취업여성의 증가, 가족 간의 빈부차이에 의한 상대적 박탈감 등은 가족의 경제적 부양문제와 직결되고 있다.

둘째, 핵가족화의 결과, 주말부부의 증가, 자녀 수 감소, 주거생활 변화에 따른 가족구성원들에 대한 가족의 보호기능이 약화되는 데서 오는 문제가 증가하고 있다. 또한 가족의 보호업무를 주로 여성에게 의존해 오던 상황에서 여성의 경제활동 참여는 가족 내에서 아동, 노인, 장애인, 병약자 등을 양육하고 보호하는 기능의 공동화 현상을 초래할 가능성이 있다.

셋째, 가족의 통제능력과 통세기능이 약화되면서, 가족공동체로서의 사회화, 정서적 지지기능 수행이 약화되는 등의 문제가 발생하고 있다. 도시에서의 잦은 이사로 인한 가족생활의 불안정, 세대차이 문제, 부부 불화, 부모역할 모델의 부족, 대화 부족 등이 원활한 가족기능 수행에 문제를 일으켜 가족문제를 발생시키고 있다.

넷째, 결손가족의 증가에 따른 문제가 많이 발생하고 있다. 자녀유기, 별거, 이혼 증가, 배우자 사망, 향락산업의 발달 등으로 결손가정이 많이 생겨나고 그 속에서 정신적 장애아동, 가출 및 비행청소년 등 문제를 지닌 자녀가 많이 배출되고 있을 뿐만 아니라, 결손가정의 증가에 따른 가족구성원의 각종 심리적·경제적 소외문제 등이 많이 나타나고 있다.

2. 가족복지의 대상

1) 가족구조상의 특성에 따른 대상

가족구조상의 특성에 따라 가족복지의 대상을 규정하는 것으로 맞벌이가족, 미혼모가족, 이혼 및 재혼가족, 아동가장가족, 노인가족, 핵가족 등 가족의 구조상의 다양화를 고려하여 각 가족이 지닌 특성에 따라 복지개입을 달리하는 경우를 말한다.

2) 가족기능상의 문제에 따른 대상

가족의 기능상의 문제에 따라 가족복지의 대상을 규정하는 것으로 빈곤가족, 확대가족, 알코올 중독이나 약물 중독 가족, 청소년비행가족 등 실직으로 인한 소득의 상실로 경제적인 측면에서 기능상의 결손을 경험하는 가족과 병리 혹은 장애로 인한 심리적 및 의료적 문제를 겪고 있는 가족의 경우를 말한다.

3) 가족의 주기에 따라 발생하게 되는 다양한 욕구에 따른 대상

가족의 주기에 따라 가족은 다양한 변화와 문제 또는 위기를 경험하게 된다. 부부만의 시기, 자녀출산 및 양육기, 미취학 아동기, 학령기, 청소년기, 독립기, 중년기, 노년기 등 가족생활주기에 따라 가족구성원인 개개인은 물론 가족 전체가 당면하게 되는 복지욕구는 다양하며, 이에 따라 복지개입을 달리하는 경우를 말한다.

그러나 가족복지의 대상은 구체적으로 가족복지가 이루어지는 과정에서 국가의 정책이나 법 그리고 행정조직에 따라 그 대상이 규정된다고 볼 수 있다. 현행 우리나라 가족복지의 대상은 요보호대상자 중심의 가족구성원인 개인이며, 가족문제를 빈곤과 이로 인한 소득상실, 질병, 자녀양육 문제, 여성 모성보호 문제, 장애인 가족문제 그리고 노후대책 문제 등으로 분리하여 제한적으로 접근하고 있는 한계점을 가진다. 따라서 현행 우리나라의 가족복지는 가족을 대상으로 하는 복지의 개념이 부족하고 단순히 가족의 중요성을 선언적으로 강조하면서 서비스의 측면에 있어서는 요보호대상자 중심으로 잔여적 성격의 복지모형을 보이고 있다고 할 수 있다.

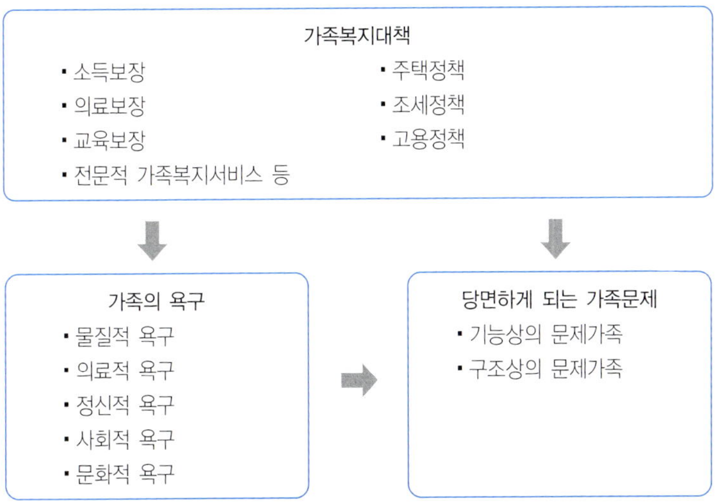

| 그림 11-1 | 가족복지의 대상

출처 : 조추용 외(2001).

제4절 가족복지서비스와 가족치료모델

가족복지서비스는 주로 역기능적 가족을 대상으로 하는 사회복지서비스 또는 사회적 서비스라 할 수 있다. 즉, 가족생활을 보호하거나 회복하고 가족의 외적·내적 문제를 해결하도록 도우며 가족구성원들의 성장과 발달을 돕고 정보제공, 안내, 옹호 등을 통해 가족의 사회적 자원에 대한 접근을 가능하게 한다. 가족복지서비스의 내용은 가족 단위의 서비스와 가족구성원에 대한 서비스로 구분할 수 있다. 가족복지서비스에 대한 구체적인 내용을 살펴보면 다음과 같다(조흥식 외, 2009).

1. 가족복지서비스

1) 가정폭력 예방과 치료

가정폭력을 예방하고 치료하기 위한 것으로 가정폭력상담기관, 여성 1366 위기전화 등이 있다.

2) 가정생활교육

건강한 가족을 형성하고 가족 및 구성원이 생애주기에 걸친 성장과 발달에 필요한 지식을 습득하도록 도우며, 가족역할에 대한 잠재력을 향상시키는 것으로 결혼준비 교육, 부부관계 향상 프로그램, 부모교육, 치매노인가족이나 한부모가족의 적응을 돕기 위한 교육 등이 있다.

3) 가족보존서비스

가족위기로 자녀가 가족으로부터 격리되어 외부에서 위탁보호를 받을 상황에 놓인 가족에게 집중적으로 개입하여 가족이 해체되는 것을 막고, 자녀가 가족 내에서 계속해서 양육받을 수 있도록 하기 위한 서비스 상담, 가족옹호, 의료・탁아・단기보호 등 의료, 교육, 정보제공, 양육・대화 문제 해결기술 개발 등이 있다.

4) 가족지지서비스

지역의 모든 가족을 대상으로 보편적이고 예방적인 서비스를 제공하여 가족스트레스를 줄이고 능력과 안정을 배양하고자 하는 지역사회 기반의 서비스로 부모집단 프로그램, 가족결손 강화 프로그램, 부모수발부담 지지집단, 가족욕구와 관련된 자원과 서비스가 지속적으로 제공될 수 있는 기반마련을 위한 정신건강서비스와 보육서비스 연결 등이 있다.

5) 가족옹호서비스

빈곤, 기회 불평등, 인종차별 등으로 사회에서 불이익을 당하는 가족들이 기관의 지도나 연대를 통하여 권리를 주장하고 지역사회로부터 서비스를 확보하도록 하기 위한 권리주장 및 권익옹호 등이 있다.

2. 가족치료모델

가족치료의 대표적인 치료모델인 정신역동적 가족치료, 미누친(S. Minuchin)의 구조적 가족치료, 보웬(M. Bowen)의 가족치료, 사티어(V. Satir)의 경험적 가족치료, 해결중심적 가족치료 등을 간략히 소개하고자 한다(권육상 외, 2010).

1) 정신역동적 가족치료

기존의 정신역동적 치료방법을 가족치료에 적용시킨 모형이다. 치료의 대상은 개인이 되기도 하고, 가족구성원 전체가 되기도 하는데, 개별치료와 집단치료가 필요에 따라 적용된다. 이 모델은 내적인 무의식적 갈등의 해결, 가족 간의 관계분석, 합리적인 역할분배를 강조한다. 치료기법으로는 전이,[1] 분석, 통찰,[2] 동일시[3] 등이 주로 사용된다.

2) 미누친의 구조적 가족치료

개인을 환경의 관계에서 이해하는 모델로, 가족의 문제는 역기능적 가족구조에 의해 일어난다고 보는 관점이다. 이 모델은 가족을 하나의 체계로 보고 가족의 구조를 변화시킴으로써 체계 내 개인의 경험이 변화되어 구조를 평가하고 새로운 가족구조로 나아가는 전략을 사용한다. 또한 문제는 소원한 경

1) 클라이언트가 사회복지사(혹은 치료자)를 자신의 과거 속 중요한 인물로 느끼는 것. 클라이언트가 부모나 다른 사람들에 대하여 지녔던 부정적이고 적대적인 감정과 사고를 치료자에게 투사하는 것

2) 이전에는 이해하지 못했던 개인의 무의식적 갈등의 요소를 지각하게 되는 것

3) 용납할 수 없는 충동 그 자체는 부정하고 그 충동을 가지고 있는 사람 또는 그 사람의 일면과 동일화하여 받아들이는 과정

계에서부터 지나친 간섭으로 인해 자율성이 손상되어 밀착된 관계[4]로 인한 타인과의 관계가 어려움을 겪는다고 본다. 따라서 가족 간의 명확한 경계[5]를 강조하고, 특히 하위체계 간에 개방되고 명확한 경계를 수립하는 것을 치료의 목적으로 삼는다.

3) 보웬의 가족치료

정신 내적인 동시에 관계적인 개념으로서 미분화된 자아상태를 설명하였다. 이 모델의 핵심은 불안의 정도와 자기분화[6]의 통합 정도이며, 자아의 분화 정도에 따라서 개인의 감정과 사고기능을 균형 있게 다룬다고 본다. 따라서 치료의 목표는 정서적인 것과 지적인 것을 분화할 수 있는 능력을 성장시키는 것으로 가족 내에서 자아분화 정도를 높여주고, 삼각관계[7]를 끊도록 도와주는 것이다.

4) 사티어의 경험적 가족치료

인본주의적 심리학에 기초를 두고 자아의 존엄성을 재형성하고 가족의 성장기능을 회복하고자 하는 모델이다. 경험적 가족치료의 대표자인 사티어는 의사소통을 하는 데 있어 정보를 주고받는 과정과 의사소통의 언어적·비언어적 과정을 중시하였다. 사티어는 사람이 스트레스 상황에 놓이면 자주 사용하게 되는 의사소통을 유형화하여 회유형[8], 비난형[9], 초이성형[10], 혼란형[11], 일치형[12]으로 나누어 설명하였으며 오랫동안의 임상경험을 통해 어려운 문제

---

4) 체계 간에 독립심과 자율성이 결여되어 밀착된 관계가 형성되기 쉽다.

5) 너무 경직되지도 않고 너무 혼돈되지도 않은 경계이며, 유연하고 융통성이 있다.

6) 사고와 감정을 분리하여 자신과 타인을 구분할 수 있는 능력. 한 가족의 정서적 혼란으로부터 자신이 자유로워지는 과정

7) 두 사람 사이에서 스트레스나 긴장관계가 발생했을 때 제3자를 두 사람의 상호작용체계로 끌어들여 긴장의 수준을 완화하려는 것

8) 자신의 내적 감정이나 생각을 무시하고 타인의 비위에 맞추려 함(예 "다 내 잘못이야.", "당신이 원하는 것이 뭐예요?")

9) 타인의 말이나 행동을 비난하고 통제하며 명령함(예 "다 너 때문이야.", "제대로 하는 것이 없어.")

10) 매사에 비판적이고 분석적이며 평가하는 반응을 많이 함(예 "사람은 논리적이어야 해.")

11) 타인의 말이나 행동과는 상관없는 의사소통을 함

12) 스스로 주체가 되어 다른 사람과 관계를 갖고 접촉하는 것을 의미함

를 가지고 있는 가족구성원들은 역기능적 의사소통의 유형(회유형, 비난형, 초이성형, 혼란형)을 공통적으로 사용하고 있음을 발견하였다.

치료의 목표는 가족구성원들의 자아존중감과 잠재력을 개발하고 가족구성원들의 역기능적 대처방식에서 벗어나 새로운 방식을 시도하도록 새로운 경험을 촉진시키고자 한다. 또한 자아의 존엄성이 높아짐에 따라 합리적 의사소통을 스스로 선택하도록 돕는다.

5) 해결중심적 가족치료

기존의 가족치료 모형과는 다른 혁신적인 접근으로, 가족의 문제에 초점을 두지 않는다. 해결중심적 가족치료는 가족이 가진 예외적인 해결에 초점을 맞춘다. 다시 말해, 가족문제의 원인보다는 해결점과 적용해 왔던 문제해결 성공경험에 집중한다. 변화를 위한 다섯 가지 질문을 사용하며 클라이언트에게 상담 후반부에 클라이언트의 목표를 향한 메시지를 준다. 다섯 가지 질문기법에는 면담 이전의 변화를 묻는 질문[13], 예외질문[14], 기적질문[15], 척도질문[16], 대처질문[17] 등이 있다. 치료의 목표는 이러한 질문을 통해 해결방안을

13) 내담자가 상담기관에 도움을 요청하고 며칠 후 면담을 하러 왔을 때 긴장이나 불안이 감소되었거나 심각했던 문제가 어떻게 완화되었는지를 묻는 것이다.
㉮ "상담을 신청하고 만날 때까지 어떤 변화가 있었나요?", "상담을 신청하고 만날 때까지 무엇이 달라졌나요?"

14) • 문제시되는 실패경험보다는 성공했던 경험을 찾아내어 그것을 의도적으로 계속 실시함으로써 성공의 경험을 확장, 강화하는 것이다.
• 문제가 발생하지 않았던 때는 언제인가? 문제가 발생하지 않았다는 것을 어떻게 아는가? 문제가 발생하는 상황과 발생하지 않는 상황의 차이점은 무엇인가?
예 "철수가 엄마에게 지나치게 짜증을 내고 소리 지르지 않을 때는 언제인가요?", "어떤 상황에서 민정이는 컴퓨터 게임에 빠지지 않고 숙제를 잘 하나요?"

15) 기적이 일어나서 문제가 해결되었다고 상상하게 함으로써 기적이 일어났을 때 달라질 수 있는 일들을 실제 행동으로 해보게 하는 것이다. 예 "오늘 집으로 돌아가서 잠을 잤는데, 밤새 기적이 일어나서 문제가 해결되었다고 가정해 봅시다. 아침에 일어났을 때 무얼 보고 기적이 일어났다고 알 수 있을까요?"

16) 구체적인 숫자를 이용하여 가족구성원에게 자신의 문제의 정도, 변화 정도, 변화에 대한 의지 등을 표현해 보게 하는 것이다.
예 1) "1부터 10까지 숫자에서 1은 문제가 없는 상태이고 10은 문제가 가장 심각한 상태인데 오늘 생각하기에 당신의 문제는 몇 점 정도에 해당하나요?"
예 2) "이 문제를 해결하기 위해 몇 점까지 노력할 수 있나요?", "1점을 향상시키기 위해 당신은 무엇을 다르게 행해야 할까요?"

17) 문제상황에 있는 클라이언트에게 경험을 활용하도록 하고 새로운 힘을 가지게 하며, 자신의 자원과 감정을 발견하도록 하는 데 도움이 되는 질문이다. 예 "그렇게 힘든 상황에서도 모든 것을 포기하지 않고 어떻게 오늘까지 지탱해 왔나요?", "계속 술을 마시는 것이 어떤 도움이 되나요?", "지금까지 해온 것을 유지하기 위해 무엇을 해야 하나요?"

찾도록 도우며, 클라이언트가 이미 가지고 있었던 상실한 능력을 찾아내어 이를 보다 효과적으로 사용할 수 있도록 도와주는 것이다.

제5절 한국 가족복지의 전망과 과제

지금까지 사회변화에 따른 현대가족의 문제점과 이에 대응하는 가족복지의 개념과 기능 그리고 접근방법에 대해 살펴보았다. 우리나라의 가족복지정책은 가족 전체를 대상으로 지원하는 통합적·포괄적·종합적인 가족복지정책이 매우 미비한 가운데 대상영역별 사회복지인 개별적 복지만 존재하고 엄격한 의미에서의 가족복지는 부재했다고 볼 수 있다. 즉, 가족 전체를 대상으로 하기보다는 장애인, 요보호노인, 요보호아동, 요보호여성 등의 문제가 발생할 개인을 대상으로 한 구호사업, 시설보호사업을 위주로 실시해 왔으며, 아동복지에서의 아동, 노인복지에서의 노인, 여성복지에서의 여성 등과 같이 가족구성원이라 할 수 있는 대상별 서비스만 존재하고 있는 실정이다. 또한 가족복지정책이 예방적인 기능보다는 사후치료적인 기능에 초점을 두고 있고, 건전한 가족을 유지·발전시키려는 서비스보다는 이미 해체된 가족을 위한 서비스에 초점을 두고 있다. 이러한 문제에 따라 우리나라 가족복지의 향후 과제를 제시해 보면 다음과 같다(이소희 외, 2001).

첫째, 가족에 대한 재개념화에 근거한 가족과 사회, 국가의 책임에 바탕을 둔 실질적인 대책의 강구가 필요하다. 왜냐하면 가족의 재개념화에 대한 사회적인 함의는 바로 가족복지의 대상이자 범주를 결정짓고, 이에 준해서 가족 관련 정책과 정책주체의 정책적 개입의 방법과 범위가 달라지기 때문이다.

둘째, 가족복지 관련법의 체계화가 필요하다. 공적보호로서의 가족복지는 법적 근거에 의해 실시되므로 국가는 분배정책 및 가족에 대한 재분배정책을 공존시킬 수 있는 법의 영역을 창설할 필요가 있다.

셋째, 가족복지정책의 방향을 확실하게 설정할 필요가 있다. '가족에 의한' 또는 '가족을 통한' 복지정책을 강화할 것인가, '가족을 위한' 정부의 정책을 강화할 것인가 하는 것이다.

넷째, 정부는 '강한 가족(strong family)'을 강화하는 사회정책을 펴야 한다. 강한 가족이란 변화하는 사회에서 가족생태학적 시각에서 가족구성원 간의 배려, 상호 의존, 친밀성을 높이는 것이다. 이로 인해 가족구성원 각자의 자율성을 신장하고, 발달을 조장하는 정책이어야 하고 동시에 이웃관계를 강화하는 방안을 모색해야 한다.

다섯째, 합의에 이른 가족의 개념과 가족복지정책 방향이 설정되면 이에 걸맞은 가족복지 프로그램이 개발, 실시되어야 한다. 여기에서의 프로그램이란 가족의 욕구와 요구사정에 기초한 가족문제 발생을 예방하는 프로그램 및 이미 발생한 가족문제에 대응하는 프로그램이 함께 개발되는 것이다.

여섯째, 개발된 가족복지 프로그램은 가족복지적 접근이 용이한 전문가족복지사에 의해 실시되어야 한다.

일곱째, 가족복지서비스 전달체계를 구축할 필요가 있다. 정부 차원에서는 가족친화적 관점이 개별 정책에 반영될 수 있도록 가족정책을 담당할 기구를 마련해야 하며, 민간 차원에서 사회복지관 산하에 가족복지센터를 마련해야 한다. 또한 이 두 전달체계의 원활한 교류를 위한 네트워크를 구축해야 할 것이다.

생각해 보기

1. 나와 가족관계에 있어서 여러분은 역기능 가족인지 또는 순기능 가족인지 서로의 생각을 나누어 봅시다.
2. 역기능 가정의 아동이 성장하여 성인이 되었을 때 또는 결혼해서 일어날 수 있는 가족관계의 문제점에 대해 여러분의 생각을 토론해 봅시다.
3. 사회복지실천현장에서 가족을 대상으로 일하는 사회복지사가 갖추어야 할 자질에 대해 여러분의 생각을 토론해 봅시다.
4. 한국의 가족문제와 앞으로 나아가야 할 전망에 대해 여러분의 생각을 토론해 봅시다.

연습문제

01 다음 〈보기〉에서 가족에 대한 설명으로 알맞은 것은?

〈보기〉
A. 가족의 크기가 점차 소규모화되고 있다.
B. 가족 내에서도 성별분업이 이루어진다.
C. 같은 거주지에 살지 않아도 가족이 될 수 있다.
D. 가족은 전통적으로 일차집단이다.

① A · B · C ② A · C
③ B · D ④ D
⑤ A · B · C · D

해설 가족은 친밀하면서도 개인적으로 긴밀하게 접촉하는 관계로서 일차집단에 속한다. 공통의 규범과 상호 지속적으로 광범위한 영역에 걸쳐 영향을 미친다. 또한 가족유형이 다양해지면서 주말부부같이 같은 거주지에 살지 않는 가족도 늘고 있다.

02 명확한 경계를 가진 가족의 특성으로 맞는 것은?

① 수시로 외부간섭을 받고 가족구성원 서로에 대해 잘 알지 못한다.
② 부부체계가 명확하면서 투과성이 있다.
③ 가족들 간에 지나치게 상호작용하고 과잉한 정도로 염려한다.
④ 가족구성원들이 지나치게 밀착되어 있어 개인의 자아의식이 발달하지 못한다.
⑤ 다른 하위체계와 분명하게 구별되지 못하면서 침해를 받는 경우이다.

해설 **명확한 경계** : 너무 경직되지도 않고 너무 혼돈되지도 않은 경계이며 가족구성원들 사이에 분명한 경계와 자율성이 있으며 융통성이 있다.

03 부부관계가 원만하지 못하여 아내가 이를 극복하기 위해 자녀를 출산하는 경우를 무엇이라고 하는가?

① 경계만들기 ② 세력
③ 자아분화 ④ 탈삼각화
⑤ 삼각관계

해설 **삼각관계** : 두 사람 사이에서 스트레스나 긴장관계가 발생했을 때 제3자를 두 사람의 상호작용 체계로 끌어들여 긴장의 수준을 완화하려는 것이다.

04 사티어(V. Satir)의 의사소통이론에서 〈보기〉의 의사소통 유형에 해당되는 것은?

〈보기〉

지역사회복지관의 선임 사회복지사는 가족의 문제에 대해 도움을 받기 원하는 가족과 면담을 하였다. 남편은 50대로서 알코올 중독 증세가 있으며, 45세의 부인은 남편과의 관계가 좋지 못한 것으로 인해 불만이 많고 매우 우울하다고 하였다. 한편 12세 된 딸은 자기 방이 있는데도 엄마 옆에서 잔다고 하면서 부인은 딸과 함께 잠을 자는 것이 훨씬 더 좋고 바꾸고 싶지 않다고 하였다.

① 혼란형
② 초이성형
③ 회유형
④ 비난형
⑤ 일치형

해설 **회유형** : 자신의 내적 감정이나 생각을 무시하고 타인의 비위를 맞추려 한다.
기능적 의사소통 유형
① 혼란형 : 상황을 제대로 파악하지 못하고 적절하게 반응하지 못함
② 초이성형 : 매사에 비판적이고 잘 따지며 부정적인 측면을 잘 지적함
④ 비난형 : 잘못을 남의 탓으로 돌리며 충성과 복종을 요구함
⑤ 일치형 : 기능적 의사소통 유형

05 다음 〈사례〉에서 사회복지사는 가족의 생활주기를 고려했을 때 하위체계 간의 경계가 분명하지 못하고 밀착된 경우라고 판단하여 개입하기로 하였다. 사회복지사의 개입은 가족치료의 다양한 모델 중 어떤 접근에 근거한 것인가?

〈사례〉

• 상대방의 의견에 무조건 동의하고 상대방이 원하는 대로 행동하며, 자기 탓을 많이 하여 상대방에게 죄의식을 가지게 함으로써 상대방으로부터 거부되는 것을 방어하는 의사소통 유형
• 이러한 의사소통 유형을 많이 사용하는 사람들은 자신의 욕구를 분명히 표현하지 못하며 희생적으로 행동함

연습문제

① 해결중심적 접근 ② 다세대적 접근
③ 구조적 접근 ④ 전략적 접근
⑤ 인지행동적 접근

해설 가족구성원들이 바람직하지 못한 상호작용 구조를 계속 유지하기 때문에 가족문제가 생긴다고 보고, 가족의 상호구조가 변하면 동시에 가족구성원들의 지위가 달라져서 결국 각 개인의 경험도 변할 수밖에 없다고 보았다. 가족을 하나의 체계이며 통합된 전체로 보고, 중시되는 개념은 구조, 하위체계, 경계이다. 가족의 하위체계(배우자, 부모, 형제 등)의 상호작용과 소외에 관심을 두고, 가족의 하위체계를 명확히 해야 한다.

정답 01. ⑤ 02. ② 03. ⑤ 04. ③ 05. ③

chapter 12

노인복지

Chapter

12 노인복지

제1절 노인복지의 개념

1. 노인의 개념

노인이라는 용어는 일반적으로 흔히 쓰이는 단어이기는 하지만, 이를 한마디로 정의하기는 쉽지가 않다. 그것은 아마 노인이라는 용어가 여러 가지 관점에서 달리 정의되고 있기 때문일 것이다. 일반적으로 노인은 심신기능의 쇠퇴인 노화의 의미와 시간의 흐름에 따라 물리적·기계적으로 측정되는 달력상의 나이, 즉 역연령(曆年齡)으로 정의되고 있다. 다시 말해서, 기능연령, 즉 심신의 기능변화에 따라 노화현상이 일정 단계에 도달한 사람을 노인으로 규정하는 방법과 역연령, 즉 일정 연령 이상의 사람을 노인으로 규정하는 방법이 있다는 것이다.

기능연령의 경우 1951년 제2회 국제노년학회에서는 노인이란 인간의 노화과정에서 나타나는 생리적, 심리적, 환경적 변화 및 행동의 변화가 상호작용하는 복합형태의 과정에 있는 사람이라고 정의하였다(박차상 외, 2005).

노인의 개념 정의를 세분화하여 살펴보면 다음과 같다.

① 환경변화에 적절히 적응할 수 있는 자체조직에서 결핍이 있는 사람이다.
② 자신을 통합하려는 능력이 감퇴되어 가는 시기에 있는 사람이다.
③ 인체기관, 조직기능 등에 있어서 감퇴현상이 일어나는 시기에 있는 사람이다.

④ 생활 자체의 적응이 정신적으로 결손되어 가고 있는 사람이다.
⑤ 인체의 조직과 기능저장의 소모로 적응이 감퇴되어 가는 시기에 있는 사람이다.

그리고 세계적 노년학자 브린(L. Breen, 1960)은 노인은 생리적, 생물학적, 심리적 및 사회적 노화의 개념이 포함되어야 한다고 주장하면서 노인을 생리적 및 생물학적인 면에서 쇠퇴기에 있는 사람, 심리적인 면에서 정신기능과 성격이 변화되고 있는 사람, 사회적인 면에서 지위와 역할이 상실되어 가는 사람이라고 정의하였다(이혜원, 1996). 장인협과 최성재(2002)는 노인이란 생리적 및 신체적 기능의 퇴화와 더불어 심리적인 변화가 일어나서 개인의 자기 유지 기능과 사회적 역할 기능이 약화되고 있는 사람이라고 정의하였다.

이와 같은 몇몇 학자들의 정의를 검토하여 보면, 노인의 개념은 각 학자의 견해에 따라 그리고 사회·문화적 배경 등에 따라 다양한 차이가 있음을 시사하고 있다. 또한 노인의 개념에는 노인 개인에게 나타나는 노화의 복합적인 측면이 고려되어야 함을 의미하고 있다.

한편 이러한 노인에 대한 정의는 시간의 흐름에 따른 개개인의 다양한 기능적 변화를 고려한다는 장점이 있다. 그러나 노화는 개인차가 크기 때문에 이러한 기능연령으로는 노인복지정책과 같은 국가정책을 노인 개개인에게 적용하기 어렵다. 그래서 역연령이 중요하다.

우리나라에서는 만 60세를 환갑이라 하여 노인으로 인식하고 있으나, 행정법상 적용되는 노인복지서비스의 대상자는 주로 만 65세 이상을 지칭하고 있고, 법에 따라 적용받는 연령의 범위도 차이가 있어 달리 분류하는 경우도 있다(통계청, 2004). 예를 들면, 고령자고용법상 노인은 60세부터 규정되고, 노인복지법이나 국민기초생활보장법상에서 규정하고 있는 노인은 65세 이상인 자로 그 범위가 달리 적용되고 있는 것이다.

2. 노인복지의 개념

인간의 생애주기에서 마지막 단계에 해당되는 노년기에는 생리적·육체적으로 약화되고, 사회적·경제적인 지위가 하락하며, 정서적으로 불안정해진다. 아울러 조기퇴직, 노후생계대책의 미흡, 질병 및 장애 발생률의 증가와 이에 따른 보호의 어려움, 주거문제, 역할상실과 여가문제, 고독, 소외 등의 문제도 등장한다. 특히 우리나라에서는 산업화 과정에 따른 이동 및 도시화 현상 등으로 가족의 형태가 핵가족화 양상을 띠면서 전통적인 대가족제도와 경로효친사상을 기초로 해온 노인에 대한 가족부양기능의 약화 현상이 나타났다. 이는 노인문제를 더 이상 가족이나 개인문제로 돌릴 수 없는 사회문제로 대두시켰고, 국가나 민간부문이 담당해야 하는 노인복지의 필요성을 야기하였다.

노인복지의 개념을 구체적으로 살펴보면, 우리나라에서 가장 많이 인용되는 것에 따르면, 노인복지는 "노인의 심신 건강유지와 생활안정을 위하여 필요한 노인생활의 전면 보장 및 복지서비스로, 노인이 인간다운 생활을 유지하면서 자기가 속한 가족과 사회에 적응하고 통합될 수 있도록 필요한 자원과 서비스를 제공하는 데 관련된 공적 및 사적 차원에서의 조직적 제반 활동"(장인협·최성재, 2006)이다. 즉, 이러한 관점에서 노인복지는 노인문제를 예방하고 해결하기 위한 체계적·조직적 노력이라고 정의될 수 있다. 조금 더 구체적인 정의를 보면, 노인복지는 "노인의 심신건강 유지와 생활안정을 위하여 필요한 노인생활의 전면 보장 및 복지서비스이다. 일반적으로 노인복지라고 하면 넓은 뜻으로는 노인생활의 전면 보장을 말하기도 하고, 좁은 뜻으로는 최소한의 생활유지를 의미하는 복지서비스를 말하는 경우도 있다"(양옥남 외, 2009). 권중돈(2011)은 노인복지란 "모든 노인들이 최저수준 이상의 생활을 유지하고, 사회적 욕구 충족과 생활상의 문제를 예방·해결하며, 노후생활에 대한 적응과 사회통합을 이루는 데 필요한 급여와 서비스를 제공하는 공공과 민간부문의 조직적이고 전문적인 제반 활동"이라고 정의하고 있다.

노인복지 개념을 통합하여 보면, 노인복지는 노인이 인간다운 생활을 영위하면서 소속된 가족 및 지역사회에 적응하고 통합되도록 필요한 자원과 서비스를 제공하는 데 관련된 공적 및 사적 차원에서의 조직적 제반 활동으로 정의된다. 여기서 인간다운 생활이란 그 노인이 속한 국가사회의 발전적 수준에 비추어 의식주의 기본적인 욕구를 충족하고 건강하고 문화적인 삶을 사는 것을 뜻하며, 가족과 사회에 적응하고 통합되는 것은 노인이 그가 속할 수 있는 사회적 조직망에서 사회적·심리적으로 소외감을 느끼지 않게 되는 것을 의미한다. 자원과 서비스를 제공하는 것은 이용 가능한 인적 및 물적 자원을 찾아 연결시켜 주거나 또는 보충하여 주며, 사회적 적응에 있어서의 문제를 해결해 주고, 나아가서 개인의 발전을 위한 욕구 충족에 필요한 서비스까지 제공해 주는 것을 의미한다.

노인복지에 관련되는 활동은 공적 차원뿐 아니라 사적 차원에 있어서의 활동을 포함하며, 그것은 무계획적으로 이루어지는 것이 아니라 계획에 의해서 조직적으로 이루어지는 활동이어야 한다.

제2절 고령화사회의 노인문제

1. 노인인구 증가 및 인구고령화

현대사회는 고도의 경제성장과 의료기술의 발달로 평균수명이 늘어나고 이로 인한 인구고령화 현상이 급속히 진전되고 있다. 급속한 인구고령화 현상은 노인의 부양부담 증가, 세대 간 갈등 심화, 사회복지비용 지출 증가 등의 문제가 예상되어 사회보장제도 개혁 및 산업구조의 개편은 물론 노동력 유입 등으로 사회문화적 갈등이 초래될 수 있다. 인구고령화의 원인은 평균수명의 연장과 출산율의 저하이다.

<표 12-1>에서 보는 바와 같이 우리나라의 평균수명도 1960년에는 52.4세, 1970년은 61.9세, 1980년은 65.7세, 2000년에는 76.0세, 2010년에는 80.8세, 2020년은 82.6세, 2030년은 84.3세로 급격히 상승하는 추세를 보이고 있다. 이

로 인한 평균수명의 연장은 노인인구가 단기간에 증가하는 현상으로 나타나고 있다. 이와 같은 노인의 급증은 자연적으로 노인문제의 발생으로 이어지고 있다. 평균수명의 연장과 급속한 고령화 속도는 상대적으로 생산연령인구의 감소 및 이에 따른 성장잠재력 저하, 사회보장시스템의 재정악화 등 사회적 우려를 야기하고 있다. 또한 고령화사회의 개인은 퇴직 이후의 여명(餘命)이 증가함으로써, 노후생활에 필요한 비용이 늘어나는 대신 소득수준의 상대적 저하를 맞이하고, 질병에 취약해지며, 긴 여가시간으로 무료한 나날을 장기간 보내야 하며, 자녀의 부양의식 저하 등으로 노후생활에 대한 불안요소가 갈수록 심각해지고 있다.

〈표 12-1〉 평균수명의 추이

(단위 : 세)

	1960년	1970년	1980년	1990년	2000년	2010년	2020년	2030년
평 균	52.4	61.9	65.7	71.3	76.0	80.8	82.6	84.3
남	51.5	58.7	61.8	67.3	72.3	77.2	79.3	81.4
여	53.7	65.6	70.0	75.5	79.6	84.1	85.7	87.0

출처 : 통계청(2011). 2011년 생명표 작성결과. 통계청 인구동향과 전망.

〈표 12-2〉 각국의 인구고령화 속도

(단위 : 년도, 년수)

구 분	도달연도			증가 소요년수	
	고령화사회 (7%)	고령사회 (14%)	초고령사회 (20%)	고령사회 도달 (7 → 14%)	초고령사회 도달 (14 → 20%)
한 국	2000	2018	2026	18	8
독 일	1932	1972	2012	40	40
프랑스	1864	1979	2018	115	39
일 본	1970	1994	2005	24	11
미 국	1942	2013	2028	71	15

출처 : 통계청(2011). 장래인구추계결과.

유엔에서는 65세 이상 노인인구가 전체 인구의 7% 이상을 차지할 때 고령화사회, 14% 이상이면 고령사회, 20% 이상이면 초고령사회로 분류한다. 우리나라는 1960년 65세 이상의 노인인구는 불과 72만 6천 명(전체 인구의 2.9%)이었는데, 2000년에는 339만 명(7.2%)으로 고령화사회에 진입하였다. 2026년에는 20.8%로 초고령사회에 진입하고, 2030년에는 24.6%, 2050년에는 38.1%로 예상됨에 따라 한국의 노령화 지수는 세계 1위로 세계에서 가장 짧은 기간에 고령화에 진입하게 될 것으로 전망된다(통계청, 2020).

우리나라는 노인인구의 증가뿐 아니라 인구고령화 진행속도 또한 세계에서 가장 빠르다. 우리나라가 고령화사회에서 고령사회로 진입하는 데 소요되는 기간은 불과 18년으로, 프랑스(115년), 미국(71년), 독일(40년)은 물론 일본(24년)보다도 더 빠르게 진행될 것으로 보여, 인구고령화에 따른 국가의 적극적인 대응방안이 절실히 필요하다.

국가통계포털(KOSIS)에서 발표한 우리나라의 2020년 합계출산율은 0.84명으로 출생통계를 작성한 1970년 이래 OECD 회원국 중 최저 합계출산율을 기록하였을 뿐만 아니라 2년 연속 0점대의 합계출산율을 기록하고 있다(기획재정부, 2019). 합계출산율이 1.3 미만으로 떨어져 3년 이상 지속되면 다시 1.3 이상으로 합계출산율이 회복되기 어려우므로 초저출산의 덫(lowest-low fertility)에 갇혔다고 표현되기도 한다(Lutz, 2007). 특히 여기서 주목할 점은 가장 먼저 초저출산 국가를 맞이한 스페인(1992), 이탈리아(1993)보다도 우리나라의 합계출산율이 낮다는 점이다(김근혜 · 서보준, 2022).

이처럼 출산율 저하 현상은 향후 경제활동 인구의 축소를 의미하므로 젊은 층의 노인부양부담은 증가할 수밖에 없다.

2. 노년부양비의 증가

노인인구가 증가하면서 인구구조가 변화되어 노인층을 부양해야 하는 젊은 층의 부담이 늘어나고 있다. 생산연령인구(15~64세 인구)가 부양해야 할 노인인구의 비율을 의미하는 노년부양비는 1970년에 5.7%였다. 이후 노년부양비는 계속 증가하여 2010년에는 15.2%, 2020년에는 22.1%, 2030년에는 38.6%, 2040년에는 57.2%, 2050년에는 71.0%로 계속 증가할 것으로 보인다.

〈표 12-3〉 **부양비 및 노령화지수 추이**

	1970년	1980년	1990년	2000년	2010년	2020년	2030년	2040년	2050년
노인부양비(%)	5.7	6.1	7.4	10.1	15.2	22.1	38.6	57.2	71.0
노령화지수	7.2	11.2	20.0	34.3	68.4	119.1	193.0	288.6	376.1
노인 1명당 생산가능인구(명)	17.7	16.3	13.5	9.9	6.6	4.5	2.6	1.7	1.4

출처 : 통계청(2015). 장래인구추계.

이상과 같이 우리나라는 노인인구가 급증함에 따라 노인부양에 대한 젊은이들의 부양부담률도 증가함을 볼 수 있다. 과거 노인인구 1명을 1980년에는 16.3명이 부양하여 노인부양문제가 크게 부담스럽지 않았지만, 2000년을 지나 2020년을 넘어서면서는 4.5명의 젊은이들이 노인인구 1명을 부양하게 되는 현실을 맞이하게 된다. 나아가 2050년이 되면 1.4명의 젊은이들이 노인인구 1명을 부양해야 하는 어려운 환경에 처하게 될 것으로 보인다.

따라서 국가는 인구고령화로 야기되는 사회적 변화와 위험을 파악하여 이를 예방하고 해결할 수 있는 방안과 전략을 제시하여 추진해 나가야 할 것이다.

3. 노인의 경제적 문제

한국사회에서 인구의 고령화는 단순히 노인인구의 수와 비중의 증가만을 의미하지 않는다. 지난 반세기 만에 농촌·농업·농민이 중심인 사회에서 도시·상공업·임금노동자가 중심인 사회로 바뀌면서 노인의 경제활동이 크게 위축되었다. 즉, 농민은 65세가 넘어도 농업에 종사할 수 있지만, 임금노동자는 대부분 55세 이전에 퇴직을 당하기 때문에 경제적 무능력자로 전락되어 가족과 사회의 큰 부담이 된다. 도시에서는 노동력을 갖추고도 할 일이 없는 노인들이 문제라면, 농촌에서는 노령으로 농업을 그만두어야 함에도 불구하고 후계세대가 없어서 '과로'를 하지 않을 수 없는 것이 문제이다. 우리나라 노인은 산업구조의 변화와 도시화로 인하여 점차 생산수단을 잃게 되었고, 노동력이 있어도 생산에 참여하기 어렵다. 또한 국민연금 등 정부의 복지정책은 일반노인에게 거의 영향을 주지 못하기 때문에 노인의 소득수준은 자신의 근로소득과 자녀의 수입에 의존하게 되고, 나이가 들수록 자녀들에게 의존하게 된다.

노인의 경제적 실태를 알아보기 위해서는 노인이 어떠한 소득원으로 어느 정도 수준의 삶을 영위하고 있는지를 살펴보아야 한다. 이를 위해 보건복지부의 '2014년도 노인실태조사 결과'를 살펴보면 다음과 같다.

노인 개인 소득의 구성 비율 중 공적연금소득 비율이 대폭 확대되었다. 이는 기초(노령)연금 지급 및 국민연금 등이 성숙된 결과로 판단된다.

또한 소비 관련 항목 중 주거 관련 비용(40.5%)을 가장 부담스러워하며 다음으로는 보건 의료비(23.1%), 식비(16.2%), 경조사비(15.2%) 순으로 나타났다.

경제활동 참여는 노인의 28.9%가 생활비 보충(79.3%), 용돈마련(8.6%) 등을 위하여 단순 노무직(36.6%), 농림축산어업(36.4%) 등에 종사하고 있는 것으로 나타났다.

4. 노인의 건강문제

노인들에게 건강은 가장 큰 관심사이며, 노인들은 고령이 되면서 심신의 기능저하로 다른 연령층에 비해 상병률이 높고 노인병은 대부분 만성질환이거나 합병증이 많다. 따라서 장기적인 요양이나 치료가 필요하게 되고, 의료비 이외에도 수발이나 간병문제가 노후생활의 가장 큰 불안요소로 손꼽히고 있다.

노인 중에서 신체적·정신적 노화로 인한 허약노인 또는 장애노인의 수가 급증하고 있다. 전체 노인의 85.9%가 만성질환을 지니고 있고, 만성질환에 의하여 일상생활에 지장을 받는 노인은 72.2%이며, 이들 중 약 8%는 와상상태(종일 누워 지내는 상태)이다(이가옥 외, 1994).

노화와 질병은 소득을 벌 수 있는 노동력을 상실함과 동시에 질병치료를 위한 지출의 증가를 가져온다. 적게 벌고 더 많이 써야 하는 모순은 노인의 빈곤과 질병이 악순환됨을 알려준다. 특히 노환으로 하루 종일 누워 지내는 상태가 되면 식사, 배변, 목욕 등 일상생활을 보호자 없이 혼자 힘으로 수행하기가 어렵게 된다.

한국사회는 매우 짧은 기간에 도시화와 핵가족화가 동시에 진행되어서 노년세대와 중년세대가 서로 다른 생활권에서 사는 경우가 많기 때문에, 아픈 노인을 위한 가족의 보호는 일상적으로 이루어지기 어렵다. 이 때문에 혼자 신변처리를 하지 못하는 노인의 보호 문제, 특히 치매노인의 보호 문제는 심각한 사회문제가 되고 있다.

5. 역할상실과 소외

생산기술이 기계화됨으로써 노동력이 감소하게 되었다. 노인인구는 많아지고 노동력은 제한됨으로써 젊은 세대와 노인세대 간에 취업 및 직업역할 수행에 있어 경쟁이 생기고, 신체적 및 정신적 기능이 약화되는 노인은 경쟁에 뒤지게 되므로 연령의 제한으로 노령자를 생산현장에서 물러가게 하는 퇴직이 제도화되었고, 이에 노인은 직업적 역할을 상실하게 되었다. 직업 역할상실에 수반하여 생계유지자로서의 역할도 상실되어 역할상실은 더욱 심각해진다. 우리 사회는 오늘날과 같이 많은 노령인구를 가져보지 못했고 이에 대한 준비가 부족했으므로, 퇴직 후의 노령기에 적절한 역할과 규범을 확립하지 못하고 있다. 우리나라 노인세대의 대부분은 뚜렷한 정년퇴직을 거쳐 역할을 상실한 사람들은 아니지만 다른 이유로서도 역할을 상실하고 무엇을 해야 할지 모르는 가운데 방황하고 있다.

대다수의 노인들은 사회·심리적 갈등으로 인한 소외문제를 겪고 있다. 특히 세대 간 교육수준 및 가치관의 차이, 가족 내 노인의 지위 저하 그리고 핵가족화로 인하여 노인은 가족들로부터 심리적 소외감과 고독감을 경험하게 될 뿐만 아니라 노인유기 및 학대를 경험하기도 한다. 이로 인해 부모와의 동거, 별거문제, 부모부양문제 등에 대한 갈등이 나타난다. 이는 부모와 자녀 간의 사회적 및 심리적 고립과 소외라는 노인문제를 발생시키게 된다는 것이다. 현대 노인은 가장 가까운 사람인 자녀와 떨어져 사는 경우가 많고, 배우자와 사별한 이후에도 상당 기간 동안 혼자 살기 때문에 역할상실과 소외감은 깊어진다.

제3절 노인복지정책 및 서비스의 이해

1. 노인복지정책

1) 소득보장정책

일반적으로 노인의 소득보장방식은 직접적 현금급여인지 아닌지에 따라 직접적 소득보장제도와 간접적 소득보장제도로 나뉜다. 현재 우리나라에서 실시하고 있는 직접적 소득보장제도에는 사회보험방식으로 운영되고 있는 연금제도와 경제적으로 빈곤한 노인에게 제공되는 공공부조, 퇴직연금, 개인연금과 같은 사적 보장체계 그리고 저소득층 노인의 소득을 보장하기 위한 기초노령연금이 있다. 간접적으로 소득을 보장해 주는 제도로는 경로우대제도 등의 비용할인, 고용증진 및 생업지원제도, 각종 세제감면제도 등이 실시되고 있다. 여기서는 비교적 최근에 실시된 기초노령연금에 대해서 살펴보기로 하겠다.

기초노령연금제도는 1989년 노인복지법 개정으로 도입된 노령수당제도를 기초로 하여, 1997년의 경로연금제도가 2007년 노인복지법 개정을 통해 변경된 것으로 2008년부터 시행되었다. 이 제도는 국민연금제도의 가입이 어려운 저소득층 노인 및 국민기초생활보장제도 대상노인의 소득보장 지원으로, 노후생활의 안정을 도모하기 위해 도입된 공공부조의 성격이 강한 공적연금제도라고 할 수 있다. 그러나 기초노령연금제도의 도입과 함께 노인교통수단이 폐지되어 직접적 노인소득보장으로서의 사회수당은 존재하지 않는다.

〈표 12-4〉 **노인소득보장체계의 구성**

직접보장			간접보장		
구 분	프로그램	실시연도	구 분	프로그램	실시연도
사회보험	공무원연금 군인연금 사립학교교직원연금 국민연금	1960 1963 1975 1988	경로우대	공영시설 및 이용료 할인 버스승차권 지급 현금지급으로 개정	1980 1990 1996
공공부조	생활보호(2000 폐지) 노령수당(1997 폐지) 노인결언사업 경로연금(2007 폐지) 국민기초생활보장	1961 1989 1991 1998 2000	취업증진	노인인력은행 노인공동작업장 고령자취업알선센터	1981 1986 1992
사회수당	현재 없음	–	생업지원	매점설치 우선권 전매품 판매 우선선정	1989 1989
개인보장	퇴직금제도 개인연금신탁	1953 1994	세제혜택	상속세 공제 소득세 공제	1986 1986

출처 : 임병우 외(2017) 재구성.

2) 의료보장정책

의료보장이란 모든 국민이 건강의 회복·유지·증진의 수단으로 이용할 수 있도록 정부가 그 책임을 지고 제도적 틀을 만들어, 국민의 기본적 인권으로서 건강에 대한 권리를 보장하는 것(事典刊行委員會, 1990; 현외성 외, 2005)이라고 정의하고 있다. 우리나라는 의료보장제도에 있어서 사회보험방식을 적용하고 있으며, 보험료의 부담능력이 없거나 또는 사회적 약자에 대해서는 의료보호법, 국민기초생활보장법 등을 적용하여 평등을 실현하려고 하고 있다.

노인의 건강보장체계는 사회보험인 국민건강보험과 노인장기요양보험제도, 공공부조인 의료급여 이외에 노인복지법에 근거하여, 노인의 건강증진과 관리를 위한 노인건강지원사업이 실시되고 있다. 현재 노인복지법에 의거하여 실시되고 있는 사업은 노인 건강진단, 노인 안과검진 및 개안수술, 치매상담센터 운영 및 치매조기검진사업 등의 치매치료와 관리사업, 결식우려노인을 대상으로 한 무료급식사업 등이 있다.

3) 주거보장정책

우리나라의 노인주거보장정책으로는 임대주택의 제공이나 각종 융자제도가 있다. 주택문제는 인간의 기본적 욕구 중 하나로서 인간다운 생활을 위해서는 반드시 요청되는 것이지만, 주택가격이 높을 때는 소유가 쉽지 않다. 따라서 국가가 정책을 만들어 노인의 주거생활안정을 위해 힘쓰는 것이 주거보장정책이다.

2. 노인복지서비스

노인복지서비스란 서비스가 제공되는 장소에 따라 가정, 지역사회, 시설 등을 기반으로 노인과 그 가족에게 필요한 자원과 서비스를 제공함으로써 건강하고 활기찬 노후를 보낼 수 있도록 지원하는 공적·사적 서비스를 말한다. 노인복지서비스는 노인복지법이 개정될 때마다 점차 세분화·전문화되었다.

노인복지서비스는 주로 노인복지시설을 통해서 이루어져 왔다. 현행 노인복지법 제31조는 노인복지시설의 종류를 노인주거복지시설, 노인의료복지시설, 노인여가복지시설, 재가노인복지시설, 노인보호전문기관으로 구분하고 있다. 이것은 입소자 개인별 심신건강상태에 따라 양로시설과 요양시설로 구분되며, 노인주거복지시설과 노인의료복지시설은 입소시설이고, 노인여가복지시설과 재가노인복지시설, 노인보호전문기관은 이용시설이다.

이처럼 다양한 노인복지시설이 존재하는데 노인을 시설에서 보호해야 하는 필요성이 무엇인지 살펴보면 다음과 같다(원석조, 2017).

① 고령화로 인한 요보호노인의 증가

고령화는 노인인구의 절대 수를 증가시킨다. 노인의 일부는 건강상의 문제나 사회·경제적 문제로 가족 외의 보호와 케어를 요하는 요보호노인이다. 요보호노인의 상당수는 장기적이고 집중적인 보호가 필요한데, 이들을 사회적으로 보호하는 곳이 노인복지시설이다.

② 전통적인 가족부양 기능의 약화

과거에 요보호노인의 보호는 가족의 책임이었다. 그러나 산업화, 핵가족화로 노인의 가족부양의식은 현저히 약화되었다. 그리고 여성의 사회적 진출의 증가로 가정 안에서 노인을 수발하기가 어려워졌고, 노인의 자녀에의 의존의식도 크게 약화되었다. 가족의 부양의무에서 벗어난 요보호노인은 사회적인 보호의 대상이 될 수밖에 없으므로 노인복지시설이 필요하다는 것이다.

〈표 12-5〉 노인복지시설의 유형

구 분		시설 종류
생활 시설	노인주거복지시설	양로시설, 노인복지주택, 노인공동생활가정(Group Home)
	노인의료복지시설	노인요양시설, 노인요양공동생활가정
이용 시설	노인여가복지시설	노인복지관, 경로당, 노인교실
	재가노인복지시설	방문요양서비스, 주·야간보호서비스, 단기보호서비스, 방문목욕서비스
	노인보호전문기관	중앙노인보호전문기관, 지방노인보호전문기관

출처 : 원석조(2017) 재구성.

1) 노인주거복지시설

노인장기요양보험제도에 대비한 노인복지법의 개정(2007. 8. 3)으로 노인주거복지시설은 아래와 같이 양로시설, 노인공동생활가정, 노인복지주택으로 통합·개편되었다.

① **양로시설** : 노인을 입소시켜 급식 및 기타 일상생활에 필요한 편의를 제공함을 목적으로 하는 시설이다.

② **노인공동생활가정** : 노인에게 가정과 같은 주거여건과 급식, 그 밖에 일상생활에 필요한 편의를 제공함을 목적으로 하는 시설이다.

③ **노인복지주택** : 노인에게 주거시설을 분양 또는 임대하여 주거의 편의·생활지도·상담 및 안전관리 등 일상생활에 필요한 편의를 제공함을 목적으로 하는 시설이다.

〈표 12-6〉 노인주거복지시설의 현황 (단위 : 개소, 명)

종류	시 설	2019		2018		2017		2016		2015	
		시설 수	입소 정원	시설 수	입소 정원	시설 수	입소 정원	시설 수	입소 정원	시설 수	입소 정원
노인 주거 복지 시설	소 계	382	21,674	390	19,897	404	19,652	425	19,993	427	19,909
	양로시설	232	13,036	238	12,510	252	12,562	265	13,283	265	13,446
	노인공동생활가정	115	954	117	998	119	1,092	128	1,062	131	1,087
	노인복지주택	35	7,684	35	6,389	33	5,998	32	5,648	31	5,376

출처 : 보건복지부(2020). 노인복지시설 현황.

〈표 12-7〉 노인주거복지시설의 유형 및 목적, 이용대상자, 설치규정

<table>
<tr><th>종 류</th><th>시 설</th><th>설치목적</th><th>입소(이용)대상자</th><th>설 치</th></tr>
<tr><td rowspan="3">노인주거복지시설</td><td>양로시설</td><td>노인을 입소시켜 급식과 그 밖에 일상생활에 필요한 편의를 제공</td><td rowspan="2">• 다음 각 호의 어느 하나에 해당하는 자로서 일상생활에 지장이 없는 자
가. 국민기초생활보장법 제2조에 따른 수급권자(이하 "기초수급권자"라 한다)로서 65세 이상의 자
나. 부양의무자로부터 적절한 부양을 받지 못하는 65세 이상의 자
다. 본인 및 본인과 생계를 같이하고 있는 부양의무자의 월소득을 합산한 금액을 가구원 수로 나누어 얻은 1인당 월평균 소득액이 통계청장이 통계법 제17조 제3항에 따라 고시하는 전년도의 도시근로자가구 월평균 소득을 전년도의 평균 가구원수로 나누어 얻은 1인당 월평균 소득액 이하인 자(이하 "실비보호대상자"라 한다)로서 65세 이상의 자
라. 입소자로부터 입소비용의 전부를 수납하여 운영하는 양로시설 또는 노인공동생활가정의 경우는 60세 이상의 자</td><td rowspan="2">시장·군수·구청장에 신고</td></tr>
<tr><td>노인공동생활가정</td><td>노인들에게 가정과 같은 주거여건과 급식, 그 밖에 일상생활에 필요한 편의를 제공</td></tr>
<tr><td>노인복지주택</td><td>노인에게 주거시설을 분양 또는 임대하여 주거의 편의·생활지도·상담 및 안전관리 등 일상생활에 필요한 편의를 제공</td><td>단독취사 등 독립된 주거생활을 하는 데 지장이 없는 60세 이상의 자</td><td>시장·군수·구청장에 신고</td></tr>
</table>

출처 : 보건복지부(2015). 노인복지시설 현황.

2) 노인의료복지시설

고령화로 사회적 부양체계에 대한 요구가 증가하면서 도입된 노인장기요양보험제도가 본격 시행되어 노인의료복지시설에 대한 요구는 더욱 높아져서 노인의료복지시설도 통합·개편되었는데, 노인요양시설, 노인요양공동생활가정으로 구분하고 있다.

① 노인요양시설 : 치매 · 중풍 등 노인성 질환 등으로 심신에 상당한 장애가 발생하여 도움을 필요로 하는 노인을 입소시켜 급식 및 요양, 기타 일상생활에 필요한 편의를 제공함을 목적으로 하는 시설이다.

② 노인요양공동생활가정 : 치매 · 중풍 등 노인성 질환 등으로 심신에 상당한 장애가 발생하여 도움을 필요로 하는 노인에게 가정과 같은 주거여건과 급식 · 요양 그 밖에 일상생활에 필요한 편의를 제공함을 목적으로 하는 시설이다.

〈표 12-8〉 노인의료복지시설 현황

(단위 : 개소, 명)

종류	시 설	2019		2018		2017		2016		2015	
		시설수	입소정원	시설수	입소정원	시설수	입소정원	시설수	입소정원	시설수	입소정원
노인의료복지시설	소 계	5,529	190,820	5,287	177,318	5,242	170,926	5,163	167,899	5,063	160,115
	노인요양시설	3,595	174,015	3,390	160,594	3,261	153,785	3,136	150,025	2,933	141,479
	노인요양공동생활가정	1,934	16,805	1,897	16,725	1,981	17,141	2,027	17,874	2,130	18,636

출처 : 보건복지부(2020). 노인복지시설 현황.

〈표 12-9〉 노인의료복지시설의 유형 및 목적, 이용대상자, 설치규정

종 류	시 설	설치목적	입소(이용)대상자	설 치
노인의료복지시설	노인요양시설	치매 · 중풍 등 노인성 질환 등으로 심신에 상당한 장애가 발생하여 도움을 필요로 하는 노인을 입소시켜 급식 · 요양과 그 밖에 일상생활에 필요한 편의를 제공	• 노인성 질환 등으로 다음 각 호의 어느 하나에 해당하는 자 가. 노인장기요양보험법 제15조에 따른 장기요양급여수급자 나. 기초수급권자로서 65세 이상의 자 다. 부양의무자로부터 적절한 부양을 받지 못하는 65세 이상의 자 라. 입소자로부터 입소비용의 전부를 수납하여 운영하는 노인요양시설 또는 노인요양공동생활가정의 경우는 60세 이상의 자	시장 · 군수 · 구청장에 신고
	노인요양공동생활가정	치매 · 중풍 등 노인성 질환 등으로 심신에 상당한 장애가 발생하여 도움을 필요로 하는 노인에게 가정과 같은 주거여건과 급식 · 요양, 그 밖에 일상생활에 필요한 편의를 제공		

출처 : 보건복지부(2015). 노인복지시설 현황.

3) 노인여가복지시설

노인여가복지시설은 2007년 8월 노인복지법 개정을 통하여 노인여가복지시설 중 기존 노인복지회관의 명칭을 노인복지관으로 변경하였으며, 노인복지관의 기능과 목적에 대해 새롭게 정의하고 있다.

① **노인복지관** : 무료 또는 저렴한 요금으로 노인에 대하여 각종 상담에 응하고, 건강의 증진·교양·오락·기타 여가활동을 할 수 있는 장소를 제공함을 목적으로 하는 시설이다. 노인복지관은 지역사회 내 일정한 시설과 전문인력, 그리고 자원봉사자를 갖추고 지역노인들의 복지욕구에 대응하여 종합적인 복지서비스를 제공함으로써 지역사회노인의 복지증진을 위한 노인종합복지센터의 역할 수행을 목적으로 하고 있다.

② **경로당** : 지역노인이 자율적으로 친목도모, 취미활동, 공동작업장 운영 및 각종 정보교환, 기타 여가활동을 할 수 있는 장소를 제공함을 목적으로 하는 시설이다. 지방자치제도에 따라 각 마을단위로, 없는 마을이 없을 정도로 많은 시설이 경쟁적으로 만들어지고 있으나 프로그램의 개발이 요구된다.

③ **노인교실** : 노인에게 사회활동, 참여욕구를 충족시키기 위하여 건전한 취미생활, 노인건강 유지, 소득보장, 기타 일상생활과 관련한 학습 프로그램을 제공함을 목적으로 하는 시설이다. 지방자치단체는 물론 종교기관에서도 노인대학이라는 명칭으로 많이 운용되고 있으나, 아직도 프로그램을 보면 도시와 농촌에 따라 현저한 격차를 보이고 있다.

〈표 12-10〉 노인여가복지시설의 현황

(단위 : 개소, 명)

종 류	시 설	2019		2018		2017		2016		2015	
		시설 수	입소 정원	시설 수	입소 정원	시설 수	입소 정원	시설 수	입소 정원	시설 수	입소 정원
노인여가복지시설	소 계	68,413	0	68,013	0	67,324	0	66,787	0	66,292	0
	노인복지관	391	0	385	0	364	0	350	0	347	0
	경로당	66,737	0	66,286	0	65,604	0	65,604	0	64,568	0
	노인교실	1,285	0	1,342	0	1,356	0	1,356	0	1,377	0

출처 : 보건복지부(2020). 노인복지시설 현황.

〈표 12-11〉 노인여가복지시설의 유형 및 목적, 이용대상자, 설치규정

종 류	시 설	설치목적	입소(이용)대상자	설 치
노인여가복지시설	노인복지관	노인의 교양·취미생활 및 사회참여활동 등에 대한 각종 정보와 서비스를 제공하고, 건강증진 및 질병예방과 소득보장·재가복지, 그 밖에 노인의 복지증진에 필요한 서비스를 제공	60세 이상의 자	시장·군수·구청장에 신고
	경로당	지역노인들이 자율적으로 친목도모·취미활동·공동작업장 운영 및 각종 정보교환과 기타 여가활동을 할 수 있도록 하는 장소를 제공	65세 이상의 자	
	노인교실	노인들에 대하여 사회활동 참여욕구를 충족시키기 위하여 건전한 취미생활·노인건강 유지·소득보장, 기타 일상생활과 관련한 학습 프로그램을 제공	60세 이상의 자	

출처 : 보건복지부(2019). 노인복지시설 현황.

4) 재가노인복지시설

재가노인복지사업은 1987년 한국노인복지회에서 저소득층 노인을 대상으로 시범사업을 하면서 시작되었다. 노인복지법의 재가노인복지사업은 신체적·정신적 장애가 있는 노인이 가정에서 계속 생활하면서 필요한 각종 보호와 지원을 받을 수 있도록 재가노인복지 증진을 목적으로 하는 사업으로 정의되고 있다.

그동안 재가노인복지사업은 가정봉사원파견센터, 주간보호시설, 단기보호시설에서 각기 서비스를 제공해 왔다. 그러나 재가노인복지시설 역시 노인장기요양보험제도에 대비한 노인복지법의 개정(2007. 8. 3)으로 구분이 되어 있어 시설중심에서 이용자의 서비스 중심으로 개편되었다.

① 방문요양서비스 : 신체적 · 정신적 장애로 일상생활을 영위하기 곤란한 노인이 있는 가정에 요양보호사를 파견하여 노인의 신체적 서비스와 일상생활에 필요한 각종 편의를 제공하여 지역사회 안에서 건전하고 안정된 노후생활을 영위하도록 하는 서비스이다.

② 주 · 야간보호서비스 : 부득이한 사유로 가족의 보호를 받을 수 없는 심신이 허약한 노인과 장애노인을 주간 또는 야간 동안 보호시설에 입소시켜 필요한 각종 편의를 제공하여 이들의 생활안정과 심신기능의 유지, 향상을 도모하고, 부양가족의 신체적 · 정신적 부담을 덜어주기 위한 서비스이다.

③ 단기보호서비스 : 부득이한 사유로 가족의 보호를 받을 수 없어 일시적으로 보호가 필요한 심신이 허약한 노인과 장애노인을 시설에 단기간 입소시켜 보호함으로써 노인 및 부양가족의 복지증진을 도모하기 위한 서비스이다.

④ 방문목욕서비스 : 목욕장비를 갖추고 재가노인을 방문하여 목욕을 제공하는 서비스이다.

⑤ 그 밖의 서비스 : 그 밖에 재가노인에게 제공하는 서비스로서 보건복지부령이 정하는 서비스이다.

〈표 12-12〉 재가노인복지시설의 현황

(단위 : 개소, 명)

종류	시 설	2019		2018		2017		2016		2015	
		시설 수	입소 정원	시설 수	입소 정원	시설 수	입소 정원	시설 수	입소 정원	시설 수	입소 정원
재가 노인 복지 시설	소 계	4,821	53,831	3,494	34,642	3,216	28,898	3,168	24,709	3,089	21,624
	방문요양서비스	1,513	0	1,051	0	1,001	0	1,009	0	1,021	0
	주·야간보호서비스	1,816	53,087	1,312	33,815	1,174	29,734	1,086	23,767	1,007	20,467
	단기보호서비스	78	744	73	827	80	964	95	942	112	1,157
	방문목욕서비스	942	0	650	0	609	0	588	0	617	0
	방문간호서비스	60	0	21	0	10	0	0	0	0	0
	복지용구지원서비스	0	0	0	0	0	0	0	0	0	0
	재가노인지원서비스	412	0	387	0	342	0	390	0	332	0

출처 : 보건복지부(2020). 노인복지시설 현황.

〈표 12-13〉 재가노인복지시설의 유형 및 목적, 이용대상자, 설치규정

종 류	시 설	설치목적	입소(이용)대상자	설치
재가 노인 복지 시설	방문요양 서비스	가정에서 일상생활을 영위하고 있는 노인으로서 신체적·정신적 장애로 어려움을 겪고 있는 노인에게 필요한 각종 편의를 제공하여 지역사회 안에서 건전하고 안정된 노후를 영위하도록 하는 서비스	• 장기요양수급자나 심신이 허약하거나 장애가 있는 65세 이상의 자(이용자로부터 이용비용의 전부를 수납받아 운영하는 시설의 경우에는 60세 이상의 자로 한다)로서 다음 각 호에 해당하는 자 가. 방문요양서비스 : 가정에서 보호가 필요한 자 나. 주·야간보호서비스 : 주간 또는 야간 동안의 보호가 필요한 자 다. 단기보호서비스 : 단기간의 보호가 필요한 자 라. 방문목욕서비스 : 가정에서의 목욕이 필요한 자 마. 재가노인지원서비스 : 가목부터 라목까지의 서비스 이외의 서비스로서 상담·교육 및 각종 서비스가 필요한 자	시장·군수·구청장에 신고
	주·야간 보호 서비스	부득이한 사유로 가족의 보호를 받을 수 없는 심신이 허약한 노인과 장애노인을 주간 또는 야간 동안 보호시설에 입소시켜 필요한 각종 편의를 제공하여 이들의 생활안정과 심신기능의 유지·향상을 도모하고, 그 가족의 신체적·정신적 부담을 덜어주기 위한 서비스		
	단기보호 서비스	부득이한 사유로 가족의 보호를 받을 수 없어 일시적으로 보호가 필요한 심신이 허약한 노인과 장애노인을 보호시설에 단기간 입소시켜 보호함으로써 노인 및 노인가정의 복지증진을 도모하기 위한 서비스		
	방문목욕 서비스	목욕장비를 갖추고 재가노인을 방문하여 목욕을 제공하는 서비스		
	재가노인 지원서비스	그 밖에 재가노인에게 제공하는 서비스로서 상담·교육 및 각종 서비스		

출처 : 보건복지부(2019). 노인복지시설 현황.

5) 노인보호전문기관

노인보호전문기관은 학대받는 노인을 위한 전문적 상담과 서비스 제공을 통한 노인의 권익증진, 학대행위자 등에 대한 교육·홍보를 통하여 노인학대에 대한 인식을 개선하며, 노인학대 예방사업을 통해 노인학대가 없는 가정과 사회를 조성하기 위한 목적으로 사업을 실시하고 있다.

〈표 12-14〉 **노인보호전문기관, 노인일자리지원기관, 학대피해노인전용쉼터의 현황** (단위 : 개소, 명)

종류	시 설	2019		2018		2017		2016		2015	
		시설 수	입소 정원	시설 수	입소 정원	시설 수	입소 정원	시설 수	입소 정원	시설 수	입소 정원
노인보호 전문기관	노인보호 전문기관	34	0	33	0	32	0	29	0	29	0
노인일자리 지원기관	노인일자리 지원기관	184	0	160	0	153	0	136	0	129	0
학대피해 노인전용 쉼터	학대피해 노인전용 쉼터	19	0	18	0	0	0	0	0	0	0

출처 : 보건복지부(2020). 노인복지시설 현황.

〈표 12-15〉 **노인보호전문기관의 유형 및 목적, 이용대상자, 설치규정**

종 류	시 설	설치목적	입소(이용)대상자	설 치
노인보호 전문기관	노인보호 전문기관	시·도지사가 노인보호전문기관을 지정·운영, 노인학대 신고, 상담, 보호, 예방 및 홍보, 24시간 신고·상담용 긴급전화(1577-1389) 운영	노인학대행위자에 대한 상담 및 교육, 학대받은 노인의 발견·상담·보호 등 노인학대 예방 및 방지를 위한 홍보	시·도지사 지정

출처 : 보건복지부(2015). 노인복지시설 현황.

6) 상업적 노인주거시설

상업적 노인주거시설이란 노인 또는 노인 가구를 대상으로 하는 주거시설로서 영리를 목적으로 민간업자가 제공하는 노인주택을 의미한다. 영리목적으로 시설이 운영되지만 노인의 욕구 충족을 위한 개별적인 서비스를 제공한다는 의미에서 복지적인 의미도 내포하고 있다. 즉, 상업적 노인주거시설을 비보조 주거단지, 독립적 주거단지, 복합주택, 보조주거단지, 전문요양원 등의 다섯 가지로 나누어 살펴보면 다음과 같다(원석조, 2017).

(1) 비보조 주거단지(Unassisted Living Units)

노인 아파트 단지나 노인용 개발주택이다. 주거 이외에 취미, 오락 등의 레크리에이션을 제공한다. 입주노인들은 기본적으로 은퇴자들이기 때문에 레크리에이션이 중요하다. 안전보장도 매우 중요하며, 소란이나 소음(청장년거주자들의 소란이나 소음)을 싫어하는 노인들을 배려하는 것도 필요하다.

(2) 독립적 주거단지(Independent Living Units)

기본적으로 비보조 주거단지와 유사하다. 그러나 교통수단, 가사서비스 등이 추가적으로 제공된다는 점에서 다르다.

(3) 복합주택(Congregate House)

공동 레크리에이션 시설, 공동식당(대형 주방), 장애노인용 목욕시설, 비상연락장치, 지역사회와 연결되는 교통수단 등을 제공하는 다세대 주거시설이다. 단지규모는 20인 이상에서 200인 이상을 수용하는 주택까지 다양하다.

(4) 보조주거단지(Assisted Living Facility)

주거, 개별적 지원서비스, 일상생활의 보조서비스, 건강 케어 노인에게 필요한 부가적인 서비스를 제공한다. 그러나 요양원(nursing home)처럼 숙련된 의료적 케어는 제공되지 않는다. 부가적 서비스를 위해 사무실, 공동구역, 휠체어 사용 가능 시설 등 설계단계부터 공간을 확보해야 한다. 부가적 서비스 제공을 위해 전담직원도 배치해야 한다. 전담직원들은 서비스에 대한 전문 지식과 기술을 보유하고 있어야 한다. 부분적으로 타인의 케어를 필요로 하지만 전적으로 타인의 케어에 의존할 필요성은 없는 노인들의 주거시설이다.

(5) 전문요양원(Skilled Nursing Home)

가족의 케어로는 생활이 불가능하여 전문가의 케어를 요하는 노인을 위한 시설이다. 치매환자가 대종을 이룬다. 분당 서울대병원(2013)의 치매노인 유병률 조사에 따르면 2010년 우리나라 치매노인 수는 5,425,000명이었고 치매유병률은 8.7%였다. 2020년 초고령사회에 진입하는 시기에는 치매노인 수가 8,084,000명이자 치매유병률 또한 10.4%로 65세 이상 노인 10명 중 1명 수준으로 증가할 것으로 보고 있다. 따라서 앞으로 노인케어 관련 전문가의 서비스가 필요하고, 병원수준의 의료적 케어가 제공되기 때문에 막대한 비용이 들어갈 전망이다.

제4절 노인복지의 과제

오늘날 노인문제와 관련하여 해결해야 할 많은 과제들은 노부모의 부양문제, 노인들의 지위 약화, 여가활동 문제, 사회참여의 기회 박탈, 생계비와 용돈 부족, 치매 및 건강 문제 등으로 산적해 있다. 따라서 우리나라 노인복지정책에 대한 문제점과 과제를 살펴보면 다음과 같다(배기효 외, 2009).

첫째, 노인의 소득보장정책과 관련하여 노인들에게 일정한 경제적 소득보장이 이루어지지 않으면 생계와 질병을 해결하기가 매우 어려워진다. 그래도 건강한 젊은 시절에는 육체적인 힘을 이용하여 자신의 생활유지가 어느 정도 가능하다. 노후의 소득보장에 대한 국가적인 안전장치는 국민연금이 가장 기본이 될 것이다.

둘째, 노인의 보건・의료정책에서의 문제점은 의료보험의 적용에 있어서 대상에 따른 다양한 정책이 부재하다는 점이다. 노인은 수술이라든지 기타 중병에 걸리기 쉽고 만성질환율이 높기 때문에 의료비 지출이 상당히 부담스럽다. 그러므로 노인에게는 의료비에 대한 할인혜택이라든지 보험상의 제도적 장치가 마련되어야 할 것이다. 또한 노인에게는 안경, 보청기, 의치가 일반적으로 필요하기 때문에 의료보호대상에 대한 적극적인 지원은 물론 중산층에게도 이러한 기구들에 대한 할인혜택이 확대 적용되어야 할 것이다. 그리고 노인의 보건복지·의료서비스를 위한 대책으로 2008년 4월부터 노인장기요양보험제도가 시행되고 있으나 급여대상자 선정방식, 과도한 본인부담, 서비스 종류, 양 및 질의 문제, 민간부문에 시설공급을 의존하는 문제, 요양보호사의 무차별적인 양상과 열악한 근로조건 등이 문제점으로 지적되고 있다. 이를 위해서는 급여대상자를 포괄적으로 확대하고, 비급여항목의 축소 및 본인부담비율을 축소하며, 서비스의 양 및 질을 개선하고, 공공시설의 확충 및 민간부문에 대한 규제·감독을 강화하며, 요양보호사 교육기관에 대한 규제·감독을 통해 요양보호사 근로조건을 개선해야 한다는 지적들이 제기되고 있다(이미진, 2008).

셋째, 노인의 주거보장정책과 관련하여 우리나라의 노인 주거보장정책은 형편이 대단히 미약하다. 이러한 문제는 그동안 노인부양에 관한 문제가 거의 가족책임으로 여겨졌고 더욱이 시설에 노인이 입소하는 일은 노인과 부양자의 체면과 효의 문제가 걸려 있어 선뜻 실행하기 어려운 지경이었다. 이제부터 서서히 노인을 위한 정부와 민간 차원의 시설이 건설되고 있지만 민간기업의 주거는 입주가격이 높아 웬만한 중산층에서도 쉽사리 결정하기가 어려운 형편이다. 그러므로 실질적인 노인의 주거보장정책이 필요하다. 또한 사회적 서비스 분야의 문제점으로서는 서비스체계의 정비가 이루어지지 않고 있으며 보다 전문성이 요구된다고 할 수 있다. 따라서 근본적인 노인문제의 해결을 위해서는 국가는 물론 가족과 지역사회가 공동으로 노력해야 하겠으며, 무엇보다도 중요한 것은 국가의 적극적인 개입으로 노인복지의 획기적인 발전을 유도해야 한다는 것이다. 즉, 국가의 역할과 책임 확대를 토대로 노인들에 대한 서비스의 적용대상을 확대하고 다양한 프로그램을 개발하고, 전문인력을 양성하는 것이 중요하다.

생각해 보기

1. 우리나라 인구고령화 현상의 원인과 특징에 대해서 여러분의 생각을 서로 토론해 봅시다.
2. 노인의 공적 소득보장정책의 제도 중 문제점은 무엇인지 그 이유와 개선방안에 대해 여러분의 생각을 토론해 봅시다.
3. 노인복지시설을 방문하여 봉사활동을 하고, 노인의 복지욕구와 생활문제를 알아보고 노인복지의 과제에 대해서 서로 토론해 봅시다.

연습문제

01 **노인인구의 급격한 증가의 원인으로 바르지 않은 것은?**

① 보건의료기술의 발전으로 인한 평균수명의 연장과 사망률 저하
② 과학기술과 의학기술의 발달
③ 출생률의 감소
④ 경제·보건위생 등 전반적인 생활수준 향상
⑤ 인구의 자연적인 증가 현상

해설 현대사회는 고도의 경제성장과 의료기술의 발달로 평균수명이 늘어나고 생활환경의 변화, 영양학적 향상 등은 결국 노인의 절대 수를 증가시켰고, 상대적인 출생률의 감소도 노인인구 증가의 요인이라고 할 수 있다. 이로 인한 인구고령화 현상이 급속히 진전되고 있다.

02 **노인의 역할상실과 소외의 원인이 아닌 것은?**

① 산업화로 인한 노동력의 제한
② 핵가족화
③ 정년퇴직
④ 배우자의 사망
⑤ 자녀의 부양의식 저하

해설 생산기술이 기계화됨으로써 노동력이 감소되게 되었고 노인세대의 대부분은 퇴직 후의 노령기에 적절한 역할과 규범을 확립하지 못하고 있다. 그리고 대다수의 노인들은 세대 간 교육수준 및 가치관의 차이, 자녀의 부양의식 저하, 핵가족화 등으로 가족으로부터 소외문제를 겪고 있다.

03 **노인복지시설의 종류 중 노인주거복지시설에 해당하는 것은?**

① 노인복지관 ② 경로당
③ 노인공동생활가정(Group Home) ④ 노인교실
⑤ 노인요양시설

해설 노인여가복지시설에는 노인복지관, 경로당, 노인교실이 있으며, 노인공동생활가정(Group Home)은 노인주거복지시설이다. 노인의료복지시설에는 노인요양시설, 노인요양공동생활가정이 있다.

04 **재가노인복지시설 서비스의 종류에 해당되지 않는 것은?**

① 방문요양서비스 ② 단기보호서비스
③ 사회보호서비스 ④ 주간보호서비스
⑤ 야간보호서비스

해설 재가노인복지시설은 정신적 · 신체적 이유로 독립적인 일상생활을 수행하기 곤란한 노인과 노인부양가정에 필요한 각종 서비스를 제공함으로써, 노인이 가족 및 친지와 더불어 건강하고 안정된 노후생활을 영위할 수 있도록 함과 동시에 노인부양으로 인한 가족의 부담을 덜어주고자 한다. 노인재가복지시설의 종류는 방문요양서비스, 주 · 야간보호서비스, 단기보호서비스, 방문목욕서비스, 그 밖의 서비스가 있다.

05 다음 중 노인의료보장정책의 개선과제가 아닌 것은?

① 의료비에 대한 할인혜택 등 의료보험 급여범위 확대와 본인부담금 상한제 도입
② 노인의료복지서비스 공급체계의 구축
③ 장기요양보험제도의 급여대상자를 포괄적으로 확대
④ 노인건강진단의 강화와 후속조치의 공적 책임화
⑤ 노인전용병원의 확대 · 실시

해설 노인의료보장정책의 개선과제로 의료보험 급여범위 확대와 본인부담금 상한제 도입, 노인의료복지서비스 공급체계의 구축, 장기요양보험제도의 급여대상자를 포괄적으로 확대, 노인건강진단의 강화와 후속조치의 공적 책임화 등을 들 수 있다.

정답 01. ⑤ 02. ④ 03. ③ 04. ③ 05. ⑤

chapter 13

장애인복지

Chapter

13 장애인복지

제1절 장애인복지의 이해

1. 장애인복지의 정의

장애인복지에 관한 정의는 여러 문헌에서 다양하게 나타나고 있다. 먼저 장애인복지란 장애를 가진 장애인의 삶, 즉 그들의 행복을 추구하는 데 목적을 둔 사회적이고 조직적인 활동이라 할 수 있다(정영숙 외, 2008).

장애인복지에 있어 기본적인 목표는 장애인들이 우리 사회의 한 구성원으로서 비장애인과 함께 더불어 살아가고 보편적인 삶을 유지할 수 있도록 지원하는 것이며, 이를 통하여 그들의 완전한 사회참여와 평등이 실현될 수 있도록 하는 것이다(남일재 외, 2016). 또한 장애인의 정의를 살펴보면, 신체 또는 정신적인 장애로 인하여 생활에 불편함을 갖는 사람을 일컫는다. 국제연합에서 규정하고 있는 장애인은 선천적이든 후천적이든 간에 신제적 · 정신적 능력의 불완전으로 인하여 일상의 개인 혹은 사회생활에 필요한 것을 자기 스스로 완전히 혹은 부분적으로 수행할 수 없는 사람을 의미한다(박차상 외, 2001).

1980년 세계보건기구(WHO)에서는 국제장애분류(ICIDH : International Classification of Impairments, Disabilities and Handicaps)에서 세 가지 차원의 장애개념으로 기능장애(impairment), 능력장애(disability), 사회적 불리(handicap)를 제시하였다.

1997년 세계보건기구(WHO)는 1980년 국제장애분류(ICIDH)에서 나타난 세 가지 차원의 문제를 수정 · 보완하여 새로운 장애의 개념과 분류기준(ICIDH-2)을 제시하였다. 이 분류기준에서 장애는 기본적으로 환경과 개인이라는 상호자용을 포함한 장애개념을 채택하여 '손상(impairment)', '활동(activities)', '참여(participation)'로 구분하고 있다.

2001년 5월 22일 제54회 세계보건회의에서는 인간과 환경의 상호작용이라는 진보한 개념으로 생활기능과 장애의 국제분류(ICF)를 제시했다.

이 ICF는 크게 '기능과 장애'와 '상황적 요소'로 구분되며 '기능과 장애'는 다시 '신체기능과 구조', '활동과 참여'로, '상황적 요소'는 '환경적 요소', '개인적 요소'로 분류되어 있다. 종래의 기능장애, 능력장애, 사회적 장애라는 개념 대신 기능장애, 활동제한(activity limitation), 참여제한(participation restrict)을 사용하여 장애인의 사회통합과 지역사회생활을 강조하고 있다(박경일, 2011).

우리나라 장애인복지법 제2조에서 "장애인은 신체적·정신적 장애로 오랫동안 일상생활 또는 사회생활에서 상당한 제약을 받는 자"로 정의하고 있다. 장애인복지는 사회적 편견이나 약자의 입지를 어렵게 만드는 사회의 경쟁구조에 대하여 장애인이 생활상의 어려움을 극복해 나가도록 예방적·사회중재적으로 개입하는 시책과 실천행동이다(권육상 외, 2010).

제2절 장애범주 및 장애인 현황

1. 장애범주

장애범주는 그 나라의 정치·경제·사회·문화적 환경을 기반으로 법적으로 결정되므로 사회적 환경과 시대적 상황에 따라 다르게 규정된다. 법적 장애범주의 확대는 곧 서비스 수급자의 확대를 의미하므로 그 인사규모나 서비스 복지재정 등과 직접적 관련이 있기 때문에, 장애인에 대한 복지혜택의 많고 적음을 떠나서 핵심사항이다(정무성 외, 2007).

일반적으로 선진국의 경우에는 세계보건기구(WHO)에서 정하고 있는 장애분류에 의거하여 장애범위를 포괄적으로 정의하고 있는 데 반해서, 개발도상

국이나 후진국의 경우에는 장애범위가 협소하게 정해져 있다. 이에 따라 선진국에서는 장애인구 비율이 10%를 상회하고 다양한 복지서비스가 지원되고 있으나, 복지후진국의 경우에는 장애범위가 협소하고 장애인구 비율이 낮을 뿐만 아니라 장애인에 대한 복지수준도 충분하지 않음을 볼 수 있다(권선진, 2008).

우리나라의 법적 장애범주는 세계보건기구(WHO)에서 추정하고 있는 전 인구의 10%가 장애인이라는 기준에서 보면 상당한 차이를 보이고 있는데, 2000년 이전 법적 장애범주는 지체장애, 시각장애, 청각장애, 언어장애, 정신지체의 다섯 가지 유형으로 시작하여, 2000년 장애인복지법의 개정으로 만성중증 정신질환자, 심장 및 신장 질환자까지 법적 장애범주가 확대되었다. 2003년 7월에는 안면장애, 간 장애, 호흡기 장애, 장루・요루 장애, 간질장애가 추가되어, 현재 우리나라에는 장애인복지법 시행령에 따른 장애범주가 열다섯 가지로 확대되었다. 또한 2007년에는 부정적인 용어의 장애명을 개정하였는데, '정신지체'를 '지적장애'로, '발달장애'를 '자폐성장애'로 변경하였고, 2015년에는 '간질장애'를 '뇌전증장애'로 변경하였다.

앞으로 정부에서는 치매, 알코올 중독, 만성질환 등도 법적 장애범주에 포함시킬 예정이다. 따라서 법적 장애범주의 확대는 단계적으로 이루어져야 할 것이다(신현석, 2009).

우리나라의 장애인복지법 제2조에서는 장애를 크게 두 가지의 범주로 나누고 있다.

첫째, 신체적 장애로 주요 외부 신체기능의 장애와 내부기관의 장애 등을 말한다.

둘째, 정신적 장애로 발달장애 또는 정신질환으로 발생하는 장애를 말한다.

이 두 범주별 각 세부사항을 살펴보면 다음과 같다.

1) 지체장애인

신체부지 유의 상태로 신체의 기형이나 절단, 골절, 화상 등과 같이 두개골, 관절, 근육 등의 문제로 인해 생기는 정형외과적 손상과 뇌성마비(cerebral palsy),

경련장애(seizure disorder), 이분척추(spina bifida), 척추손상(spinal cord injury) 등과 같은 신경학적인 손상으로 인한 사람이다(이소현 외, 2006).

2) 뇌병변장애인

외부 신체기능의 장애의 일종으로 중추신경계의 손상으로 인한 복합적인 장애로 뇌성마비, 외상성 뇌손상, 뇌졸중(중풍) 등 뇌의 기질적 병변으로 인해 보행 또는 일상생활활동에 신체적 · 정신적 제한을 받는 사람이다.

3) 시각장애인

시력장애, 시야결손장애로 물체를 식별하는 눈의 기능결함과 다른 신체적 결함으로 인해 시력에 제한을 받는 사람이다. 일반적으로 시각장애는 맹과 약시로 구분한다. 보통 장애의 원인이 발생한 후나 수술 후 6개월 이상 지속적으로 치료한 후에 판정한다.

4) 청각장애인

청력장애, 평형기능장애로 귀부터 뇌에 이르기까지 청각전달에 관여하는 기관 중 어느 부분에서 가벼운 것에서부터 심한 정도에 이르기까지 이상이 생겨 소리를 듣지 못하거나, 들은 소리의 뜻을 정확하게 이해하지 못하는 사람이다. 정도에 따라 난청과 농으로 구분한다.

5) 언어장애인

음성 또는 언어장애로 의사소통 과정에 문제가 생겨 언어습득과 발달에 지장을 초래한 경우이다. 개인의 의사소통에 방해되어 사회생활에서 적응이 불가능한 상태일 때 진단할 수 있으며, 종류에는 언어발달지체, 조음장애, 구개파열장애, 뇌성마비언어장애, 실어증, 유창성장애(말더듬장애, 말빠름장애), 리듬장애, 청력손실로 인한 언어장애가 있다.

6) 안면장애인

선천성 기형, 질환, 사고 등으로 인한, 안면부위의 변형(색깔, 모양, 혹 등)으로 인한 장애가 있어 사회생활활동에 현저한 제한을 받는 사람이다. 유형에는 색소침착, 모발결손, 조직의 비후나 함몰 및 결손 등이 있다. 여기서 함몰이나 비후라 함은 연부조직, 골조직 등의 함몰이나 비후, 위축을 말한다.

7) 신장장애인

신장기능이 90% 이상 소실되어 혈액투석이나 복막투석을 지속적으로 받아야 하거나 신장기능의 영속적인 장애로 일상생활활동에 현저한 제한을 받는 사람이다. 신장이 만성 신우신염, 악성고혈압, 당뇨, 다낭포성 신염, 다발성 동맥염, 선천적 기형 등 여러 원인에 의해 점차적으로 기능이 감소되어 혈중 요소와 질소 및 다른 노폐물을 배설시키지 못하고 체내에 축적되는 상태를 말한다.

8) 심장장애인

심장은 사람이나 동물의 혈액순환을 담당하는 기관으로서 심부전 또는 협심증 등으로 일상생활이 현저히 제한되는 심장기능 이상이 있는 사람이다. 여기서 심부전증이란 심상의 펌프기능이 장애를 일으켜 정맥압이 상승하고 충분한 양의 산소를 말초조직에 공급할 수 없는 상태를 의미한다.

9) 간 장애인

간의 만성적 기능부전과 그에 따른 합병증 등으로 간 기능에 장애가 있어 일상생활이나 사회활동에 현저한 제한을 받고 있는 사람이다.

10) 호흡기장애인

폐나 기관지 등 호흡기관의 만성 기능부전으로 호흡기능에 장애가 있어 일상생활이나 사회활동에 현저한 제한을 받고 있는 사람이다. 유형에는 천식, 만성 기관지염, 늑막염, 결핵, 폐암 등이 있다.

11) 장루 · 요루장애인

결장루 · 회장루 · 요루의 기능장애로 일상생활이나 사회활동에 현저한 제한을 받고 있는 사람이다. 원인에는 각종 사고로 인한 경우가 있으나 대부분이 선 · 후천적 질병의 원인으로 발생한다.

12) 뇌전증장애인

뇌전증에 의한 뇌신경세포의 장애로 인하여 일상생활 또는 사회생활을 하는 데 있어 상당한 제한을 받아 다른 사람의 도움이 필요한 사람이다. 뇌전증은 상당히 흔한 병이며 원인도 다양하여 발작의 양상도 여러 가지 형태로 나타날 수 있다. 발작 시에는 호흡장애, 흡인성 폐렴, 심한 탈진, 두통, 인지기능장애가 나타날 수 있다.

13) 지적장애인

18세 이전에 발병하고 정신발육이 항구적으로 지체되어 지적 능력의 발달이 불충분하거나 불완전하고 자신의 일을 처리하는 것과 사회생활에의 적응이 현저히 곤란한 사람이다. 지적장애는 1, 2, 3등급으로 나누고 있다.

14) 자폐성장애인

소아기 자폐증, 비전형적 자폐증에 의한 기능 및 능력 장애로 인하여 일상생활 또는 사회생활을 영위하기 위한 기능수행에 제한을 받아 도움이 필요한 사람이 이에 해당한다.

15) 정신장애인

지속적 정신분열병, 분열형 정동장애, 양극성 정동장애 및 반복성 우울장애에 의한 기능 및 능력 장애로 인하여 일상생활 혹은 사회생활을 영위하기 위한 기능수행에 현저한 제한을 받아 도움이 필요한 사람이 이에 해당한다.

2. 장애인구 및 출현율

장애인의 생활실태와 욕구를 파악하고 장단기 장애인복지정책을 수립하기 위해서 장애인복지법 제31조와 장애인복지법 시행령 제18조와 제19조의 규정에 따라 장액인실태조사가 3년 주기로 실시되고 있다. 2020년 장애인실태 현황을 살펴보면 다음과 같다.

통계청 자료갱신일(2022. 11. 11)의 자료에 의하면 전국의 장애인 수는 약 260만 명으로 추정되며 2017년의 270만 명에 비해 약 5만 8천 명 정도가 감소하였다.

2020년 재가장애인은 26만 명이며, 시설장애인은 8만 8천 명 정도이다. 그동안 정부의 지속적인 재가장애인 정책 강화로 재가장애인 수는 매년 늘어나고 있으나 시설거주 장애인 수는 그리 늘지 않고 있다. 지속적인 장애인 수의 증가원인인 법정 장애범주가 확대되고 있고, 우리 사회가 장애위험요인인 인구고령화와 각종 산업재해, 교통사고와 만성질환의 증가로 인해 장애인 수가 늘어난 것으로 살펴볼 수 있다. 따라서 장애인 문제는 개인의 문제가 아니라 사회적인 문제로 다루어질 필요가 있다(천정웅 외, 2016).

〈표 13-1〉 전국 장애인 추정 수

(단위 : 명, %)

구 분		재가장애인	시설장애인	전 체
2014년	장애인 수	2,646,064	80,846	2,726,910
	출현율	5.43	–	5.59
2017년	장애인 수	2,580,340	88,071	2,668,411
	출현율	5,21	–	5.61
2020년	장애인 수	2,622,950	–	2,623,201
	출현율	–	–	–

출처 : 통계청(2022). 1995~2020 장애인 실태조사(자료갱신일 2022. 11. 11).

제3절 장애인복지의 특성

장애인복지는 장애인에 대한 편견과 차별의 제거, 장애인을 우리 속에서 받아들이는 마음의 자세는 물론, 장애인에 대한 봉사와 장애인의 욕구충족을 위해 필요한 것들을 사회적으로 추구할 수 있는 시민행동이 없다면 아무리 제도적으로 장애인복지가 충실히 구비되어 있다 하더라도 이들의 진정한 사회통합은 이루어질 수 없다. 그러므로 장애인복지의 궁극적 주체는 사회의 모든 구성원이라 할 수 있을 것이다(이경희, 2003).

장애인복지의 궁극적 목표점은 보편적 사회복지의 이념과 다르지 않다. 그러나 대상이 갖는 특성으로 인해 고유의 필요성을 가진다. 장애인복지는 넓게는 사회복지의 틀 속에서 공통된 특성을 가지고 있지만, 장애인이라는 특정인을 대상으로 하기 때문에 독특한 특성을 가질 수 있다. 장애인이 가지는 문제와 배경, 장애인에 대한 시각, 복지의 방향 등의 관점에서 장애인복지의 특성은 장애문제의 복잡성, 종합성, 역동성, 책임성 등으로 정리해 볼 수 있다(남상만 외, 2005).

1) 복잡성(Complexity)

현대사회의 진전에 따라 고령장애인, 중도장애인, 중복장애인이 계속 증가하고 있다. 장애의 장애유형은 손상부위에 따라 시각, 청각, 언어, 지체, 발달, 정신, 심장, 신장장애 등으로 분류되고 손상 정도에 따라 3등급, 6등급으로 분류된다.

장애인의 재활서비스 측면에서 보면 장애는 다시 정의되는 등 장애유형과 장애 정도로 인해 파생되는 문제가 다양하다. 이러한 장애문제의 다양성은 장애인복지를 어렵게 하고 있는데, 이것은 장애인 본인이나 가족에게만 국한되는 것이 아니라 전체 국가와 사회, 장애인 개인 모두가 함께 생각해야 하는 복잡성을 가진다(정영숙 외, 2008).

2) 종합성(Comprehensiveness)

다양하고 복잡한 장애문제를 가진 장애인의 해결방법은 종합적으로 강구되어야 한다. 즉, 장애인복지는 사회복지의 한 분야의 문제일 뿐만 아니라 의료적·사회적·교육적·직업적·환경적 차원과도 관련되어 있는 종합성이 요구되는 복지로서, 한 분야의 전문가만으로 서비스 목적을 실현할 수 없으며, 각 분야의 전문가들이 한 팀으로 조직활동과 종합서비스를 동시에 제공함으로써 그 효과를 높일 수 있다(정영숙 외, 2008).

3) 역동성(Dynamic)

시대나 상황의 변화에 따라 장애인들은 자신의 권리의식 제고와 더불어 사회적·경제적 수준이 높아짐에 따라 장애인복지의 의식도 구제대상에서 권리주체로 변화되고 있다. 장애인복지를 위한 모든 정책, 제도, 방법, 기술 등이 장애인 본인들의 욕구에 따라 수시로 유연하게 적용되면서 적절히 사회변화와 환경에 역동적으로 움직여야 하므로, 장애인복지는 역동적으로 이루어져야 한다.

4) 책임성(Responsibility)

한 장애인의 재활문제를 다루는 공공성을 가진 장애인복지이기 때문에 반드시 책임성을 가져야 한다. 장애인복지는 장애발생의 원인부터 치료·재활에 이르기까지 한 장애인 개인이나 가족에게만 국한되는 문제가 아니라 사회적인 문제를 안고 있기 때문에, 사회 연대책임의 기초 위에서 사회와 국가의 책임이 강조되며 상호 간에 협력해야 할 책임성을 가지고 있다. 따라서 국가와 사회는 장애인 본인의 잠재능력 개발과 실현으로 사회의 일원으로 기능할 수 있도록 해야 할 것이다.

제4절 장애인복지의 재활 및 과제

1. 장애인복지 재활

재활(rehabilitation)이란 단순한 치료나 훈련의 기술적인 측면만을 의미하는 것이 아니고 장애인의 손상된 자격, 존엄이 완전히 회복되는 것을 의미한다. 심신장애인에게 의료적·교육적·사회적·직업적인 훈련을 통합적으로 실시함으로써 심신장애인이 가진 잠재적 능력을 개발시켜 독립적인 삶을 살아가도록 하는 것이다(이영철, 2004). 또한 1976년 세계보건기구(WHO)는 재활을 "의학적·사회적·교육적·직업적 수단을 동원하고 이를 상호 조정하여 훈련과 재훈련을 통하여 장애인의 기능적 능력을 가능한 한 최고수준에 도달하도록 하는 것"이라고 정의했다.

재활은 치료, 훈련 등과 같이 단순히 기술적인 것을 의미하는 것이 아니라, 장애인을 한 사람의 사회인으로서 생활이 가능하도록 도와주는 총체적인 서비스 활동으로 정의할 수 있다(남연희 외, 2010).

재활의 이념적 바탕원리는 다음과 같다.

첫째, 기회균등이 보장되어야 한다.

둘째, 인간은 전 인격적 존재이다.

셋째, 인간은 독특한 존재이다.

각 개인마다 장애에 대한 심리적·개인적 반응은 다르며, 어느 누구도 완전히 똑같은 욕구나 잠재능력을 가지지 않는 독특한 요구와 소질, 대처방법, 목표가 있다(이채식 외, 2010).

재활분야는 의료재활, 교육재활, 직업재활, 사회적 재활, 심리재활, 재활공학으로 다루어지고 있다.

1) 의료재활

국제노동기구(ILO)에서는 의료재활을 '장애인이 자립하고 활동적인 생활을 영위할 수 있도록 개인의 기능적 혹은 심리적 능력을 발달시키는 의료적인 접근방법'으로 정의하고 있으며, 세계보건기구(WHO)는 의료재활의 개념을 질병이나 사고에 의한 후유증, 만성질환, 노인병 등 치료기간이 장기화되기 쉬운 환자의 잠재능력을 활용하여 자연치료를 적극적으로 촉진시키는 기술이며, 내·외과적 치료의 응용과 함께 물리적·심리적 수단을 보완하고 보충하는 의료조치라고 정의한다.

의료재활의 목표는 장애를 완화하거나 장애발생을 예방하여 신체적 기능을 최대한 증대시키는 것이다.

러스크(Rusk, 1984)는 의학을 예방의학, 치료의학, 재활의학으로 구분하고, 의료재활을 전문으로 다루는 분야가 재활의학, 즉 제3기 의학이라고 하였다.

의료재활의 접근방법에는 물리치료, 작업치료, 의용공학, 청각·언어치료 등이 있으며, 구체적인 내용을 살펴보면 다음과 같다.

(1) 물리치료

운동치료, 열치료, 전기치료, 수치료법 등을 통해서 신체적으로 손상된 기능, 능력을 최대한으로 개발·예방하는 활동이다.

(2) 작업치료

작업을 이용하여 장애인의 신체적·심리적 능력의 개발과 직업적 능력을 개발하는 의료활동이다.

(3) 의용공학

인체공학에서 장애인의 의수족 및 각종 재활보조기구를 활용하는 활동이다.

(4) 청각·언어치료

청각·언어장애인의 사회활동에서 필요한 정보를 표현하는 재활의 수단이 되는 매우 중요한 재활영역이다. 의료재활에서 개선해야 할 점은 재활전문의료기관의 부족, 재활전문의와 재활전문요원의 부족, 의료재활 영역 간의 상호 협력 부족, 재활기기의 낙후, 일반인의 이해 부족 등이다. 재활 보장구에는 의지(상지, 하지), 지팡이, 휠체어, 리프트, 장애인용 자동차, 환경제어시스템 등이 있다.

2) 교육재활

교육재활은 장애인이 가지고 있는 능력을 최대한으로 향상시키고 잠재능력을 개발하여 사회생활에 적응하도록 도움을 주는 교육제도와 교육방법 및 기술을 통한 교육서비스이다(전용호, 2003).

이러한 교육서비스를 특수교육이라고 하며, 대상의 특수성에 따라 특수학교, 일반학교에서의 특수학급, 순회교육, 통합교육, 조기교육 등의 형태로 진행된다. 오늘날은 장애인에 대한 통합교육방식이 강조된다. 특수교육에서 부모에 의한 교육과 사회교육도 중요하며, 미취학 연령의 장애아동을 대상으로 한 조기 특수교육이 매우 중요하다. 우리나라는 장애인 등에 대한 특수교육법에 따라 특수교육 대상자를 시각장애, 청각장애, 지적장애, 지체장애, 정서·행동장애, 자폐성장애, 의사소통장애, 학습장애, 건강장애, 발달지체, 그 밖에 대통령령으로 정하는 장애 등으로 규정하고 있다.

3) 직업재활

현대사회에서 직업은 개인적 활동이며, 가장 유용한 성취수단이다. 장애인이 가지고 있는 잠재능력을 최대한 찾아 극대화함으로써 일할 권리와 의무를 비장애인들과 함께 가지도록 하는 것을 직업재활이라고 말한다.

직업재활은 직업능력을 회복시키는 활동으로, 적절한 직업훈련, 직무지도, 취업알선 등을 해주는 것으로서 장애인의 직업능력 평가, 직종개발, 직업훈련 실시, 취업알선, 사후지도를 하는 일련의 과정이다.

장애인고용의 유형에는 일반고용과 보호고용이 있는데, 보호고용은 주로 중증장애인을 대상으로 하며 노동시장에서 불리한 장애인을 위하여 보수가 있는 보호작업장을 제공한다.

우리나라의 직업재활시설에는 작업활동시설, 보호작업시설, 직업훈련시설, 근로작업시설과 장애인 생산품판매시설 등이 있다.

4) 사회적 재활

사회재활은 장애인을 둘러싼 사회적·물리적·경제적·심리적 환경조건을 정비하여 장애인이 인간다운 생활을 하고, 궁극적으로는 사회에 통합될 수 있도록 지원하는 재활분야이다(신현석, 2009). 사회재활을 위해서는 법률적·행정적·경제적·물리적·문화적 환경을 잘 갖추어야 한다.

사회재활의 전문인력은 사회복지사, 재활상담사, 치료레크리에이션 전문가, 재활체육지도자, 시각장애인을 위한 점역사, 보행훈련사, 청각장애인을 위한 수화통역사 등이 있다.

5) 심리재활

장애인 본인과 그 가족 및 주위 사람들의 심리문제, 재활과정 중에 갖는 욕구, 정서, 관심, 가치관, 태도 등과 같은 심리요인에 대한 접근으로서, 그들의 심리적 향상을 도모하는 과정을 심리재활이라고 한다.

심리재활의 전문인력은 임상심리사, 재활상담사, 미술치료사, 음악치료사, 놀이치료사 등이다.

6) 재활공학

재활공학은 장애인들의 손상된 부위를 공학기술을 통해 재활시키는 재활의 새로운 분야로 정의해 볼 수 있다. 재활공학의 대상은 손상, 능력장애, 사회적 불리로 분류되는 세 가지 의미의 장애인에게 모두 필요한 부분이다.

재활공학의 전문인력은 작업치료사, 물리치료사, 언어치료사, 재활공학기사 및 기술자, 의지·보조기 기사, 컴퓨터공학자 등이다.

〈표 13-2〉 장애인복지 재활서비스

주요 서비스	지원대상	지원내용
재활 병·의원	장애인	-장애의 진단과 치료, 보장구 제작·수리, 장애인 심리검사·평가 -국민기초생활보장 대상자는 무료, 그 외의 자는 실비부담
시각장애인 심부름센터	시각장애인	-민원업무 대행, 직장 출·퇴근, 장보기, 이삿짐 운반, 가사 돕기, 취업안내 등 -국민기초생활보장 대상자는 무료, 그 외의 자는 실비부담 -사업주체 : 한국맹인복지연합회
수화통역센터	청각·언어 장애인	-출장 수화통역 : 관공서, 법률 관련기관 방문, 의료기관의 진료 등의 경우에 수화통역 필요시 출장통역 실시 -일반인에 대한 수화교육 -청각·언어 장애인에 대한 고충상담
장애인 직업재활시설	등록 장애인	-저소득 중증 장애인에게 취업을 위한 직업재활 실시, 장애인의 능력과 적성에 맞는 직업생활을 위한 지원고용 실시
장애인 생활시설	등록 장애인	-생활시설 입소 : 의식주 제공, 재활서비스 제공

장애인 결연사업	시설 입소 장애인 재가 저소득 장애인	–결연을 통하여 장애인에게 후원금품을 지원, 자원봉사활동, 취업알선
장애인복지관	장애인	–장애인에 대한 상담, 판정, 의료재활, 직업재활, 사회생활 적응지도, 사회교육과 계몽사업 등
주간 단기보호시설	장애인	–장애인보호자가 출장, 여행 등의 경우 재가장애인을 낮 동안 또는 일시적으로 보호 –국민기초생활보장 대상자는 무료, 그 외의 자는 실비부담
장애인 재활정보센터	장애인과 가족	–장애인에게 재활정보를 제공하여 사회참여 확대와 복지증진 –사업주제 : 한국장애인재활협회 –정부시책 : 서비스 등 재활 전문 데이터베이스 운영, 온라인 상담과 정보제공 등 재활정보에 대한 자동응답서비스 제공
재가장애인 순회 재활서비스	장애인	–장애인종합복지관에 재가복지봉사센터를 부설하여 운영 : 재가장애인을 방문, 상담, 의료교육 재활, 직업재활 등의 서비스 제공
장애인 생산품 판매시설(공판장)	장애인 직업재활 시설에서 물품을 생산하는 장애인	–장애인들이 생산한 물품의 판로 확보로 장애인 취업 확대와 소득보장

출처 : 권진숙 외(2008).

2. 장애인복지의 과제

1) 소득보장의 구체화

장애인의 경우 대체로 빈곤화되어 있다. 따라서 소득보장정책은 1차적이며 필수적이다. 장애로 인한 소득보장의 기회가 상실된 사람에 대해서는 최저생계비를 보장할 수 있는 소득보장제도가 마련되어야 한다.

2) 교육기회의 확대와 통합교육 실시

모든 장애인들이 적절한 교육기회를 받을 수 있도록 조기교육과 중등교육 이후의 교육을 강화하는 조치들이 필요하다. 특수교육시설의 현대화, 일반아동과의 통합교육의 확대가 이루어져야 한다.

3) 의료재활의 확대

모든 장애인들에게 의료재활서비스를 받을 수 있도록 재활전문병원, 종합병원 내의 재활의학과를 설치·확충하고 재활 관련 전문인력을 양성하여 의료재활서비스 기회를 확대해야 한다. 아울러 보장구의 개발과 재활공학 분야의 국가적 지원과 정책적 배려가 필요하다.

4) 장애인 고용의 확대 및 개선

국가의 더 많은 관심과 노력의 개선이 필요하며 장애인 의무 채용률을 높이고 민간기업체에 장애인 고용을 독려하는 인센티브를 강화하는 등 실질적이고 다양한 방안으로 지속해 나가야 할 것이다.

5) 사회환경 개선 및 지역사회 통합을 위한 노력

사회환경 개선은 장애인 재활에서 총체적인 재활의 기초를 형성하는 장기적인 과정으로서 지역사회 내에서의 장애인 재활을 적극적으로 강화하여야 한다.

생각해 보기

1. 장애인복지의 정의 중 1980년 세계보건기구의 국제장애분류 장애의 세 가지 측면에 대해서 여러분의 생각을 토론해 봅시다.
2. 장애인복지의 특성에 대해 여러분의 생각을 토론해 봅시다.
3. 장애인복지의 재활에 대해 여러분의 생각을 토론해 봅시다.
4. 장애인복지의 과제에 대해서 여러분의 생각을 토론해 봅시다.

01 **다음 중 1980년 세계보건기구의 국제장애분류에서 장애의 세 가지 측면은?**

① 기능장애, 능력장애, 활동제한
② 능력장애, 참여제한, 기능장애
③ 기능장애, 능력장애, 사회적 불리
④ 능력장애, 활동제한, 참여제한
⑤ 사회적 제한, 기능장애, 능력장애

해설 • **기능장애** : 신체적 · 심리적 · 해부학적 구조나 기능의 일부 상실로 인한 능력저하
• **능력장애** : 기능장애의 결과로 인한 능력의 제약 또는 결여
• **사회적 불리** : 기능장애나 능력저하의 결과로 인한 역할수행 시 제한을 받거나 지장을 초래하는 경우

02 **우리나라의 심신장애자복지법이 제정된 연도는?**

① 1976년 ② 1981년
③ 1988년 ④ 1995년
⑤ 2002년

해설 1981년에 심신장애자복지법이 제정 · 공포

03 **다음 중 장애인복지의 특성이 아닌 것은?**

① 복잡성 ② 종합성
③ 책임성 ④ 창의성
⑤ 역동성

해설 장애인이 가지는 문제와 배경, 장애인에 대한 시각, 복지의 방향 등의 관점에서 장애인복지의 특성은 복잡성, 종합성, 역동성, 책임성 등으로 볼 수 있다.

04 **2007년 장애인복지법에 의하면 부정적인 장애명칭인 정신지체는 다음 중 어떤 장애로 명칭이 변경되었는가?**

① 지적장애 ② 자폐성장애
③ 지체장애 ④ 뇌병변장애
⑤ 정신장애

해설 2007년에는 부정적인 용어의 장애명칭을 개정하였는데 '정신지체'를 '지적장애'로 '발달장애'를 '자폐성장애'로 변경하였다.

연습문제

05 장애인복지의 과제가 아닌 것은?

① 소득보장의 구체화
② 교육기회 확대 및 통합교육 실시
③ 의료재활서비스 확대
④ 사회환경 개선 및 지역사회 통합을 위한 노력
⑤ 경제산업의 발달

해설 장애인복지의 우선과제는 소득보장의 구체화, 교육기회 확대 및 통합교육 실시, 의료재활서비스 확대, 사회환경 개선 및 지역사회 통합을 위한 노력, 장애인 고용의 확대 및 개선이 이루어져야 한다.

06 장애인복지 재활분야가 아닌 것은?

① 교육재활
② 취업확대
③ 심리재활
④ 의료재활
⑤ 재활공학

해설 장애인복지 재활분야는 의료재활, 교육재활, 직업재활, 사회적 재활, 심리재활, 재활공학으로 다루어지고 있다.

07 다음 중 장애인복지의 방향이 아닌 것은?

① 지역사회중심재활
② 자립생활지원서비스
③ 시설수용중심
④ 재가복지서비스
⑤ 클라이언트중심서비스

해설 장애인들이 사회구성원의 한 사람으로서 평등하게 교육을 받고 직업을 가지며 비장애인들과 함께 더불어 살아가는 사회적인 환경을 만들어 주는 것이 우리나라 장애인복지정책이 나아가야 할 기본적인 방향이다.

정답 01. ③ 02. ② 03. ④ 04. ① 05. ⑤ 06. ② 07. ③

chapter 14

여성복지

Chapter

14 여성복지

제1절 여성복지의 개념

1. 여성복지의 개념

여성복지는 여성들의 일상생활상의 장애를 제거하여 경제적으로나 문화적으로 충족한 가정생활 및 사회생활이 보장되는 것을 궁극적인 목표로 하는 제도이다. 사회보장과 사회복지서비스 면에서 여성들이 필요로 하는 제도를 만들어 서비스를 제공함으로써 여성들의 사회기능을 증진시키려는 사회복지의 한 전문분야를 말한다. 즉, 여성복지란 미혼모, 윤락여성, 가출여성, 근로여성, 저소득여성 및 학대받는 여성들과 같은 요보호여성은 물론, 모든 여성들이 인간다운 삶을 영위할 수 있도록 정부 및 민간이 행하는 모든 조직적인 활동이라 할 수 있다. 이러한 여성복지의 실체는 국가와 시대에 따라 다양하게 변화되어 왔으며 목적과 수단에 대한 견해가 다르게 나타나므로 한마디로 정의하기는 어렵다. 그러나 과거의 여성복지가 요보호여성을 중심으로 한 산여적 복지였다면 오늘날은 일반 여성을 대상으로 한 제도적 복지로서 인권, 복지, 사회참여와 자아실현, 성차별 철폐운동 등이 새롭게 부상하는 정책과제가 되고 있다(최일섭 외, 2007).

김엘림(1999)은 "여성복지는 여성이 국가나 사회로부터 인간의 존엄성과 인간다운 생활을 할 권리를 보장받음으로써 여성의 건강·재산·행복의 조건들이 만족스러워지는 상태를 의미함과 동시에 사회구조적인 차원에서 기존의 가부장적 가치관과 이에 기초를 둔 법 및 기타 사회제도를 개선하는 등의 방법으로 이러한 상태를 실현하기 위한 모든 실천적 노력을 말한다"라고 하였다.

따라서 여성복지는 다양한 여성의 삶의 영역 중 '사회복지'와 관련된 부분으로 정부의 정책뿐만 아니라 민간 차원의 제반 노력까지를 포함하는 실체로 보아야 한다.

2. 여성복지의 필요성

사회복지의 1차적 관심은 기본적으로 인간이 생존하기 위해 필요한 욕구들인 가난, 질병, 사회일탈, 사회해체 등으로부터 개인과 집단을 보호하는 데 있다. 특히 사회복지의 대상은 연소자, 노인, 여성 등과 같이 인구학적 변동에 따라 분류할 수 있다. 이에 여성도 연소자나 노인과 마찬가지로 의존적 집단에 포함시켜야 하는 이유는, 산업사회의 시장경제체제하에서 여성이 생존을 위해 필요한 자원을 스스로 충족시키는 데 장애들이 따르기 때문이다. 여기에 여성을 사회복지의 대상으로 인식해야 할 필요성이 있다.

사회복지실천 분야에 남성복지는 없는데 여성복지가 있다는 사실은 여성이 전반적으로 사회에서 남성에 비해 불이익이나 불편 혹은 불만을 유발하는 환경에 노출되어 있다는 전제에서 출발한다. 여기서 여성복지가 필요한 보다 구체적인 이유를 여성을 둘러싼 사회문제를 중심으로 살펴보면 다음과 같다(남일재 외, 2006). 첫째, 불평등 의식을 들 수 있다. 우리 사회에서 여성은 남성과 차별되어 불리한 상황에 처하는 경우가 종종 있다. 대표적인 예가 취업의 불평등이다. 여성이 사회에서 남성과 다른 처우를 받게 되는 것은 산업사회에서 남녀의 역할에 대한 고정관념과 편견에 기인한다. 둘째, 요보호여성의 보호를 위해서 여성복지가 필요하다. 모자가정, 가정폭력 및 성폭력 피해 여성, 미혼모, 여성 장애인, 여성 노인과 같은 사회적 보호가 필요한 여성의 문제를 해결하기 위해 여성복지가 필요하다. 셋째, 일반 여성의 삶의 질을 향상시키기 위해서 여성복지가 확대되어야 한다. 전통적인 가부장 사회에서 산업사회로 바뀌면서 여성에 대한 기대와 가치관이 변화하였고, 이에 따라 여성에게 다양한 역할이 요구되고 있다. 여성의 자아실현 욕구와 다양한 형태의 사회참여 욕구를 충족시켜 줄 수 있는 제도와 서비스가 요구됨에 따라 여성복지의 필요성이 증대되고 있다.

제2절 현대사회의 여성문제

1. 여성의 낮은 경제활동참가율

2017년 통계청의 자료에 의하면, 경제활동참가율은 2017년 남성 73.2%, 여성 51.8%로 차이가 나타났다. 여성의 경제활동참가율이 낮은 이유는 가사와 육아가 여성의 전담화로 되어 있고, 여성의 취업 자체가 곤란한 사회경제적 구조 때문이라고 할 수 있다. 여성을 선호하지 않는 기업문화와 더불어 임신・출산・가사・양육을 이유로 어쩔 수 없이 노동시장에서 자발적 혹은 비자발적으로 물러날 수밖에 없는 상황에서, 여성의 경제활동참가율은 다른 OECD 국가에 비해서도 현저히 낮은 수준에 머물러 있다.

2. 여성의 경력단절 문제

여성의 경우 출산・육아로 인해 경력이 단절되는 M사형 구조를 보이고 있다. 여성의 경력단절은 여성의 복지 측면에서 재취업의 문제 그리고 재취업 후 직급 및 처우의 문제 등을 야기한다. 이러한 여성의 경력단절 문제는 재취업을 포기하게 만들거나, 재취업 후에도 자녀양육 문제와 열악한 처우환경 속에서 이중고를 겪게 하는 경우가 많다. 이는 다시 여성의 직업적 능력에 오점을 가져와 자발적 노동시장에서의 퇴출을 선택하게 하는 악순환을 낳는다.

3. 여성근로자에 대한 고용상의 성차별 문제

근로환경에서 여성근로자는 모집·채용과 퇴직·해고에서 성차별적 처우를 받고 있으며 직종분리 및 임금격차의 문제점을 가지고 있다. 여성이 남성에 비해 저임금직종에 종사하는 경우가 많으며, 보수와 처우 부분에서 성차별적 대우를 받고 있는 것으로 나타났다. 흔히 직종분리 현상이 이러한 실태를 반영하는 말이라고 할 수 있다.

〈표 14-1〉 여성고용평등상담실 현황

청별	단체명	주 소	전화번호(상담전화)
서울	(사)서울여성노동자회	서울 마포구 동교로 162-5, 5층	02-3141-3011 02-3141-9090(상담)
	(사)한국여성민우회	서울 마포구 월드컵로 26길 39 시민공간 나루 3층	02-737-5763 02-706-5050
	(사)여성노동법률지원센터	서울 영등포구 경인로 71길 70 벽산디지털밸리 1303호	0505-515-5050
중부	(사)인천여성노동자회	인천 부평구 마장로 39-4 3층	032-524-8830 032-524-8831
	(사)부천여성노동자회	경기 부천시 원미구 중동로 248번길 86, 현해탑 704호	032-324-5815
	(사)수원여성노동자회	경기 수원시 팔달구 효원로 53 두리빌딩 3층	031-246-2080
	(사)안산여성노동자회	경기 안산시 단원구 와동로 1길 21, 보륭연립 1차 4동 104호	031-494-4362
부산	(사)부산여성회	부산 동래구 연안로 59번길 99	051-504-6638 051-506-2590
	(사)마산창원여성노동자회	경남 창원시 성산구 상남로 67 경창상가 5층	055-261-5362
대구	(사)대구여성회	대구 중구 동덕로 54 태암빌딩 4층	053-421-6758 053-427-4577
	(사)대구여성노동자회	대구 서구 국채보상로 38길 35	053-428-6340
광주	(사)광주여성노동자회	광주 서구 경열로 69-1, 5	062-361-3029
	(사)전북여성노동자회	전북 전주시 완산구 장승배기로 300 일암빌딩 3층	063-287-2227
대전	한국노총 충북지역본부	충북 청주시 서원구 청남로 1865-15	043-263-9223
	(사)대전여민회	대전 중구 동서대로 1352번길 9-3	042-226-9790

출처 : 여성가족부(2017) 일부 수정.

4. 여성의 비정규직 문제

통계청의 2010년 자료에 의하면 남성근로자에 비해 여성근로자에게 비정규직의 근무형태가 두드러지게 나타난다. 남성은 비정규직 비율이 정규직의 절반 정도이나, 여성은 비정규직과 정규직에 종사하는 비율이 거의 비슷하다. 이러한 비정규직 문제는 여성의 생애주기와 관련이 있는데, 남성은 25세 미만인 신규 노동자층과 60세 이상의 고연령층에서 임시직·일용직에 종사하는 경우가 지배적인 반면에, 여성은 30대 이후가 일관되게 높게 나타나고, 특히 35세 이후부터는 70%를 넘는 여성노동자가 임시직에 종사하고 있다. 이는 결혼과 출산, 육아로 인해 노동시장에서 퇴장한 후 재진입할 때 여성들의 대부분이 상용직보다는 임시직에 취업하게 됨을 의미한다.

5. 일·가정 양립에 따른 과노동

2017년 통계청 자료에 따르면, 여성의 취업 여부가 가사부담에 큰 영향을 주지 못하고 있음이 나타났으며, 여전히 여성의 가사 전담화 현상은 지속되고 있는 것으로 나타났다. 이러한 문제는 결국 여성으로 하여금 정상적인 가정생활을 영위하지 못하도록 하거나 또는 소수의 초인적 능력의 여성만이 직장생활을 유지할 수 있도록 하는 개인적 희생을 강요하는 분위기를 조성하게 되었다. 결국 '여성은 직장일 이외에 가정일도 해야 하므로 정규직에 채용하기 어렵다'라는 인식을 조성하여 노동시장에서 여성을 기피하는 현상을 만들고 열악한 노동조건으로 취업을 유도하는 구실을 제공하게 된다.

6. 모성보호 및 육아휴직 보장 미비

자녀양육을 위한 사회적 보장제도가 여전히 미흡하여 육아휴직제도를 활용할 수 없는 구조의 악순환이 지속되고 있다. 백화점·할인점 등 유통서비스직에 근무하는 비정규직 여성근로자의 경우 출산전후 휴가나 육아휴직을 사용한 후 원직에 복직되는 경우는 54%에 불과하여 여성의 모성보호가 제대로 지켜지지 못하고 있다. 결국 이러한 문제는 저출산 문제를 야기하고 나아가 아동의 정상적인 발달을 저해하여 국가적 문제를 야기할 수 있을 것이다.

제3절 여성복지정책 및 여성복지서비스

1. 여성복지정책

1) 양성평등기본법

양성평등기본법은 여성과 남성의 동등한 권리와 책임, 참여 기회를 보장하여 실질적인 양성평등 사회의 구현을 목적으로 하는 법안으로, 1995년 제정된 여성발전기본법을 2014년 5월 개정하여, 2015년 7월부터 시행하고 있다.

2) 남녀고용평등과 일 · 가정 양립 지원에 관한 법률

1987년 제정된 남녀고용평등법은 법률에 명시된 평등이념에 따라 고용에 있어서 남녀의 평등한 기회 및 대우를 보장하는 한편, 모성을 보호하고 직장과 가정생활의 양립과 여성의 직업능력개발 및 고용촉진을 지원함으로써 남녀고용평등 실현을 목적으로 한다. 이 법에서는 직장 내의 성희롱을 금지하고 여성의 고용을 촉진하며 모성을 보호하기 위한 육아휴직 등을 제도화하였다. 여러 차례의 개정을 거치면서 여성근로자의 성별, 혼인, 임신 등의 이유로 불이익 금지조항과 근로조건 차별의 금지 및 동일가치 노동에 대한 동일임금 규정 등을 제도화하였다. 그 후 개정에서 모집채용 시 직무수행에 불필요한 조건제시 금지, 후생복지 관련 금품 및 자금융자 등의 차별 금지, 육아휴직기간 불이익 금지 등의 조항을 담았고 남녀고용평등법의 적용범위를 모든 사업 또는 사업장으로 확대하고, 유산이나 사산한 여성에게도 보호휴가 급여를 지급하도록 하였으며, 배우자 출산휴가와 육아휴직 개선 및 육아기 근로시간 단축제도가 추가로 개정되었다.

3) 모성보호 관련법

모성보호 관련법이란 여성노동자의 모성과 건강권을 보장하기 위하여 제정되었다. 일반적으로 모성보호법으로 알려져 있는 모성보호 관련법은 모성보호와 관련된 남녀고용평등과 일·가정 양립 지원에 관한 법률, 근로기준법, 고용보험법 등 3개 법률의 개정안이 통합 처리된 것으로 출산휴가 확대 및 출산휴가 급여 제공, 육아휴직급여 제공, 남녀고용평등, 여성의 야간·휴일의 근로제한 등에 관한 법이다.

4) 한부모가족지원법

이 법은 모·부자가정이 건강하고 문화적인 생활을 영위할 수 있게 함으로써 모·부자가정의 생활안정과 복지증진에 기여함을 목적으로 한다.

5) 가정폭력·성폭력방지법

가정폭력특별법은 가정폭력 범죄자를 형사처벌 절차에 의해 교정하는 것을 목적으로 보호처분을 할 수 있도록 하고, 가정폭력으로 파괴된 가정의 평화와 안정을 회복하고 건강한 가정을 육성함을 목적으로 만들어진 법이다. 성폭력 관련법은 성폭력근절을 위한 예방, 처벌, 피해자 보호대책 등이 함께 수립된 종합대책 관련입법이다.

6) 성매매특별법

성매매특별법은 성매매알선 등 행위의 처벌에 관한 법률과 성매매방지 및 피해자 보호 등에 관한 법률을 통칭한다고 할 수 있다. 성매매업주와 성구매자에 대한 처벌을 중심으로 여성의 인권을 보호하기 위하여 만들어진 법률이다.

광복 이후 한국은 여성과 관련된 각종 법률의 규정을 여성의 사회적 지위 향상과 남녀평등을 위해서 꾸준히 발전시켜 왔다. 그러나 현재에도 여성을 차별하는 법령과 관행이 여전히 존재하며 실효성이나 인지도도 낮아 이를 극복하기 위해서는 여성계뿐만 아니라 사회 전체가 여성을 위한 법적 평등이 사실상의 평등으로 이루어질 수 있도록 하는 실천적 노력이 뒷받침되어야 한다 (김영화 외, 2002).

2. 여성복지서비스

여성복지서비스는 상담, 사회화 서비스, 지지적 보호, 시설보호 등이 포함되며 대상에 따라 요보호여성을 위한 생활시설과 재가보호, 일반 여성을 위한 이용시설로 나누어 살펴볼 수 있다. 여성복지서비스의 필요성은 가족구조의 변화, 지속되어 온 남존여비 사상의 잔재인 성차별 문제, 이중적 성윤리 및 성개방 문제, 여성의 사회적 참여로 인한 여성의식 및 욕구 변화가 가져오는 다양한 문제들로 그 필요성이 점차적으로 증가하고 있는 추세라고 할 수 있다. 특히 요보호여성만을 위한 복지서비스가 아니라 일반 여성, 특히 일·가정을 양립하는 여성들에게 중요한 부분이 되었다.

1) 요보호여성을 위한 복지서비스

(1) 모자가족서비스

모자가족에 대한 사회복지서비스는 생활보호법, 한부모가족복지법, 아동복지법에 근거하여 모자가족의 가족해체를 미연에 방지하고, 이들에게 자립기반을 조성하여 건강하고 문화적인 생활을 유지하도록 한다는 목적을 두고 생계보호, 자립기반 조성, 시설보호가 이루어지고 있다.

〈표 14-2〉 한부모가족복지시설 현황

시·도	계	생활시설									이용시설
		모자가족복지시설			부자가족복지시설		미혼모자가족복지시설			일시지원복지시설	한부모가족복지상담소
		기본생활지원	공동생활지원	자립생활지원	기본생활지원	공동생활지원	기본생활지원	미혼모자공동생활지원	미혼모공동생활지원		
	128	42	2	2	2	1	23	38	2	9	7

출처 : 여성가족부(2022). www.mogef.go.kr

〈표 14-3〉 한부모가족복지시설 입소대상 및 지원내용

번호	시설명	대 상	지원내용	보호기간 (연장 가능 기간)
1	모자보호시설	만 18세 미만의 자녀를 양육하는 무주택 저소득 모자가족	보호 및 생계지원	3년(2년)
2	부자보호시설	만 18세 미만의 자녀를 양육하는 무주택 저소득 부자가족	보호 및 생계지원	3년(2년)
3	모자자립시설	만 18세 미만의 자녀를 양육하는 무주택 저소득 모자가족 모자보호시설에서 퇴소한 모자세대로서 자립준비가 미흡한 모자가족	주택편의 제공	3년(2년)
4	모자일시보호시설	배우자의 학대로 인하여 아동의 건전 양육과 모의 건강에 지장을 초래할 우려가 있는 모와 아동	숙식, 의료, 법률상담, 심리상담	6개월(6개월)

5	미혼모시설	미혼의 임신여성 및 출산 후(6월 미만) 보호를 요하는 여성	분만의료지원, 인성교육 및 상담, 자립지원	1년(6개월)
6	미혼모자공동생활가정	2세 미만의 영유아를 양육하는 미혼모로서 일정 기간 숙식보호와 자립지원을 필요로 하는 여성	직업교육 등 자립지원, 양육교육	2년(1년)
7	미혼모공동생활가정	출산 후 해당 아동을 양육하지 아니하는 미혼모로서 일정 기간 숙식보호와 자립지원을 필요로 하는 여성	직업교육 등 자립지원	2년(6개월)
8	모자공동생활가정	독립적인 가정생활이 어렵고 일정 기간 공동으로 가정을 이루어 생활하면서 자립을 준비하고자 하는 모자가족	직업교육 등 자립지원	2년(1년)
9	부자공동생활가정	독립적인 가정생활이 어렵고 일정 기간 공동으로 가정을 이루어 생활하면서 자립을 준비하고자 하는 부자가족	직업교육 등 자립지원	2년(1년)

출처 : 여성가족부(2016). www.mogef.go.kr

(2) 미혼모에 대한 서비스

미혼여성이 임신을 하였거나 출산 6개월 미만의 미혼모가 심신의 건강을 회복할 때까지 일정 기간 보호함을 목적으로 숙식과 분만, 산전후 검진이 지원되고, 자립지원을 위해 직업교육, 인성교육, 상담지도가 실시된다.

또한 미혼모를 위한 서비스 중에 입양서비스 역시 중요한 사업의 하나라고 할 수 있다. 미혼모가 동의하는 경우 아이를 국내와 국외에 입양하는 절차를 밟고 입양 후의 사후관리를 하는 서비스도 진행되고 있다.

(3) 가정폭력 · 성폭력 · 성매매 피해여성을 위한 서비스

가정폭력 · 성폭력 · 성매매 피해여성을 위해서는 일시수용보호, 상담, 직업알선, 귀가조치 등을 실시하고 법적인 개입을 통해 가해자에 대한 형사처벌과 이후 보호조치를 제공한다. 이러한 여성을 위한 지원시설 및 상담소는 <표 14-4>에 나타난 바와 같다.

〈표 14-4〉 피해여성을 위한 지원시설

시설별	시설 수	대 상	비 고
성매매피해상담소	29	성매매 피해여성, 성을 파는 행위를 한 자	이용시설
성매매피해자 지원시설	41	성매매 피해여성, 성을 파는 행위를 한 자	생활시설
그룹홈	9	탈성매매 여성	생활시설
이주여성 보호시설(쉼터)	26	가정·성폭력·성매매 등 피해 이주여성	생활시설
자활지원센터	5	탈성매매 여성	이용시설
성폭력상담소	171	성폭력 피해여성	이용시설
가정폭력상담소	205	가정폭력 피해여성	이용시설
통합상담소	27	가정·성폭력 피해여성	이용시설
성폭력피해자보호시설	20	성폭력 피해여성	생활시설
가정폭력피해자보호시설	67	가정폭력 피해여성과 아동	생활시설
아동성폭력전담센터	3	13세 미만 성폭력 피해자	이용시설
여성·학교폭력피해자 원스톱 지원센터	14	가정폭력·성폭력·성매매·학교폭력 피해자	이용시설
여성긴급전화 '1366'	17	가정폭력·성폭력, 성매매 등 피해여성	이용시설

출처 : 여성가족부(2017). www.mogef.go.kr

① 가정폭력상담소

가정폭력상담소에서는 가정폭력을 신고받거나 이에 관한 상담에 응하는 일, 가정폭력으로 인하여 긴급보호를 필요로 하는 피해자에게 임시보호 및 의료기관 또는 가정폭력 피해자의 보호시설로의 인도, 행위자에 대한 고발 등을 위한 관련기관의 협소와 지원의 요청, 가정폭력 예방 및 방지에 관한 홍보업무를 담당한다.

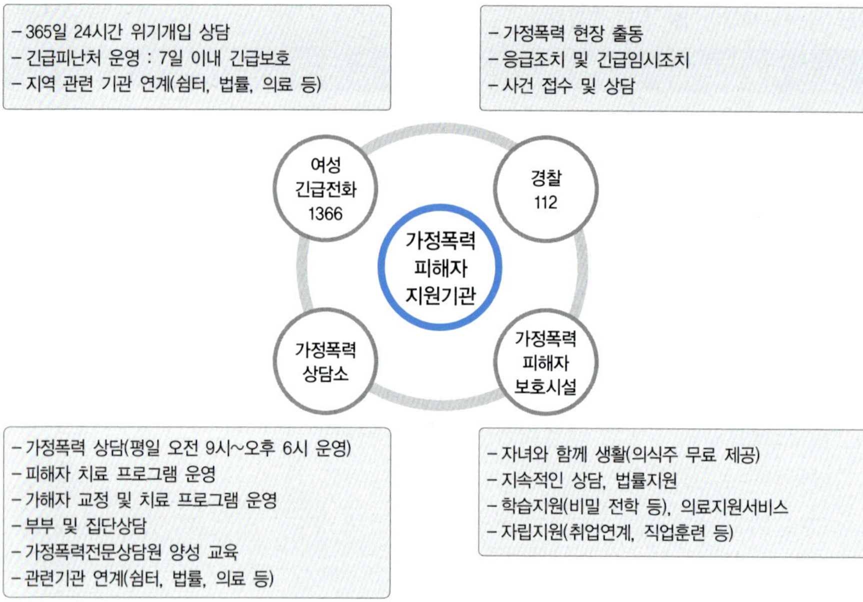

그림 14-1 가정폭력상담 추진체계

출처 : 여성가족부(2022).

② 성매매피해여성 자활지원센터

성매매피해여성 자활지원센터는 성매매 피해여성에 대한 종합적인 자활에 필요한 지원을 한다. 이곳에서는 성매매에서 벗어난 여성들을 위하여 직업재활훈련, 일자리 제공 프로그램 등을 마련해 주고 있다. 구체적으로 자활공동체 등의 운영, 취업 및 기술교육, 취업 및 창업을 위한 정보제공, 그 밖에 사회적응을 위해 필요한 지원을 한다.

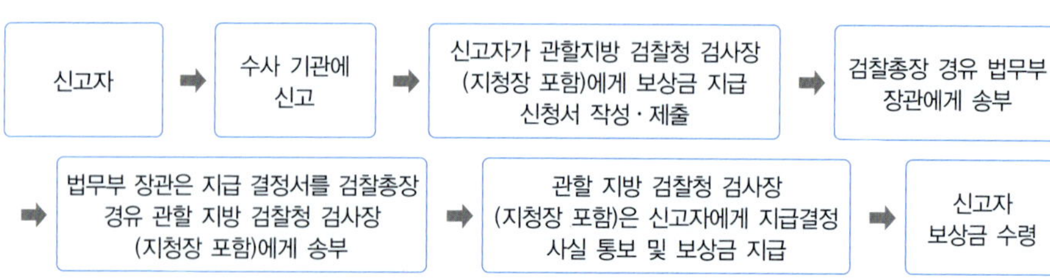

그림 14-2 성매매 신청 절차

출처 : 여성가족부(2022). www.mogef.go.kr

③ 성폭력피해상담소

성폭력피해상담소는 1994년 제정된 성폭력 범죄의 처벌 및 피해자 보호 등에 관한 법률에 근거하여 설치되어 성폭력 상담과 일시보호를 실시하고 있다. 각 상담소에는 전문상담요원이 성폭력 피해를 접수받고, 이에 관한 상담에 응하고 있다. 또한 전화상담과 내방상담으로 성폭력 피해로 인하여 정상적인 가정 및 사회생활이 어렵거나 기타 사정으로 긴급히 보호를 필요로 하는 사람을 병원 또는 성폭력피해자보호시설로 인계하고, 가해자에 대한 고소와 피해청구 등 사법처리절차에 관하여 관계기관에 필요한 협조와 지원을 요청하는 일을 하고 있다.

2) 일반 여성을 위한 복지서비스

(1) 여성회관 설립 · 운영사업

사회 · 경제적 환경의 변화에 따라 여성의 대처능력 개발과 삶의 질 향상을 위하여 다양한 교육사업 등 각 지방자치단체는 여성회관을 직접 혹은 위탁운영하고 있는데, 이는 여성의 복지를 위한 편의를 종합적으로 제공하는 것을 목적으로 하는 시설이다.

(2) 여성단체 지원

정부에서는 저소득여성의 기능교육 및 일반여성의 교양교육 등 여성의 잠재능력을 개발하고 여성의 경제적 · 사회적 지위 향상을 도모한다는 목적하에 여성단체를 지원하고 있으며, 각각의 여성단체는 개별 단체의 성격에 따라 여성의 자질, 지위향상, 권익보호 등의 각기 다른 목적을 가지고 다양한 활동을 전개하고 있다.

제4절 여성복지의 과제

지금까지의 여성복지 문제는 요보호여성의 문제로 한정되어 왔으나, 21세기 여성의 역할 변화와 복지욕구의 변화에 따른 여성을 위한 사회복지 접근의 과제를 살펴보면 다음과 같다(박상하 외, 2009).

첫째, 여성의 빈곤문제를 해소하기 위한 종합적인 사회보장제도의 확충이 필요하다. 특히 여성노인의 빈곤을 해결하기 위한 적극적인 대책의 수립이 시급하며 여성의 연금 수급권 확대가 필요하다. 이를 위해서 경제적 자립기반의 조성을 통한 소득보장을 위하여 고용기회의 확대, 남녀 임금격차 해소 등을 위한 법적·제도적인 노력이 우선되어야 할 것이고 저소득모자가정 지원사업도 확대되고 강화되어야 할 것이다.

둘째, 육아를 위한 사회적 지원체계가 효과적으로 운영되어야 한다. 여성이 가정과 직장을 양립할 수 있도록 공동직장보육시설을 확대해야 한다. 전 보육시설의 교사 인건비 지원, 합리적 보육비용 개선에 따른 국가부담의 확대와 차등보육제도 실시 등을 위한 예산이 확보되어야 할 것이다. 또 다양한 보육 프로그램(장애아, 영아, 부모교육, 방과 후 교육, 아동안전 보육 프로그램 등)의 개발 보급과 보육서비스의 다양화(주·야간 보육, 주말보육, 단기 영아전담보육 등)가 필요하다. 아울러 영아, 장애아 전담 보육시설이 확충되어야 할 것이고 방과 후 아동지도사업의 확대도 필요할 것이다.

셋째, 가정폭력 피해여성을 위한 지원을 강화해야 한다. 이를 위해서 가정폭력 피해여성의 피난처로서의 모자일시보호시설과 가정폭력피해자보호시설을 증설하고, 일시보호 기간도 기존의 6개월에서 상황에 따라 장기적인 일시보호서비스로서 기간이 연장되어야 한다.

넷째, 미혼모를 위한 관계법령의 강화와 전문보호시설을 확충해야 한다. 이를 위해 미혼모를 위한 산전후 보호시설과 분만비 보조 및 미혼모 상담시설의 증설이 시급하다. 또한 청소년을 대상으로 하여 성에 대한 가치관과 윤리관 및 피임에 관한 성교육을 확대·실시하고 청소년 유해업소를 근절해야 한다. 마지막으로 미혼모에 대한 사회적 인식의 변화 또한 필요하다.

다섯째, 이혼여성가족을 위한 지원 프로그램이 개발·보급되어야 한다. 1차적으로는 예방을 위한 교육 프로그램과 이혼 후의 가족원조 프로그램을 정부나 민간 차원에서 개발·보급해야 할 것이다.

여섯째, 여성노인을 위한 재가복지서비스를 확대·강화하여야 한다. 여성노인의 대다수가 자녀에게 신체적 의존을 하는 경우가 많으므로, 재가복지서비스를 확대하여야 한다.

일곱째, 여성성과 남성성의 장점을 고루 갖춘 '양성성' 성격의 특성을 대중매체에서 책임의식을 가지고 방송해야 한다. 대중매체는 여성을 상품화하는 경향과 외모지상주의를 부추기는 데 적지 않은 역할을 하고 있다. 우리 사회가 건강하게 추구해야 할 인간에 대한 문화를 책임감 있게 그려내는 데 소홀하지 말아야 할 것이다.

생각해 보기

1. 현대사회에서 여성복지가 왜 필요한지 여러분의 생각을 토론해 봅시다.
2. 우리나라에서 시행되고 있는 여성복지정책과 서비스에 대해서 살펴보고 여성복지의 개선점에 대해 여러분의 생각을 토론해 봅시다.
3. 우리나라의 여성복지가 발전하기 위해서 어떠한 과제가 해결되어야 하는지 여러분의 생각을 토론해 봅시다.

연습문제

01 여성복지의 설명으로 옳지 않은 것은?

① 궁극적 목표는 양성평등 보장이다.

② 지향점은 가부장제도 속에서 여성의 의미를 되새기고 남성 위주의 사회를 정착시키는 것이다.

③ 목표달성의 수단은 제도적이고 정책적 제반 활동을 강조한다.

④ 궁극적 목표는 요보호여성은 물론 모든 여성들의 인간다운 삶을 영위할 수 있도록 하는 것이다.

⑤ 삶의 모든 영역에 여성의 능동적인 참여를 저해하는 장애요인을 제거하는 데 목적을 두고 있다.

해설 여성복지는 가부장적 가치관과 이에 기초를 둔 법, 기타 사회제도를 개선하는 것 등으로 여성의 인간다운 삶을 실현하기 위한 모든 실천적 노력을 표현하는 개념으로 정의하고 있다.

02 여성복지의 필요성으로 적합하지 않은 것은?

① 모자가정, 가정폭력 및 성폭력 피해 여성, 미혼모, 여성장애인 등 요보호여성의 보호를 위해서

② 여성의 삶의 질을 향상시키기 위해서

③ 여성의 자아실현 욕구와 문제 해결

④ 여성의 임금보장

⑤ 가부장제와 자본주의에 근거한 법과 사회제도 개선

해설 여성복지의 필요성으로 남녀의 역할에 대한 고정관념과 편견에 기인한 취업의 불평등 문제를 들 수 있다.

03 다음은 무엇에 대한 설명인가?

> (　　　)란 생물학적 성에 기초해서 여성에게 사회적으로 부과된 편견이나 차별을 지우는 성차별을 말한다.
>
> 즉, (　　　)란 성평등적 시각으로 여성의 능력개발과 사회참여를 통해 자아실현을 이루고 인간다운 삶을 보장하는 것에 방해가 되는 모든 문제를 말한다.

① 가족문제 ② 여성문제
③ 생물학적 문제 ④ 능력문제
⑤ 자아실현 문제

해설 현대사회의 여성문제로 여성의 낮은 경제활동참가율, 여성의 경력단절 문제, 여성근로자에 대한 고용상의 성차별 문제, 여성의 비정규직 문제, 일·가정 양립에 따른 과노동, 모성보호 및 육아휴직 보장 미비 등을 들 수 있다.

정답 01. ② 02. ④ 03. ②

chapter 15

의료사회복지

Chapter

15 의료사회복지

제1절 의료사회복지의 이해

1. 의료사회복지의 개념

의료사회복지실천은 초창기에는 병원사회복지실천(hospital social work)으로 불리다가 오늘날에는 보건의료 분야의 사회복지실천(social work in the health field)이라 한다(Zastrow, 2000).

의료사회복지실천이란 '질병을 가진 환자와 그 가족, 지역사회를 대상으로 의료진 및 관련자와 공동 협의하에 그들의 심리 · 사회적, 정서적, 환경적 문제를 해결하도록 돕고, 입원 시뿐만 아니라 입원 전과 퇴원한 후에도 사회적 기능을 원활히 수행할 수 있도록 질병의 예방과 회복, 사후관리에 이르는 연속적인 과정에서 개인에 대한 접근뿐 아니라 의료제도와 정책 차원에서의 접근을 통하여 의료사회복지실천의 목적을 달성하도록 돕는 사회복지의 전문적 실천활동'인 것이다(강흥구, 2004).

프리들랜더와 앱트(Friedlander & Apte)는 의료사회복지를 의사, 간호사, 다른 치료자들과의 협력하에 사회복지사가 조사 · 전달 · 치료의 계획과정에서 환자의 사회적 기능 회복을 돕는 역할을 하는 것으로 보았다. 그러나 이러한 개념은 의료사회복지를 환자의 심리사회적 문제해결을 돕는 미시적 개념으로 정의한 것이다(박경일 외, 2001).

일본 후생성 의료사회사업지침은 "의료사회사업이란 의료 및 보건기관 등의 의료팀의 한 부분으로서 사회과학의 입장에서 의사의 진단을 도와주며, 한편으로는 질병의 치료 · 예방 · 재활의 장애요소인 환자 자신이나 그 가족의 경제적 · 정신적 혹은 사회적 문제를 만족하게 해결 또는 조정해 나갈 수 있도록 개인과 집단을 원조하는 과정이다"라고 정의하여 보다 넓게 개념을 제시하고 있다.

한인영과 최현미(2000)는 "의료사회복지실천은 질병에 대한 다각적 접근방법을 바탕으로 질병을 가진 개인과 환경의 상호관계에 초점을 두고, 의료팀의 일원으로 환자 및 가족의 사회기능 향상을 위해 전문적 실천방법을 활용하여 질병의 예방, 치료 및 재활에 이르기까지 다양한 활동을 수행하는 사회사업"으로 정의하였다.

이와 같이 의료사회복지실천의 개념은 접근하는 차원에 따라 강조하는 내용에 차이가 있다. 의료사회복지실천을 질병을 가진 개인 및 가족 그리고 지역사회를 대상으로 사회복지사가 병원 및 의료기관, 지역사회 내 관련기관에서 다른 전문가들과 팀협력을 통해 질병으로 인한 심리사회적 · 정서적 · 가족적 · 사회적 · 경제적 측면의 손상을 최소화하도록 상담, 교육, 자원개발 및 연결 그리고 제도적 개선을 통하여 그들의 사회적 기능 향상을 돕는 사회복지의 전문적 실천활동으로 정의하고자 한다(박경일 외, 2011).

제2절 의료사회사업의 기능 및 의료사회복지의 대상과 의료사회복지사의 역할

1. 의료사회사업의 기능

의료사회사업은 보건의료에 있어서 중요한 영역으로 최근 보건의료서비스는 질병의 치료와 예방뿐만 아니라 재활을 포함하는 포괄적인 서비스로 확대되면서 의료사회사업의 기능이 더욱 중요해지고 있다(권육상, 2010).

1) 의료팀 구성

의료사회사업의 본질적 기능으로서 전인적인 환자보호와 통합적인 보건의료서비스를 제공하기 위해서는 팀이 구성되어야 한다. 그 팀은 의사를 중심으로 하여, 간호사, 사회복지사, 물리치료사, 작업치료사, 언어치료사, 임상심리학자, 보장구제작기사 등으로 구성되는데, 의료사회복지사는 환자의 개인력, 가족력, 사회적·경제적 상태나 관계기능에 대해 사정, 평가하여 구성원 상호 간에 협동적인 치료계획을 세운다.

보건의료기관에서 사정, 평가, 교육, 치료, 조력, 연구조사 등의 의료사회복지사의 활동은 임상적 역할의 한 요소로서 전문적 실천의 욕구와 목표에 따라 다를 수 있다.

2) 사례발견 및 선정

의료사회사업서비스를 필요로 하는 환자를 확인하고, 서비스 제공에 대한 조정을 하기 위해서는 환자의 진료과정에서 개인정보를 수집하여 사정·평가하고 가족이나 직장 및 지역사회관계자와 함께 협조체계를 유지하여야 한다. 특히 경제적 문제가 있는 환자에게 무료 진료의 여부를 사정하고 요보호 환자에 대한 제도적 자원의 활용방안 및 추후계획, 만성병, 성인병 환자와 그 가족에 대한 의료복지서비스, 정신질환 및 신체적 재활을 요하는 환자에게는 정신·신체 재활서비스를 제공하여야 한다.

3) 심리사회적 사정

심리사회적 사정은 환자의 현재의 건강상태를 파악하고 전인적·체계적으로 의미 있는 자료를 조직하는 과정으로, 환경 속에서의 환자에 대해 이해하는 목적과 함께 의료사회사업의 중요한 기능이라 할 수 있다. 사정은 주로 면접을 통해 이루어지는데, 사정할 때는 정서적으로 건강한 사람이라도 재난에 대처하는 데 원조가 필요하다는 것을 인식시켜야 한다. 또한 가족들의 영향력이 크기 때문에 문제를 해결하고 스트레스를 중재하도록 가족의 의사소통, 의사결정 등이 중요하다.

4) 사회문화적 사정

건강과 질병에 대한 환자의 신념체제에 대한 영향을 고려하여 그가 속해 있는 사회, 문화, 종교, 지역사회의 한 개인으로서 이해하는 것을 기본으로 해야 한다. 왜냐하면 사정에 응하는 환자의 반응은 그들이 속한 문화적인 틀에 의해 형성되었기 때문이다. 따라서 의료사회복지사는 자신의 사회문화적 배경과 가치를 알아야 하고 또한 자신의 행동에 영향을 미치는 사회문화체제를 이해하며 환자의 문화권과 서로 어떻게 상호작용하고 있는지를 알아야만 효과적인 의사소통을 할 수 있다.

모든 사회적 집단에 있어 환자의 대인관계를 조사하는 것이 중요한데 화합과 갈등, 신뢰와 불신, 의존과 독립, 기대의 일치, 지지의 수준 등을 조사하는 것이다. 이러한 대인관계의 사정을 통하여 명확한 결론을 내리고 구체화하는 치료나 행동계획이 수반되어야 할 것이다.

5) 프로그램의 계획

의료사회복지사는 전문적인 지식과 경험을 바탕으로 보건의료의 전달체계와 병원의 제 위원회 활동 등 병원의 행정제도에 참여하여 병원의 구조나 설비 등 비합리적인 부분들과 보건 및 사회복지적인 서비스를 위한 새로운 프로그램 개발에 적극적으로 참여한다.

6) 지역사회자원과의 연결

지역사회의 사회복지관이나 의료기관 및 행정당국과의 유기적인 관계를 통하여 진료, 예방사업의 다양화와 양질의 서비스를 지역주민에게 제공할 수 있도록 지역사회자원을 증원하고 조작하는 활동이다. 특히 의료사고 및 정신질환의 사후지도, 재활, 사회복귀를 위한 작업훈련 등 장애를 극복하기 위하여 지역사회자원 연계활동이 매우 중요하다.

7) 교육 프로그램 및 조사연구 참여

보건의료기관의 규모에 따라 사회복지와 학생을 위한 임상실습을 실시하고 특별히 의과대학생이나 간호사를 대상으로 보건의료영역의 전문적인 교육과 의료팀의 일원으로서 의료사회복지사의 기능과 역할을 교육한다.

한편 조사연구에도 참여하며 사회사업활동을 필요로 하는 수요를 측정하고 이러한 요구에 따라 새로운 프로그램을 개발한다. 아울러 병원행정이나 정부의 보건의료정책에 합리적인 기초 자료를 탐색하여 문제점과 개선방안을 제시하며 임상가들과의 역학적인 조사에도 참여하고 의료적인 상황을 객관적으로 진단, 평가하기도 한다.

〈표 15-1〉 의료사회복지의 기능

기 능	내 용
사례의 발견과 고위험사례 선별	사회복지서비스 욕구를 가진 환자를 확인, 서비스 제공에 대한 조정
승인 이전의 계획	병원의 승인을 위한 조정과 계획과 관련된 문제의 파악과 이에 대한 원조
심리사회적 사정	사회·심리·문화·경제적 상황에 대한 정보수집, 사정과 치료계획보고서에서의 자료 활용
경제적 지원	병원이 제공 가능한 경제적 서비스(교통수단, 보철장치, 의료보호)에 대한 욕구 확인
병원직원과의 사례 자문	환자가족의 심리사회적 상황과 시설이용 절차에서의 곤란, 서비스 이용의 문제 등에 대한 특정 지식을 다른 사람에게 알림
병원 서비스의 이용 촉진	환자와 가족의 입장에서 병원 내 관련부서나 관련자에 대한 옹호자의 역할
건강교육	가족계획과 출산계획, 적혈구 빈혈증, 알코올 의존 등 각종 질병과 예방에 대한 실질적 지식 제공
퇴원계획	입원기간 중 퇴원 이후 문제탐색과 계획과 조정
정보제공과 의뢰	활용 가능한 지역사회자원 정보제공 및 연결
지역사회 의뢰를 용이하게 하기	접근 가능한 자원에 대한 정보제공, 지역사회기관에 응모, 방문, 대변, 대동
지역사회기관에 사례 자문	외부기관에 환자와 가족의 상황과 문제를 알림
병원이용률 심사	전문직 기준과 관련된 병원의 공식적 공동점검 과정에 참여

조 사	자신의 실천에 대한 재검토, 서비스 질 평가, 동료의 검토 등을 활용하여 보호와 욕구에 대한 심리사회적 요소에 대한 연구
병원직원에 대한 프로그램 자문	미충족 욕구사정, 문제에 적절한 부서에 대한 정보수집과 조사, 환자의 권리와 관계된 병원의 과정이나 정책변화를 확인하고 건의
병원 내 프로그램의 계획	아웃리치 지역사회서비스 등 장·단기계획이나 프로그램 개발과 관련된 병원의 메커니즘이나 활동에 관여
지역사회기관에 프로그램 자문	지역사회의 기관에 특정 지식을 제공
지역사회서비스	지역사회에서 병원을 대표하고 적절한 프로그램을 수행하는 집단에 참여
지역사회자원과의 연결	지역사회 내에서 환자와 가족의 욕구를 충족시키기 위한 자원을 확인하고 프로그램 개발

출처 : 한인영 외(2004).

2. 의료사회복지의 대상

의료사회복지의 대상자는 질병을 가진 환자를 포함한 그 가족은 물론 질병을 야기할 수 있는 사회환경적인 부분과 모든 대상자를 포함한다. 따라서 의료사회복지의 대상이 될 수 있는 요인에 대해 살펴보면 다음과 같다(심의보 외, 2017).

1) 신체적 문제

환자의 신체적 질병은 유기체의 항상성 유지에 균형이 깨질 때 생기며 심리·정서적 요인과도 관계가 있다. 따라서 환자의 신체질환은 정신적·사회정서적·환경적 요소가 상호작용하여 생길 수 있다. 특히 환자의 신체적 질병을 유발하는 심리사회적 문제는 의학적 처치도 중요하나 심리적 요인이 더 큰 영향을 끼칠 수도 있으므로 심리사회적 치료(psychosocial therapy)가 함께 필요하다.

2) 심리적 문제

환자는 질환으로 인한 여러 가지 반응을 나타내며, 그 가족들도 심리적·정서적인 반응이 다양하게 나타날 수 있다. 그러므로 환자의 질병에 따라 심리적·정서적인 면을 지지하고 원조하여 치료에 보다 효과적인 도움을 주어야 할 것이다. 환자들의 심리적 반응양상은 일반적으로 다음과 같으므로 도움이 필요하다.

첫째, 환자는 자신의 건강상태에 대해 예민해져 지나치게 걱정을 하는 경향이 있다.

둘째, 환자의 대부분은 자기중심적이며 공격성을 나타내기도 한다.

셋째, 남에게 의존적이며 애정의 욕구가 강하다.

넷째, 심리적으로 불안해하며 질병에 대해 몹시 두려워하는 경향이 있다.

3) 사회적 문제

환자의 질병은 본인과 그 가족뿐만 아니라 사회적 문제로도 확대될 수 있다. 입원을 하게 되면 실업에 대한 불안과 퇴원 후 적응에 대한 불안 등 제 문제들이 야기되며 가족들도 영향을 받게 된다. 이로 인해 환자 및 그 가족들은 좌절감, 소외감, 열등감으로 심리적·정서적 장애를 보일 수가 있기 때문이다. 그러므로 이를 돕기 위한 다양한 심리·사회적 지지 프로그램이 필요하다.

4) 경제적 문제

환자의 치료비와 요양비 그리고 질병으로 인한 경제활동의 제한으로 야기되는 생활비와 자녀 교육비 등이 있을 수 있다. 경제적 문제에 어려움이 있는 환자의 경우에는 관련된 주변의 자원 활용이 필요하다. 특히 경제적 지원은 꼭 필요한 부분이다. 환자의 육체적·심리적·정서적 고통과 함께 경제적인 문제는 의료문제 못지않게 대단히 중요하다고 볼 수 있다. 그러므로 법적·제도적으로 도울 방법을 찾고, 지역사회 내의 자원을 연계하는 체계적인 사회적 안전망(networking) 구축이 필요하다.

3. 의료사회복지사의 역할

의료사회복지사가 수행하는 역할의 종류라고 해서 일반 실천현장에서 수행하는 사회복지사의 역할의 종류와 크게 다르지 않다. 그러나 그 내용에 있어서는 의료현장과 관련된 특성이 반영되어 있다. 이 중에서 가장 중요하다고 생각되는 몇 가지 역할을 중심으로 설명하면 다음과 같다(임춘식 외, 2007).

1) 치료자 역할

의료사회복지사의 역할 중 가장 기본이 되는 역할이라고 할 수 있다. 치료자 역할을 수행하기 위해서는 주로 상담의 기법, 즉 개별상담, 집단상담, 가족상담 등을 활용한다. 의료사회복지실천을 행하는 사회복지사는 질병 자체뿐 아니라 질병으로 인한 문제와 치료과정에서 발생하는 여러 가지 문제를 해결하고 치료효과를 높이는 치료자로서의 역할을 수행한다. 이런 역할을 단독으로도 수행할 수 있지만, 다른 전문가들과 팀을 이루어 공동으로 진행할 수도 있다.

2) 교육자 역할

의료현장에서 사회복지사가 빈번하게 사용하는 실천방법으로서 의료현장은 많은 정보를 필요로 하고, 또 많은 정보가 있지만, 때로는 검증되지 않은 잘못된 정보를 접하기 쉬운 곳이므로 적절하고 정확한 정보수집과 전달은 매우 중요하다.

3) 집단지도자 역할

의료사회복지사가 서비스를 제공하는 주요 대상이자 수단이다. 일반적으로 의료현장에서 진행하는 집단이라고 해서 일반 사회복지현장에서 운영되는 집단과 크게 다른 것은 없으나, 관련 질병이 있을 경우 이에 대한 지식을 갖추고, 프로그램 운영과 관련된 병원 및 팀의 승인과 협조가 필요하다는 점에 유의해야 한다.

4) 행정가 역할

최근 들어 의료사회복지사가 임상업무를 통해 클라이언트와 직접적 서비스를 제공하는 역할뿐 아니라 행정가로서 업무수행을 통해 클라이언트에게 간접적 서비스를 제공하고 병원조직에 기여하는 역할에 대한 관심이 높아지고 있다. 이렇게 의료사회복지사가 행정가로 활동하는 경우는 다음과 같이 몇 가지로 정리해 볼 수 있다.

① 병원서비스의 경쟁력 강화 및 서비스 질 보장 및 향상을 위한 업무를 주도적으로 진행하거나 이런 활동의 구성원으로 참여한다. 또한 병원에 책정되어 있는 자선기금이나 관련기관의 복지기금을 어떻게 활용할 것인지 계획을 수립하고 이를 조직화하여 실행하는 역할도 행정가의 역할이라고 할 수 있다.

② 자원봉사자를 관리하는 역할도 행정가의 역할로 볼 수 있으며, 병원 내 사회복지사의 조직을 책임지고 운영하는 것도 행정가로서의 역할이다.

5) 지역사회자원 개발 및 연결자 역할

의료사회복지사의 전통적 업무 중 하나는 진료비를 감당하기 어려운 저소득층 환자를 위한 자원발굴 및 연결업무였다. 이는 현재까지도 의료사회복지사의 중요한 업무 중의 하나이다. 자원연결, 서류작업 등 행정가로서의 역할과 심리사회적 사정과 개입을 수행하는 임상가로서의 역할이 동시에 요구되는 과업이다. 또한 개인적 모금도 가능하지만, 바자회나 캠페인 등 병원 차원의 행사를 통해 기금을 마련할 수도 있다. 이 외에도 지역사회를 대상으로 한 보건교육 실시, 지역사회기관에 대한 자문제공, 지역조사활동 참여, 지역사회기관과 공동으로 수행하는 사업 등을 계획하고 수행한다

6) 사례관리자로서의 역할 : 퇴원계획

병원에서 사례관리자의 역할은 주로 퇴원계획과 관련이 있다. 퇴원계획이란 환자를 병원으로부터 지역사회로 복귀시키는 과정에서 양질의 서비스를 제공하고자 하는 전문직 간 조직 상호 간의 활동이며, 환자가 참여하는 활동이라고 할 수 있다(최명민, 1999; James, 1987). 우리나라에서는 1990년대 이후 대기업이 운영하는 3차 진료기관의 증가, 의료시장 개방의 압력, 의료서비스 이용자의 증가 및 종합병원의 선호로 인한 장기 입원현상 등의 영향으로 퇴원계획에 대한 관심이 고조되어 왔다. 그러나 퇴원계획이 병원의 입장만을 대변하는 것으로 진행되어서는 안 되며 담당 클라이언트와 사례관리자로서의 중재자와 옹호자 역할의 중요성도 명심해야 한다. 또한 퇴원계획은 퇴원에 임박하여 개입하기보다는 전 입원기간을 통하여 욕구를 파악하고 신뢰관계를 형성하며 클라이언트뿐 아니라 가족과 협조관계를 유지함으로써 순조롭게 진행될 수 있다(최명민, 1999).

병원의 임상과와 의료사회복지사의 역할은 <표 15-2>와 같다.

〈표 15-2〉 **병원의 임상과와 의료사회복지사의 역할**

임상과	개입내용
내분비대사내과	당뇨환자의 심리사회적 원조와 생활요법, 당뇨교실 참여지도
신장내과	혈액투석환자의 심리사회적 원조를 위한 케이스워크와 그룹워크
심장내과, 흉부내과	심장질환자의 질병예방교육, 자원연결
혈액내과	혈액질환자의 심리사회적 원조와 진료비 지원, 골수이식수술 과정 참여
종양내과, 치료방사선과	말기 암환자의 심리사회적 원조
신경외과, 정형외과	장기 입원환자에 대한 지원 연결
소아과	입양상담, 소아종양환자에 대한 지원 연결, 부모의 자조집단활동 지원
산부인과	미혼모 상담, 강간사례 등의 심리사회적 원조
응급의학과	행려환자의 처리와 위기 관리
외 과	장기기증 상담, 장기 공여자 관리
임상유전학과	암 또는 유전적 질환의 가족력, 사회력 평가

출처 : 한국사회복지사협회(2003).

제3절 의료사회복지의 특징 및 한국 사회복지실천

1. 의료사회복지의 특징

의료사회복지는 사회보장의 여러 영역에 비해서 다른 특징을 가지고 있다(양봉민, 1999).

① 정보의 비대칭성이다. 즉, 의료에 대한 정보와 전문직 지식에 대한 소비자의 무지가 존재한다. 이는 의료부문에 '공급이 수요를 창출'한다는 세이(Say)의 법칙이 적용되는 기틀이기도 하다.

② 수요의 불확실성 및 불규칙성이다. 다른 재화는 소비자가 미래에 필요하게 될 수요량을 어느 정도 예측할 수 있다. 그러나 의료서비스의 경우 특성상 미래의 수요를 예측하기 어렵다. 질병이나 사고의 발생 자체를 예측한다는 것은 불가능하기 때문이다.

③ 치료의 불확실성이다. 질병에 대한 치료의 불확실성 때문에 환자들은 의료서비스의 질적·양적 향상에 대한 욕구가 존재한다.

④ 공급의 법적 독점성이다. 다른 재화와는 달리 의료서비스는 생명을 다루는 서비스이기 때문에 정부가 의료서비스 제공권을 한정된 면허권자에게 부여하고 허용함으로써 법적 독점이 형성된다.

⑤ 가치재(merit goods)로서의 특징이다. 국민 누구나 생존에 필요한 최소한의 의료서비스를 누릴 권리가 있다.

⑥ 외부효과이다. 한 사람의 행위가 제3자에게 영향을 미치는 현상을 말한다. 즉, 전염성 질환의 경우처럼 한 사람의 행위가 제3자에게 혜택이나 손해를 끼치고도 이에 대한 대가를 받지도 지불하지도 않을 때 외부성은 발생한다.

2. 한국 의료사회복지실천

우리나라에서 전문사회사업을 전공한 사회사업가가 의료기관에서 처음 일하게 된 것은 1958년 7월 한노병원(USC 캐나다 유니테리안봉사회, 현재 한국봉사회)에서 결핵환자와 그 가족들을 돕기 시작한 것으로, 이 시기에 사회사업을 전공한 노르웨이인 레케보(D. K. Rekkebo)의 지도감독하에 당시 캐나다 유니테리안봉사회의 자원보조로 1959년 4월 국립의료원(NMC)에서 사회사업가 김만두에 의해 전문적인 의료사회사업이 시작되었다(구종회, 1997). 1958년 당시에는 전문적 사회복지실천서비스보다는 결핵 약 배급이나 구호물자 공급 등 물질적 원조였다. 그러다가 1973년 의료법 시행령(제24조 제2항 제5호)에 따라 종합병원에 사회복지사의 채용을 의무화함으로써 병원에 사회복지사가 정식으로 배치되기 시작했다. 그 후 의료사회복지사의 수가 증가하기 시작했고, 1977년 건강보험의 실시와 함께 의료사회복지사의 일부 서비스가 보험수가로 인정받게 되었다. 최근 들어 대학병원이 증가하면서 의료사회복지서비스도 경쟁적으로 확대되었고, 그에 따라 의료사회복지서비스의 전문성도 확대되고 있다.

현재 일반 병원에서 의료사회복지사의 서비스를 보험수가로 인정하는 것은 재활사회사업이다. 재활사회사업은 재활의학적 목적으로 사회복지사가 직접 실시한 경우 보험수가로 산정하는데, 개인력 조사, 사회복지실천상담, 가정방문 등을 포함한다(사회복지사협회, 2003).

제4절 의료사회복지의 전망과 과제

1. 의료사회복지의 전망

1) 종합(전문)병원 응급실에서의 의료사회사업실천활동

의료환경의 변화로 다학제적인 팀워크를 바탕으로 응급실에서의 사회복지서비스 수요도 점차 높아질 것이다. 응급실에 사회복지사를 배치함으로써 기대할 수 있는 이점은 다음과 같다. 첫째, 응급실 이용환자에 대한 적절성 평가기능은 응급환자에 대한 치료를 집중할 수 있어 응급실 사용의 효율성을 극대화할 수 있다. 둘째, 가족의 고충과 부담을 적극적으로 들어주고 관련 정보를 의료진에게 전달하여 치료과정에 반영하게 할 수 있다. 셋째, 환자나 보호자에게 활용 가능한 자원과 지지체계에 관한 정보를 제공하여 안정적으로 치료를 받을 수 있는 환경을 제공하고, 불필요한 입원을 사전에 예방하고 의료자원의 효율적인 이용을 가능하게 할 수 있다. 넷째, 갑작스러운 사고나 발병에 따른 위기사항에 대한 개입으로 위기상황으로부터 벗어날 수 있도록 해주는 조력자로서의 역할을 할 수 있다.

2) 암환자를 위한 의료사회복지실천활동

최근 각종 암환자가 증가하면서 각 병원들이 환자의 편의를 증진하고, 효율적인 진료를 목적으로 관련 진료과 및 다학제 간의 협진체계를 강화하고 센터중심의 치료형태로 변화하고 있으며, 사회복지사 역시 협진활동의 일원으로 활동하고 있다. 또한 암환자의 삶의 질 향상을 위한 '암환자의 디스트레스 관리 권고안'에도 심리사회적 사정 및 사회복지상담을 포함하고 있어 의료사회복지사의 활동에 대한 수요가 더욱 늘어날 전망이다.

3) 장기이식환자를 위한 의료사회복지실천활동

1999년 장기 등 이식에 관한 법률이 제정된 이후 장기이식 분야에서 사회복지사의 활동이 활성화되었다. 사회복지사의 활동이 주로 장기기증자와 수혜자 간의 순수성을 평가하는 직무를 수행하고 있지만, 수혜자나 기증자에 대한 심리·사회적 기능향상에 도움을 줄 수 있는 활동이 더욱 활성화되어야 하겠다.

4) 당뇨환자를 위한 의료사회복지실천활동

당뇨 분야는 다른 어느 임상 분야보다도 다학제적 팀워크가 활발하게 진행되어 사회복지사들의 높은 관심과 참여가 활발한 분야이다. 하지만 2003년 6월 당뇨환자에 대한 교육·상담 행위료가 비급여수가로 인정되면서 의사, 간호사, 영양사는 필수교육자로 인정하고 사회복지사는 필수교육자에서 제외되어, 독립적인 수가는 인정받지 못하고 각 병원에서 실시하고 있는 교육 프로그램의 강사로 포함되어 스트레스 관리 등 심리·사회적 지지부분의 교육을 담당하고 있다.

5) 호스피스 환자대상의 의료사회복지실천활동

정부는 2002년 8월 호스피스·완화의료 전문병원 지정, 건강보험수가 신설, 전문인력 육성 등의 내용을 골자로 하는 호스피스·완화의료법제화 추진내용을 발표하고, 2003년 5월 29일에는 암관리법이 제정되어 말기암 환자에 대한 체계적 관리기반이 마련되었다.

그러나 말기암 환자가 치료를 포기하고 호스피스를 받도록 유도한다는 오해에 대한 해법을 내놓지 못하고, 사회보장제도가 준비되지 못한 상태에서 시기상조라는 반대도 있었다. 이 법안은 호스피스 완화치료에 대한 부분만 2010년 5월 암관리법 개정안으로 흡수 처리되었다.

또한 2015년 12월 8일 호스피스 완화의료 관련 4개 법률안은 병합 축소 심사 후 대안을 가결했다. 보건복지위원회는 12월 9일 전체회의에서 김춘진 위원장의 직권으로 여타 법률안을 통합하여 호스피스 완화의료 및 임종과정에 있는 환자의 연명의료결정에 관한 법률안(대안)을 의결하였다.

이 법률안은 2016년 1월 8일 임시국회에서 호스피스 완화의료 및 임종과정에 있는 환자의 연명의료 결정에 관한 법률이라는 제명으로 국회 본회의를 통과했다. 재석 의원 203명 중 202명이 찬성했고, 1명의 의원만 기권했다. 이어 국무회의를 거쳐 2월 3일 공포되었다.

연명의료 중단 등 결정에 관한 부분은 2년의 유예기간을 거쳐 2018년 2월부터 시행되며, 호스피스 완화의료 대상 질환에 대한 국민건강보험 적용은 2017년 8월 4일부터 확대 시행되었다.

2. 의료사회복지의 과제

의료사회복지에서 의료환경의 변화는 위기이면서 동시에 기회로 나타날 수 있다. 다양한 의료사회복지실천이 전문화되기 위해서는 '의료법 시행규칙'이나 관계법령이 개선되어야 하며, 전문적 역할에 합당한 수가체계가 인정되어야 하며, 의료사회사업의 질 보장을 위한 모든 평가활동에 사회복지사가 관여할 수 있어야 한다(강흥구, 2004).

첫째, 인구고령회 진입과 만성적 노인성 질환이 계속 증가함에 따라 의료개념 또한 생리적 · 심리적 · 사회모델에 입각하여, 치유(cure)보다는 관리(management) 혹은 보호(care)의 관점이 강조될 것이다.

단기보호보다는 장기요양 진료체계 내에서 사회복지사의 역할이 재조명될 필요가 있으며, 만성퇴행성 질환관리와 예방에 대한 사회복지사의 역할기대가 증가할 것이다. 또한 지역사회의 자원연계가 중요하게 부각될 것이며, 재가서비스에 대한 요구와 사례관리에 대한 수요도 증가할 것이다. 따라서 사회복지사는 환자와 가족의 생활관리 및 포괄적 개입을 통하여 클라이언트의 삶의 통제력을 향상·관리시키는 데 집중해야 한다.

둘째, 의학산업 기술의 발달로 입원진료가 점차 외래진료로 재편될 것이다. 불필요한 입원이 제한되고, 환자의 시간가치를 존중하고 평균 재원일수를 단축시켜 만족도를 높이는 노력이 가속화될 것이며, 퇴원계획의 중요성이 계속 강조될 것이다. 따라서 사회복지사는 단기개입 기술의 향상과 새로운 프로그램 구축능력을 개발해야 한다.

셋째, 전 국민 건강보험시대에 진입하면서, 의료이용 욕구의 증가와 고급화된 서비스에 대한 기대로 인하여 의료비용이 증가할 것으로 예상된다. 정부에서는 양질의 의료서비스를 제공하는 동시에 비용을 통제해야 할 이중적 책임을 지고 있다. 2003년 계획되었던 포괄수가제의 확대실시가 미루어지긴 하였지만 정부나 보험자 단체에서는 적은 비용으로 소기의 의료성과를 획득할 것이다. 이에 사회복지사는 새로운 수가체계 개발, 퇴원계획 개발, 기술습득에 적극적으로 대처해야 한다.

넷째, 의료시장의 전면개방과 병원 간 치열한 경쟁은 의료의 전문화 속도를 가속화시킬 것이다. 의학기술의 발달, 첨단장비의 증가로 의료기관의 대형화, 전문화가 가속화될 것이다. 또한 경쟁력 확보를 위하여 병원, 중소병원 등은 전문병원, 요양병원으로 기능전환을 할 것이다. 따라서 사회복지사는 활용 가능한 프로그램의 개발에 적극적으로 주목해야 할 것이다.

다섯째, 서비스평가제도가 정착되면서 각 병원은 의료의 주체인 환자와 가족의 권익을 보호하기 위해 노력하지 않을 수 없게 되었으며, 질적 서비스를 제공하지 않으면 안 되는 상황이 되었다. 이제 의료기관 및 종사자들은 수요자의 욕구를 감안한 접근이 필요하여 수요자를 만족시키지 못하는 병원은 도태하게 된다. 의료사회복지 부문에서도 이러한 환경변화에 민감하게 대처해야 하며, 전체 병원경영에 기여할 수 있는 프로그램뿐 아니라 사회복지서비스 이용자의 만족도를 제고하는 방안을 강구해야 한다.

생각해 보기

1. 보건의료에 있어서 의료사회사업의 기능은 더욱 중요해지고 있는데 여러분의 생각을 토론해 봅시다.
2. 의료사회복지사의 역할에 대해서 여러분의 생각을 토론해 봅시다.
3. 의료사회복지의 특징에 대해서 여러분의 생각을 토론해 봅시다.
4. 의료사회복지의 전망과 과제에 대해서 여러분의 생각을 토론해 봅시다.

연습문제

01 의료사회복지사의 가장 기본이 되는 역할이며 주로 상담의 기법을 활용하는 것은?

① 사례관리자 역할
② 행정가 역할
③ 치료자 역할
④ 교육자 역할
⑤ 집단지도자 역할

해설 사회복지사 역할의 종류와 크게 다르지 않으나, 의료현장과 관련된 특성이 반영되어 있다. 치료자 역할, 교육자 역할, 집단지도자 역할, 행정가 역할, 지역사회자원 개발 및 연결자 역할, 사례관리자로서의 역할이 이에 해당한다.

02 다음 중 한국 의료사회복지실천에서 의료사회복지사가 정식 배치된 연도는?

① 1973년
② 1975년
③ 1977년
④ 1979년
⑤ 1985년

해설 **1973년 의료법 시행령 제24조 제2항 제5호** : 종합병원에 사회복지사의 채용을 의무화함으로써 병원에 사회복지사가 정식으로 배치되기 시작했다.

03 다음 중 의료사회복지의 특징이 아닌 것은?

① 정보의 비대칭성
② 치료의 불확실성
③ 공급의 법적 독점성
④ 수요의 불확실성
⑤ 수요의 규칙성

해설 의료사회복지는 사회보장의 여러 영역에 비해서 다른 특징을 가지고 있다. 정보의 비대칭성, 수요의 불확실성 및 불규칙성, 치료의 불확실성, 공급의 법적 독점성, 가치재(merit goods : 생존에 필요한 최소한의 의료서비스를 누릴 권리), 외부효과가 이에 해당한다.

04 다음 중 종합(전문)병원 응급실에서의 의료사회사업실천활동이 아닌 것은?

① 조력자로서 역할
② 관련정보를 치료과정에 반영
③ 응급실 사용의 효과성 소극화
④ 의료자원의 효율적인 이용 가능
⑤ 응급실 사용의 효율성 극대화

해설 의학환경의 변화로 응급실에서의 사회복지서비스 수요가 증대되었다.

05 **의료사회복지사 중에서 주로 의료현장에서 적절하고 정확한 정보수집을 하고 전달하는 역할을 하는 것은?**

① 사례관리자 역할
② 행정가 역할
③ 치료자 역할
④ 교육자 역할
⑤ 집단지도자 역할

해설 사회복지사 역할의 종류와 크게 다르지 않으나, 의료현장과 관련된 특성이 반영되어 있다. 치료자 역할, 교육자 역할, 집단지도자 역할, 행정가 역할, 지역사회자원 개발 및 연결자 역할, 사례관리자로서의 역할이 이에 해당한다.

정답 01. ③ 02. ① 03. ⑤ 04. ③ 05. ④

chapter 16

자원봉사

Chapter 16 자원봉사

제1절 자원봉사의 이해

1. 자원봉사의 개념

자원봉사란 낱말은 자원봉사, 'volunteer'라는 라틴어의 'voluntas(자유의지)'에서 유래된 용어이다. 'voluntas'는 자발, 자주, 임의, 자유의지 등 인간의 마음속에서 우러나오는 자유의사를 뜻한다. 우리나라에서는 자원봉사라는 용어 외에 자원활동, 자원복지 등으로 사용되고 있기도 하다.

현재까지 자원봉사에 대한 개념은 다양하게 언급되어 왔다.

인간은 본래부터 사회적 속성을 가지고 서로 교류하며 무엇을 성취하여 인정받고 타자에 대한 사회적 책임을 지고 새로운 경험을 해보고자 하는 자원봉사에 대한 본능적 욕구를 가지고 있다. 즉, 자원봉사활동이란 인간 공동의 행복을 지향하는 데 필수불가결한 요건으로 민주주의 철학을 기본으로 하여 개인, 집단, 지역사회의 문제를 해결하고 예방하는 노력으로, 그에 상응하는 대가(보수, 지위, 명예)를 바라지 않고 자발적으로 협력 또는 직접 참여하는 복지활동이라 할 수 있다(윤혜승, 1995). 일본 현대사회복지사전(仲村優一 外, 1982)에서는 자원봉사활동을 '자유로운 의지에 의한 자발성에 기반을 둔 실천행위 그 자체이고, 복지사회를 만들어 가기 위해 적극적으로 노력하는 의도적이고 계획적인 일상활동'으로 보았다.

미국 사회사업백과사전(NASW, 1995)에서는 '자원봉사자란 개인, 집단, 지역사회에서 발생하는 여러 가지 사회문제를 예방하고 통제하며, 혹은 개선하는 일에 종사하고 있는 공·사의 여러 조직체에 대하여 주어진 여러 가지 참여활동에 대한 가치에 상응하는 보수 없이 자발적으로 참여하는 개인'으로 정의하고 있다(류기형, 2002). 호주의 발독(Baldock)에 따르면 자원봉사자를 '민간기관, 공공기관, 사회행동, 사회복지문제에 관련된 자조집단 등에 무상으로 규칙적으로 자신의 시간, 에너지를 기여하는 사람'으로 정의하고 있어 무급성의 강조와 함께 자원봉사활동의 영역을 민간기관뿐 아니라 공공기관 사회행동, 자조집단까지 광범위하게 포함하고 있다(Baldock, 1990).

한국사회복지협의회(1987)에서는 '자원봉사활동이란 사회문제의 예방 및 해결 또는 국가의 공익사업을 수행하고 있는 공·사의 공식조직에 자발적으로 참여하여 영리적 보상을 받지 않고서도 인간존중의 정신과 민주주의 원칙에 입각하여 낯선 타인들을 상대로 필요한 서비스를 제공함으로써 사회의 공동선을 고양시킴과 동시에 이타심의 구현을 통해 자기실현을 성취하고자 하는 활동'으로 정의하고 있으며(박태영 외, 2009), 자원봉사자란 자신의 친족이 아닌 사람들을 위하여 자발적으로 무보수로 서비스하는 사람으로서, 일반적으로는 비공식적인 이웃과의 만남을 통해서라기보다는 어떤 공식조직을 통해서 서비스하는 사람이라고 정의하고 있다(박차상 외, 2001).

이상 살펴본 다양한 여러 정의의 개념적 차이에도 불구하고 대부분의 정의를 종합해 보면 자원봉사의 자발성과 공익성, 무보수성 등의 공통점을 제시하고 있다. 따라서 자원봉사는 '공익증진을 위하여 자발적으로 반대급부 없이 참여하는 복지활동'이라고 정의할 수 있다(양점도 외, 2010).

2. 자원봉사의 필요성

현대사회의 복잡·다양한 사회문제는 오늘날 정부의 노력만으로는 적절하게 대처할 수가 없다. 정부의 해결 노력과 함께 민간의 자발적인 참가 노력이 필요하다. 지역사회서비스 공급에 있어서 자원봉사활동이 필요한 배경을 살펴보면 다음과 같다(박경일 외, 2011).

1) 대인적 복지욕구의 증대

가족 내에 있는 노인, 아동, 장애인 등에 대한 케어나 보호, 부양능력이 점차 감퇴되어 감에 따라 자원봉사활동에 대한 요구가 점차적으로 증가되어 가고 있다. 더욱이 현대 가족 내에서나 친족 내에서 해결할 수 없는 문제가 가족의 기능을 약화시킨다거나 고령화시대의 도래에 따라 사회문제로 대두되고 있다. 보호 등과 같은 대인적 복지욕구에는 자원봉사활동이 일상적으로 쉽게 대응할 수 있으며, 재가복지활동에 대하여 사회적으로 큰 요구로 대두되고 있다.

2) 공적 서비스의 한계

지역사회복지는 기본적으로 공적·제도적 서비스의 일환으로서 지역주민의 생활안정과 지역사회복지의 정책목표로 삼아 시행되고 있는데, 지역사회복지의 수요가 날로 증대되어 감에 따라 공적·제도적 서비스의 한계가 나타나게 되었다. 자원봉사활동은 공적·제도적 서비스의 한계를 극복하고 그것을 완화시키기 위한 대응으로서 복지 인력자원의 충원과 복지 재정문제의 해결에 기여한다.

3) 새로운 복지관의 대두

시역복지, 장애인복지에서 통합화, 정상화의 새로운 복지관으로 인하여 기본적 인권문제를 일상생활상의 가치나 인식의 문제로 받아들여 바르게 하려는 시민운동이 전개되었다. 따라서 이러한 지역사회의 통합화와 정상화의 이념이 지역사회복지활동의 이념으로 대두됨에 따라 자원봉사활동에 대한 인식이 높아지고 확산되게 되었다.

4) 지역사회에 대한 관심의 증가

급속한 산업화로 인하여 생활의 장인 가정과 지역사회가 해체되면서 여러 가지 사회문제가 발생하자 이에 대응하기 위해서는 지역에 살고 있는 모든 지역주민이 책임의식과 공동체 의식을 가지고 지역사회의 문제해결에 적극적으로 참여해야 한다는 인식이 높아지고 있다.

5) 인간성의 회복

자원봉사활동이 그것과 관계있는 사람들의 인간성을 회복시켜 주는 데 커다란 역할을 하고 있는 것에 대한 인식과 평가가 높아지고 있다. 자원봉사활동을 통하여 사람들은 인간의 존엄성을 다시금 인식하게 되고, 다른 사람을 위한 배려의 중요성을 깨닫게 되어 자신을 발견할 수 있는 계기를 마련하게 된다.

제2절 자원봉사의 특성 및 영역

1. 자원봉사의 특성

인류 역사 이래 자원봉사활동이 계속 이어져 온 것은 자원봉사가 가지고 있는 이념이 인류사회 발전에 반드시 필요한 것이기 때문이다. 자원봉사의 정신이나 본질을 보다 명확히 이해하기 위해서 다양하게 행해져 오는 자원봉사의 특성을 살펴보면 다음과 같다(김기태 외, 2004).

1) 이타성

자원봉사는 어떤 자신의 이익이나 일시적 감정으로서가 아니라 이웃과 더불어 복된 삶을 살기 위하여 책임감을 가지고 공동체의 구성원이나 고난에 처한 한 사람 한 사람의 인간복지 향상을 목표로 활동하는 것이다.

2) 자발성

자발성이란 다른 개인, 집단, 조직에 의해 강요받지 않고 스스로 선택하고 결정하는 것을 말하는 것으로, 자원봉사활동이 금전적인 이득이나 대가가 없이도 오랫동안 다양한 형태로 지속될 수 있었던 것은 다름 아닌 그러한 활동이 타인의 강요나 억압에 의해 행해진 것이 아니라 타인을 돕고자 하는 자신의 자발적인 의지에서 비롯된 자유로운 활동이기 때문이다.

3) 무보수성

자원봉사는 금전적인 보수나 대가를 목적으로 해서는 안 된다. 한 시민으로서 당연히 해야 할 의무이며 무엇보다도 자신의 행복을 위해 하는 자발적 행동이므로 어떠한 대가도 바라지 않는 활동이라는 것이다.

4) 자아실현성

자원봉사를 통해 자신이 이전까지 느끼지 못하였던 자신에 대한 가능성과 잠재능력을 발견하고 무엇인가를 해냈다는 만족감, 성취감을 갖게 될 뿐 아니라 새로운 사람들과의 관계형성을 통해 인격적 성장과 더불어 자신을 사회적 존재로 자각하는 경험을 가지게 된다. 물론 모든 자원봉사자가 이런 동기를 의식하고 활동을 시작하는 것은 아니며, 또한 항상 이런 동기가 존재하는 것은 아니지만 이러한 자아실현성은 자원봉사활동의 지속성과 만족성에 영향을 미치는 중요한 요인이다.

5) 조직성

자원봉사에 대한 욕구를 파악하여 그들의 욕구에 맞는 자원봉사자를 모집하고 교육한 뒤 적합한 곳에 배치하고 자원봉사 전문 관리자로 하여금 관리, 감독하게 함으로써 자원봉사자가 최대한의 기능을 수행할 수 있도록 한다.

6) 교육성

자원봉사활동이 타인에게 얼마나 도움이 되었는가도 중요하지만 봉사활동의 준비나 실천과정에서 얼마나 교육적 효과를 얻었는가도 더없이 중요하다.

7) 지속성

자원봉사는 일회성이나 일시적인 충동적 활동으로 끝나서는 안 된다. 비록 자원봉사활동이 자발적인 동기에 의해 시작된다고 하더라도 일방적으로 끝나서는 곤란하며 일정 기간 동안 계속되어야 한다.

8) 복지성

자원봉사는 상부상조, 공동체 의식에 바탕을 둔 쌍방의 경험이며 상호 발전의 기회를 제공하고, 어려움에 처한 사람들이 인간의 존엄성을 유지하며 인간다운 생활을 보장받을 수 있도록 하는 데 이바지한다.

9) 민주성

자원봉사는 자발적인 참여를 통한 활동이므로 민주주의 철학과 관련이 깊다. 자원봉사활동을 행함에 있어 다양한 욕구를 가진 사람들과의 상호작용을 통해 서로의 의견을 절충하고 공동선을 지향할 수 있도록 함으로써 민주시민으로서의 자질을 배양하게 된다.

10) 개척성

자원봉사는 시민들의 자발적인 활동이므로 개별성, 창조성, 실험적인 노력 등을 발휘해서 공적 사회복지사업의 한계를 보완한다.

11) 공공성

자원봉사활동은 특정 개인이나 집단의 이익이 아닌 공익을 제일 우선의 목적으로 추구해야 하며, 자기 자신, 가족, 친족을 돕거나 영리를 목적으로 해서는 안 된다.

2. 자원봉사의 영역

자원봉사활동은 생활영역 전반에서 이루어지고 있다. 자원봉사활동의 도입기에는 빈곤자에 대한 부조활동과 노인이나 아동, 장애인 등 사회적 약자에 대한 보호활동이 주를 이룬 사회복지활동에 초점이 맞추어졌지만, 점차 보건의료 활동, 지역사회 안전유지, 문화 및 여가생활과 관련된 활동 등으로 관련 분야가 확대되고 있다.

우리나라의 자원봉사활동 영역은 <표 16-1>에서 보는 바와 같이 크게 보건의료, 교육, 종교, 사회복지, 환경, 공익·민간단체, 성인취미단체, 예술·문화·스포츠, 노동조합·직능단체·전문가단체, 정치조직·정당, 관공서, 청소년단체, 기업이나 민간재단, 국제기구 등에서의 활동으로 구분된다.

〈표 16-1〉 자원봉사의 영역

활동영역	활동내용 및 활동기관
보건의료기관	정신보건, 지적장애, 발달장애를 위한 일반 의료기관 및 재활의료기관, 약물 오남용 치료·예방기관, 질병연구 및 공공교육기관, 병·의원, 요양원, 호스피스, 위기상담·전화상담 서비스
교육기관	공·사립 초·중·고등교육기관, 도서관, 교육기관에서의 연구, 성인교육 비공식 교육기관에서의 활동
종교기관	종교 관련기관, 영성훈련기관에서의 활동

사회복지기관 (대인서비스)	노인 · 장애인 · 종합 사회복지관, 노인복지센터, 경로당, 어린이집, 쉼터, 주거환경 개선, 수양아이의 양육(양부모 역할), 가족상담, 소비자보호, 법률상담, 범죄 및 비행 예방, 노숙자 돕기, 실직자 취업상담, 먹거리 나누기
환경단체	생태계보호, 녹색가게, 쓰레기 문제 해결, 도시환경 미화, 우리 밀 살리기 운동, 야생동물 보호, 유기농산물 생협 운동
공익 · 민간단체	사회개혁, 언론개혁, 지방자치, YMCA, YWCA, 여성운동, 인권보호, 시민권리 찾기 운동, 지역사회 참여활동, 대변활동(장애인, 여성, 아동, 어르신, 실직자 등 사회적 약자), 주거권, 지역사회 생산자공동체, 자선단체, 소비자보호단체, 자원봉사단체
성인취미단체	요리, 꽃꽂이, 종이접기, 스포츠 동호회 등 클럽회원 활동
예술 · 문화 · 스포츠 단체	건축 디자인, 행위예술, 역사유적지 보호하기, 박물관, 미술전시, 오페라, 심포니 오케스트라, 사진전, 극장, 공공 TV와 라디오 코치, 감독, 레크리에이션 활동
노동조합, 직능단체, 전문가단체	노동조합, 농민단체, 신용조합, 변호사, 의사, 약사, 기술자 등 전문직종협회 활동
정치조직 · 정당	정당활동, 비당파적 정치 혹은 지역단체, 다른 정치적 목적의 단체들
관공서	구청, 동사무소, 소방서, 보건소 활동
청소년단체	YMCA 청소년사업부, 청소년상담원, 청소년폭력예방재단, 한국보이스카우트연맹, 한국걸스카우트연맹, 청소년상담소, 지역청년회 활동
기업재단 및 민간재단	기업 사회공헌 팀 활동
국제기구	국제구호활동, 유네스코, KOICA(국제협력단), UNDP, 교환학생봉사 프로그램, 개발도상국 경제개발활동

출처 : 볼런티어21(2002). 한국인의 자원봉사 및 기부현황.

제3절 자원봉사활동의 현황 및 관리과정

1. 자원봉사활동의 현황

국민의 자원봉사활동을 진작시키기 위해 법에 근거한 제도적 장치인 자원봉사활동기본법의 제정에 이어 2006년 2월 시행령 및 센터설치 규정이 제정되어 자원봉사활동이 정착되었다. 자원봉사활동기본법과 동법 시행령이 시행됨으로써 각 시 · 도와 시 · 군 · 구는 기존의 자원봉사활동 지원 조례를 개정하거나 새로운 조례 제정, 자원봉사활동 지원업무추진 등 관련제도의 정비를 통하여 자원봉사활동의 일대 전환기를 맞이하면서 자원봉사활동의 재도약을 기할 수 있게 되었다(신원식 외, 2011).

자원봉사의 현황조사(주성수 외, 2002)에서 시민단체와 자원봉사센터는 물론 기업, 병원, 문화예술, 스포츠, 국제활동 등을 포함한 1,317개 자원봉사단체를 조사한 결과 우리나라의 자원봉사단체의 위상을 다음과 같이 정리할 수 있다.

① 긍정적인 측면

- 자원봉사단체의 고른 지리적 분포
- 자원봉사단체의 각계 및 각 분야에 걸친 고른 분포
- 비교적 많은 수의 자원봉사자 참여
- 자원봉사활동 분야와 대상집단의 포괄성과 다양성 제시

② 부정적인 측면

- 짧은 역사적 전통
- 정부역할에 대한 지나친 의존
- 열악한 인력과 재원
- 비지속적이며 학생층의 편중된 참여 실태
- 비체계적인 자원봉사업무 추진

따라서 우리 사회에서 자원봉사활동을 하고 있는 단체를 중심으로 현황을 살펴보고자 한다(김동배, 2005).

1) 한국자원봉사능력개발연구회

1987년 발족된 이 연구회는 소외계층을 위한 자원봉사자 양성에 주력하고 있으며, 주요 기능은 자원봉사자의 양성, 배치 및 활용, 조사·연구 및 교육, 출판, 국제자원봉사단체와의 교류, 청소년 자원봉사 프로그램의 개발, 호스피스 운동 등이 있다.

2) 한국자원봉사협의회

1994년 36개의 자원봉사단체들이 모여 결성한 전국적인 자원봉사단체로서, 2018년 기준 125개 회원단체(시민사회, 재계, 교육계, 종교계, 의료계 등)와 250여 개 협력단체로 구성된 한국자원봉사협의회는 건강한 시민사회의 상징이자 근간으로서의 자원봉사의 중요성과 회원단체들을 기반으로 한 자원봉사 상설 민간협의체의 필요성을 공감했던 시민사회 · 정부 · 기업들의 초이념적이고 초당파적인 협력 속에 설립되었다. 이제는 우리나라를 대표하는 자원봉사단체 협의회로 성장하고 있다.

3) 사회복지자원봉사 정보안내센터

1994년 체계적이고 효율적인 자원봉사를 위한 정보관리체계의 구축 및 전문성 향상을 도모하고 자원봉사단체의 교류 협력과 홍보 및 교육체계화에 이바지하고자 한국사회복지협의회 부설로 만들어졌다. 주요 기능은 자원봉사자 관리업무의 전산화 소프트웨어 개발, 각종 자료 수집 및 정보 제공, 안내 및 상담, 교육, 훈련 및 교육교재 개발, 조사 연구 및 프로그램 개발, 시 · 도 자원봉사정보안내센터 운영을 하고 있다.

4) 자원봉사센터

봉사활동에 참여하기를 원하는 지역사회 내의 주민들을 자원봉사활동에 적극적으로 참여하도록 지원하고 있다. 주요 기능은 자원봉사자에 대한 상담과 조언, 자원봉사에 대한 인정 및 보상, 자원봉사의 조직화, 봉사 프로그램의 개발, 봉사자 관리, 자원봉사 정보관리 등이다. 현재 우리나라의 자원봉사센터는 정부부처별 지원에 따라 구분되어 광역시 · 도 또는 시 · 군 · 구 단위에 설치되어 운영되고 있다.

5) 한국자원봉사포럼

1995년 10월에 설립되어 자원봉사 활성화를 위한 대중교육과 인식 제고 및 정책제안 등에 관한 포럼을 운영하고 있다.

2. 자원봉사활동의 관리과정

자원봉사활동의 관리과정은 계획 및 업무설계, 모집, 교육훈련, 배치, 평가, 인정과 승인 등의 연속된 과정으로 구성된다. 자원봉사활동 관리과정이 단순한 임시방편으로 운영되어서는 곤란하며 자원봉사활동의 이념과 중요성을 인식하여 보다 체계적이고 과학적인 관리과정을 도입하여 자원봉사자의 효율적 활용방안이 강구되어야 한다. 이러한 자원봉사관리에 필요한 각각의 과정 및 그 의의를 정리하면 다음과 같다(남기민, 2011).

1) 모 집

적합한 자원봉사자를 모집하려면 어디서 어떻게 발견하고 자원봉사에의 참여를 호소하며, 업무에 투입해야 하는가를 면밀하게 고찰해야 한다. 자원봉사자 모집에서 고려해야 할 사항은 다음과 같다.

① 업무를 확실히 규정해야 하고 이에 적합한 사람들을 모집할 수 있는 사람을 물색한다.

② 자신이 모집하려는 사람들이 어떤 욕구 및 동기를 가지고 있는지를 확인한다.

③ 이들에게 의미 있는 업무를 약속하는 것이다.

2) 배치 및 업무부여

사회복지기관은 프로그램에 자원봉사자를 배치하기 전에 전반적인 오리엔테이션을 실시한다. 오리엔테이션을 통한 기관, 클라이언트, 자원봉사활동에 대한 이해가 중요하며 개방적 자세로 자원봉사자들과 의견을 교환하는 것이 필요하다. 이러한 과정을 통해 자원봉사자들로부터 사회복지기관과 프로그램 활동에 대한 신뢰를 쌓는 것이 무엇보다도 중요하다.

오리엔테이션이 끝나면 자원봉사자의 욕구, 능력, 참여동기, 기관의 필요성 등을 종합적으로 고려하여 자원봉사자들을 기관의 프로그램에 배치하고, 업무가 부여되어야 한다. 이때 중요한 것은 자원봉사자가 수행해야 할 업무분장을 정확히 해주는 일이다. 업무분장은 다음과 같다.

① 자원봉사자에게 사회복지기관의 자원봉사 프로그램에 관한 정보를 제공하는 역할을 한다.
② 자원봉사자에게 그들이 하는 임무가 대단히 중요하고, 기관이 필요로 한다는 사실을 인식시키는 역할을 한다.
③ 자원봉사자와 기관의 직원 간의 관계를 명확하게 구분해 준다.

3) 교육 및 훈련

자원봉사자가 모집, 심사, 선발되고 일정한 업무를 배정받으면 그들의 업무수행을 위해 교육 및 훈련을 받도록 해야 한다. 자원봉사자 또는 직원을 훈련시키는 가장 중요한 목적은 그들의 업무수행 또는 성과를 증진하는 데 있다. 자원봉사훈련은 다음과 같다.

① 특정한 업무를 시작하기 전에 기관의 목적, 정책, 구조절차 그리고 클라이언트에 대한 이해를 증진시키는 사전훈련 또는 오리엔테이션
② 특정한 업무에 대한 이해를 도와주는 준비훈련(강의 및 관찰)
③ 현직에서 업무에 필요한 지식 및 기술을 증진시키는 현직훈련
④ 가능한 한 각 개인의 최대한의 잠재력 개발을 위한 계속훈련 및 교육
자원봉사 프로그램의 효과와 성공을 위해서는 자원봉사자뿐만 아니라 직원들에 대한 훈련도 동시에 이루어져야 하며, 또한 직원과 자원봉사자가 함께 훈련받는 기회가 필요하다. 따라서 훈련의 상황은 자원봉사자 훈련, 자원봉사자가 효과적으로 일할 수 있게 도와주는 직원의 훈련,

직원과 자원봉사자의 팀워크 훈련, 자원봉사자와 직원의 자기개발훈련 등으로 상정할 수 있다.

4) 지도 · 감독 및 평가

자원봉사자를 활용하는 대부분의 사회복지기관들은 자원봉사자를 지도·감독하는 슈퍼바이저를 두고 있다. 효과적인 지도·감독을 위해서 고려할 사항은 다음과 같다.

① 업무에 관해서는 완벽한 지시를 주고 어떤 질문에도 응답할 준비를 해야 한다.
② 기관이 기대하는 것을 명확히 전달한다.
③ 자원봉사자의 활동에 인정과 감사를 표시한다.
④ 부적절한 행동을 바로잡을 수 있게 돕는다.
⑤ 자원봉사자의 욕구를 충족시키는 데 융통성을 발휘해야 한다.

평가는 자원봉사자 프로그램의 관리에 중요한 관리도구가 된다. 자원봉사자 개개인의 업무수행 및 성과 그리고 자원봉사 프로그램에 대한 전반적 평가는 자원봉사자는 물론 자원봉사 프로그램의 장단점을 분명하게 밝혀준다.

평가는 모집시기부터 상호 계약되고 통보되어야 하며, 정기적으로 이루어져야 한다. 그러나 평가 자체로서 충분한 것이 아니고 평가결과에 따라서 행동을 취해야 하고, 업무수행과 서비스를 증진시키기 위해 필요한 변화를 시도해야 한다.

5) 인정과 보상

자원봉사 프로그램의 가장 큰 과제 중의 하나는 자원봉사자의 유지(지속성)이다. 이를 위해 활용되는 것이 인정과 보상으로서, 이는 자원봉사자들로 하여금 경험이 만족스럽도록 하고 그들을 격려해서 계속 활동할 수 있게 하는 중요한 매개체의 역할을 한다.

우리나라에서의 보상제도는 정신적 만족을 주는 문화적 보상(봉사원 간의 친목회 주선, 기관의 각종 행사 초대·회식에 동참, 기관 간행물 우송, 취미 교양강좌 개설, 표창)과 물질적 만족을 주는 경제적 보상(교통비 지급, 소액수당 지급, 일반적 수당 지급 등)으로 나누어 보았을 때 전체적으로 문화적 보상수준이 보다 더 우세하게 나타나고 있다. 특기할 것은 각종 보상제도 중 필요경비지급제도는 봉사활동의 지속기간과 아무런 상관관계가 없는 것으로 나타나 자원봉사자의 보상제도는 정신적 측면의 보상이 강조되어야 한다는 사실이 밝혀졌다.

인정과 보상의 전달에는 각 개인의 자원봉사 동기 및 욕구가 가장 우선적으로 고려되어야 한다. 따라서 자원봉사자를 개별화하여 의미 있는 보상을 실시하는 것이 관리자의 중요한 임무이다. 예를 들어, 성취지향적인 사람에게는 가장 의미 있는 인정 및 보상이 더욱 책임 있고 중요한 업무의 부여가 될 수 있고, 권력지향의 사람에게는 다른 봉사자를 훈련시킬 수 있는 기회 부여 등이 될 수 있다(김상균 외, 2002).

제4절 자원봉사활동의 원칙 및 과제

1. 자원봉사활동의 원칙

다양한 자원봉사활동 영역에서 활동하기 위해서 고려해야 할 원칙들은 다음과 같다(양점도 외, 2010).

1) 인권의 존중 원칙

자원봉사활동의 출발점은 모든 인간은 그 무엇과도 바꿀 수 없고 그 무엇으로부터도 침해받거나 무시될 수 없는 존엄성을 가지고 있다는 것을 인식하는 것이다. 진정한 의미를 가진 자원봉사활동은 가진 자가 못 가진 자에게 베

푸는 것이나 도와주는 것이 아니라, 자신에게 있는 것을 필요한 사람과 나누는 것이고 친구가 되는 것이다.

2) 민주주의 정신의 원칙

자원봉사는 민주주의를 바탕으로 하여 존재하는 것이다. 민주적인 생각과 방법을 자원봉사활동 장면에 적극적으로 활용하여야 한다. 특히 단체로 자원봉사활동에 참여하는 사람들은 그 단체의 조직과 운영에 있어서 민주적인 방식과 절차를 따라야 할 것이다.

3) 공공성과 시민성의 원칙

자원봉사활동은 공공성과 사회성을 바탕으로 한 활동이다. 이것은 주체적인 개인이 인권, 민주주의, 자치라고 하는 공동체적 이념에 따라 행동하는 것을 의미한다. 자원봉사는 국가라든지 특정 종교, 이데올로기를 초월한다는 원리에 의해서 인간과 인간이 연대해 사회문제를 해결하고자 하는 것이다. 이에 자원봉사활동은 공공성과 시민성을 지향하고 존중하는 방식으로 진행되어야 한다.

4) 자원봉사의 목적화의 원칙

자원봉사는 그 자체가 목적이지 다른 목적을 성취하기 위한 수단으로 이용되어서는 안 된다. 즉, 선거에서 득표하기 위한 수단으로, 기업의 홍보수단으로, 전문기술을 연마하기 위한 수단으로, 점수나 학점을 따기 위한 수단으로 이용되어서는 안 된다.

2. 자원봉사활동의 과제

자원봉사활동에 대한 중요성은 점점 높이 인식되고 있으며, 자원봉사활동을 둘러싼 환경은 더욱 변화되고 있다. 최근 자원봉사활동의 경향은 자원봉사자의 수적 증대와 참여계층의 확대 및 활동·내용의 다양화라고 할 수 있다. 이러한 다양한 변화와 관련하여 자원봉사활동의 활성화를 위한 과제를 제시하면 다음과 같다(박경일 외, 2011).

1) 추진체계의 과제

자원봉사활동 추진체계와 관련하여 구체적인 내용을 살펴보면 다음과 같다.

첫째, 자원봉사활동을 총괄·지원·조정할 수 있는 전담기구가 없다. 자원봉사활동에 대한 조사연구, 교육훈련, 상담지도, 수급조정, 홍보 및 개발, 집회장소 제공, 각종 자료의 제공, 국내외 교류, 사고보장 수속, 프로그램 개발 등의 전문적 기능을 통합 관리·전담할 수 있는 공식적 전문자원봉사조직이 없다. 따라서 이들을 전담해서 육성, 추진해 나가는 기구의 신설이 필요하다.

둘째, 자원봉사 육성·추진기관 간의 통합조정시스템이 구축되지 않아 상호협력관계가 부족한 실정이다. 자원봉사자는 소속된 특정 기관이나 단체만의 지원이 아니라 지역사회 전체의 자원이라는 '자원의 지역사회 공유개념'이 도입되어 지역사회 단위로 자원봉사 데이터베이스를 구축하고, 이를 공동으로 활용할 수 있도록 네트워크를 구축할 필요가 있다.

2) 관리체계의 과제

자원봉사활동 관리체계와 관련하여 구체적인 내용을 살펴보면 다음과 같다.

첫째, 자원봉사관리에 대한 전문기술과 지식을 가진 자원봉사관리자가 부족할 뿐만 아니라 배치가 이루어지지 않고 있다. 자원봉사관리자의 배치는 체계적 홍보 부족, 담당부서의 관리 및 교육능력의 미흡, 교육 및 운영에 필요한 프로그램 개발의 미비, 평가 및 지원체계의 부족 등의 문제에 대해 보다 효과적으로 대처할 수 있게 할 것이다.

둘째, 자원봉사관리 과정의 전문성과 체계성이 부족하다. 자원봉사자관리도 직원관리와 같이 대등하게 중요함을 인식하고 과학적이고 체계적이며 전문적인 업무분장, 지도・감독 교육훈련, 유인책 등의 포괄적 관리체계를 도입해야 한다.

셋째, 자원봉사자에 대한 교육과정을 체계화・전문화하는 것도 중요하다. 자원봉사자의 특성과 서비스의 대상 및 유형을 고려하여 이에 대한 이해를 제고하고 봉사기술을 습득하여 적용할 수 있는 실효성 있는 교육이 되도록 해야 한다.

넷째, 보상체계가 미흡하다. 자원봉사활동기본법의 제정으로 인정과 보상에 대한 체계가 규범화되어 있지만, 자원봉사활동기관이나 시설이 각각의 인정과 보상기준을 가지고 있어 체계적 인정과 보상이 되고 있지 못하므로 참여형태의 다양성을 고려한 현실적 검토와 실행을 위한 보상체계가 마련되어야 한다.

생각해 보기

1. 자원봉사의 다양한 개념 및 필요성에 대해서 여러분의 생각을 토론해 봅시다.
2. 다양하게 행해져 오는 자원봉사의 특성 및 영역에 대해서 여러분의 생각을 토론해 봅시다.
3. 자원봉사활동의 관리와 원칙에 대해서 여러분의 생각을 토론해 봅시다.
4. 자원봉사활동의 과제에 대해서 여러분의 생각을 토론해 봅시다.

연습문제

01 **다음 중 자원봉사의 특성에 포함되지 않는 것은?**

① 강압성　　② 자발성
③ 무보수성　　④ 복지성
⑤ 이타성

해설 자원봉사의 정신이나 본질을 보다 명확히 이해하기 위해서 자원봉사의 특성을 살펴보면 이타성, 자발성, 무보수성, 자아실현성, 조직성, 교육성, 지속성, 복지성, 민주성, 개척성, 공공성이 있다.

02 **다음 중 자원봉사의 필요성이 아닌 것은?**

① 대인적 복지욕구 증대　　② 개인서비스 한계
③ 새로운 복지관 대두　　④ 인간성 회복
⑤ 공적 서비스 한계

해설 지역사회서비스 공급에 있어서 자원봉사가 필요한 배경은 대인적 복지욕구의 증대, 공적 서비스 한계, 새로운 복지관 대두, 인간성 회복, 지역사회에 대한 관심 증가이다.

03 **자원봉사단체의 위상에서 부정적인 측면이 아닌 것은?**

① 정부역할에 대한 지나친 의존
② 열악한 인력과 재원
③ 짧은 역사적 전통
④ 비체계적인 자원봉사업무 추진
⑤ 비교적 많은 수의 자원봉사자 참여

해설 자원봉사단체의 위상에서 긍정적인 측면은 자원봉사단체의 고른 지리적 분포, 비교적 많은 수의 자원봉사자 참여, 자원봉사단체의 가계 및 각 분야에 걸친 고른 분포, 자원봉사활동 분야와 대상집단의 포괄성과 다양성 제시 등이 있다.

04 **자원봉사활동의 관리과정이 아닌 것은?**

① 모집　　② 교육훈련
③ 상담　　④ 배치
⑤ 인정과 승인

해설 자원봉사활동의 관리과정은 계획 및 업무설계, 모집, 교육훈련, 배치, 평가, 인정과 승인 등의 연속된 과정으로 구성된다.

05 **자원봉사활동의 원칙이 아닌 것은?**

① 인권의 존중 원칙
② 민주주의 정신의 원칙
③ 공공성과 시민성의 원칙
④ 전문성과 체계성의 원칙
⑤ 자원봉사의 목적화의 원칙

해설 다양한 자원봉사활동 영역에서 활동하기 위한 원칙으로는 인권의 존중 원칙, 민주주의 정신의 원칙, 공공성과 시민성의 원칙, 자원봉사의 목적화의 원칙들이 있다.

정답 01. ① 02. ② 03. ⑤ 04. ③ 05. ④

감정기 외(2009). **지역사회복지론**. 서울 : 나남출판.
강용규(2016). **사회복지개론**. 서울 : 청목출판사.
강용규 외(2011). **사회복지개론**. 경기 : 공동체.
강흥구(2004). **의료사회복지실천론**. 경기 : 학현사.
고승덕 외(2003). **사회복지개론**. 서울 : 교문사.
고용보험 인터넷서비스. www.ei.go.kr
곽형식 외(2008). **아동복지론**. 경기 : 공동체.
국민건강보험공단. www.nhic.or.kr
국민연금공단. www.nps.or.kr
권선진(2008). **장애인복지론**. 서울 : 청목출판사.
권육상 외(2010). **사회복지개론**. 경기 : 공동체.
권중돈 외(2011). **사회복지개론**. 서울 : 학지사.
권진숙 외(2008). **사회복지개론**. 경기 : 공동체.
김근혜 · 서보준(2022). 출산장려금 지원정책에 대한 사회적 인식 연구 : 빅데이터 및 네트워크 분석을 중심으로, **한국영유아보육학회**, 132, 127-149.
김기원(2007). **사회복지법제론**. 서울 : 나눔의집.
김기태 외(2004). **사회복지의 이해**. 서울 : 박영사.
김동배(2005). **시민사회와 자원봉사**. 서울 : 학지사.
김빈수 외(2009). **사회복지개론**. 경기 : 공동체.
김상균(1983). 이데올로기에 비추어 본 사회복지정책의 유형 구분. **사회복지**, 76.
김상균 외(2002). **사회복지개론**. 서울 : 나남출판
김상균 외(2006). **사회복지개론**. 서울 : 나남출판.
김성봉 외(2017). 청소년의 학업스트레스와 학교생활적응 관계에서 자아탄력성의 조절효과. **한국산학기술학회논문지**, 18(8), 145-151.
김성천 외(2011). **사회복지학개론**. 서울 : 학지사.
김수연(2013). 전문계 고등학생들의 진로 의사결정 유형, 진로결정 자기효능감, 자아존중감, 불안이 학교생활 부적응에 미치는 영향. 호서대학교 대학원 석사학위논문.
김승의 외(2008). **현대사회복지개론**. 경기 : 공동체.
김안호 외(2002). **사회복지학개론**. 서울 : 청목출판사.
김엘림(1999). **윤락행위 방지법 개정을 위한 연구**. 서울 : 한국여성개발원.
김영종(2006). **사회복지행정**. 서울 : 학지사.

김영화 외(2011). **사회복지개론**. 경기 : 정민사.
김용균(2009). 청소년복지 증진을 위한 청소년 수련시설 실태운영 연구 – 고양시 청소년 수련관을 중심으로. 서강대학교 대학원 석사학위논문.
김은주(2007). 지역사회복지 실천가의 경험에 관한 연구 – 지역사회네트워크 변화와 실천가의 성장을 중심으로. 서울시립대학교 대학원 석사학위논문.
김헌수 · 김현실(2001). 재범 비행청소년의 예측인자 분석. **신경정신의학회지**, 40(2), 279-291.
김형수 외(2011). **사회복지개론**. 경기 : 정민사.
김혜리(2013). 청소년의 대인관계 스트레스와 학교생활적응 간의 관계에서 긍정적 정서의 조절효과. 중앙대학교 대학원 석사학위논문.
남기민(2001). **현대사회복지학의 이해**. 서울 : 양서원.
______(2004). **사회복지정책론**. 서울 : 학지사.
______(2011). **사회복지학개론**. 경기 : 양서원.
남상만(2003). **장애인복지론**. 서울 : 홍익재.
남연희 외(2010). **장애인복지론**. 경기 : 공동체.
남일재 외(2007). **사회복지개론**. 경기 : 학현사.
남일재 외(2016). **사회복지개론**. 경기 : 공동체.
노인장기요양보험. www.longtermcare.or.kr
류기형 외(1999). **자원봉사론**. 서울 : 양서원.
문진영(1999). 국민기초생활보장법의 제정의 쟁점과 운영방안에 관한 연구. **한국사회복지학**, 38, 100-125.
박경일(2008). **사회복지정책론**. 경기 : 공동체.
박경일 외(2000). **사회복지학강의**. 서울 : 양서원.
박경일 외(2001). **사회복지학강의**. 서울 : 양서원.
박경일 외(2002). **사회복지학강의**. 서울 : 양서원.
박경일 외(2004). **사회복지학강의**. 경기 : 양서원.
박경일 외(2011). **사회복지학강의**. 경기 : 양서원.
박경호 외(2010). **사회복지개론**. 경기 : 양서원.
박광준(2004). **고령사회의 노인복지정책**. 경기 : 현학사.
박기선(2011). 사회복무요원의 윤리성 및 사회복지의식이 직무만족에 미치는 영향. 고려대학교 대학원 석사학위논문.
박병현(2004). **사회복지정책론**. 경기 : 현학사.
박상범(1999). **사회보험론**. 부산 : 세종출판사.
박상하 외(2009). **사회복지개론**. 경기 : 양서원.
박석돈 외(2008). **사회복지개론**. 경기 : 양서원.
박석돈 외(2010). **사회복지개론**. 경기 : 양서원.
박석돈 외(2012). **사회복지개론**. 경기 : 양서원.

박선태 외(2017). **노인복지론**. 경기 : 공동체.

박영미 · 양지훈(1999). 사회복지행정 평가의 개선방안. **한국거버넌스학회, 6**.

박옥희(2008). **사회복지개론**. 서울 : 학지사.

_____(2008). **사회복지의 이해**. 서울 : 학지사.

박용순(2001). **사회복지개론**. 서울 : 학지사.

_____(2008). **사회복지개론**. 서울 : 학지사.

박정란 외(2014). **청소년복지론**. 경기 : 양서원.

박종삼 외(2002). **사회복지학개론**. 서울 : 학지사.

박종삼 외(2008). **사회복지개론**. 서울 : 학지사.

박종화(1996). 정상 · 비행청소년의 부모 양육태도와 통제부위 신념의 차이에 대한 연구. 인하대학교 대학원 석사학위논문.

박차상 외(2001). **현대사회복지학**. 서울 : 양서원.

박차상 외(2005). **한국노인복지론**. 서울 : 학지사.

박차상 외(2006). **사회복지학개론**. 경기 : 학현사.

박태영(2009). **지역사회복지론**. 경기 : 학현사.

배기효 외(2009). **사회복지개론**. 서울 : 창지사.

백종만 외(2002). **사회복지학개론**. 서울 : 학지사.

법무부연수원(2015). 청소년범죄현황.

보건복지가족부(2009). **2008년 보건복지가족백서**. 서울 : 보건복지가족부.

보건복지부. www.mohw.go.kr

_________(2003). 장애등급 판정기준.

_________(2010). 2010 보건복지통계연보.

_________(2010). 의료급여사업 안내.

_________(2011). 2011년도 국민기초생활보장사업안내.

생각의마을(2017). **스토리가 있는 사회복지행정론**. 경기 : 공동체.

서상목 · 최일섭 · 김상균(1988). 사회복지전달체계의 개선과 전문인력 활용방안. 서울 : 한국개발연구원.

서보준 외(2010). 그룹홈 청소년과 일반가정 청소년의 일상생활스트레스가 학교생활적응에 미치는 영향 : 대구광역시를 중심으로. **미래청소년학회지, 7**(4), 1-26.

서보준 외(2017). **사회복지행정론**. 경기 : 양성원.

서보준 외(2018). **사회복지정책론**. 경기 : 공동체.

성규탁(1993). **사회복지행정론**. 서울 : 법문사.

성무원(2003). **복지국가의 공공부조**. 서울 : 한솜미디어.

성민선 외(2005). **사회복지개론**. 서울 : EM커뮤니티.

성영혜(2002). **사회복지개론**. 서울 : 형설출판사.

손영민(2016). 비행친구가 청소년 비행에 미치는 영향 : 자기통제력의 조절효과를 중심으로. 서울대학교 대학원 석사학위논문.

송근원 · 김태성(1993). **사회복지정책론**. 서울 : 나남출판.

__________(1995). **사회복지정책론**. 서울 : 나남출판.

신동순(2007). 지역밀착형 포괄적 복지서비스에 관한 연구. 고려대학교 대학원 석사학위논문.

신현석(2009). **장애인복지론**. 경기 : 공동체.

심의보 외(2017). **사회복지개론**. 경기 : 양서원.

양봉민(1999). **보건경제학**. 서울 : 나남출판.

양옥경(2004). 한국 사회 안전망의 현황과 대책 : 가족문제와 사회안전망. 한국사회복지학회 심포지엄(조선일보 공동주최). 기획주제발표.

양옥경 외(2010). **사회복지실천론**. 서울 : 나남출판.

양옥남 외(2009). **노인복지론**. 경기 : 공동체.

양점도 외(2010). **사회복지개론**. 경기 : 공동체.

양점도 외(2011). **사회복지개론**. 경기 : 공동체.

여성가족부(2005). 여성발전기본법.

________. www.mogef.go.kr

오영재 외(2004). **뉴밀레니엄 시대의 청소년복지론**. 서울 : 대왕사.

원석조(2006). **사회복지정책론**. 경기 : 공동체.

_____(2010). **사회복지개론**. 경기 : 양서원.

_____(2017). **노인복지론**. 경기 : 공동체.

유공순 외(2007). **사회복지개론**. 경기 : 양서원.

윤철수 외(2006). **학교교육과 복지**. 경기 : 양서원.

윤철수 외(2008). **사회복지개론**. 서울 : 학지사.

윤혜승(1995). **볼런티어 활동의 정신**. 서울 : 학문사.

이경희 역(2003). **장애인의 역량강화**. 서울 : 시그마프레스.

이광재(2002). **의료사회사업원론**. 서울 : 인간과 복지.

이미경(2016). 청소년 범죄의 재범 예방 위한 대책 연구. 연세대학교 대학원 석사학위논문.

이미진(2008). 장기요양보험제도의 문제점 및 개선방향. **복지동향, 11월호**. 참여연대 사회복지위원회.

이성기(1995). **공공복지전달체계의 전문화(Ⅰ)**. 서울 : 한국보건사회연구원.

이소희(2005). **아동복지론**. 경기 : 학현사.

이소희 외(2001). **현대가족복지론**. 서울 : 양서원.

이영철 외(2000). **사회복지학**. 서울 : 양서원.

이장호 외(2004). **상담심리학의 기초**. 서울 : 학문사.

이채식 외(2010). **장애인복지론**. 서울 : 창지사.

이필환 외(1999). **사회복지실천이론의 토대**. 서울 : 나눔의집.

이혜순(2013). 청소년의 자아분화 수준 및 자아존중감이 학교생활 적응에 미치는 영향. 한국콘텐츠학회논문지, 13(1), 333-341.

이혜원(2004). 노인복지론. 서울 : 유풍출판사.

임병우 외(2017). 노인복지론. 경기 : 공동체.

임춘식 외(2007). 사회복지학개론. 경기 : 공동체.

장동일(2004). 사회복지행정론. 서울 : 학문사.

장민지(2017). 청소년의 학교부적응이 SNS 중독 경향성에 미치는 영향 : 자아존중감의 조절효과. 국민대학교 대학원 석사학위논문.

장인협 · 이정호(1992). 사회복지행정. 서울 : 한국사회복지협의회.

장인협 외(1999). 아동청소년복지론. 서울 : 서울대학교출판부.

장인협 외(2007). 사회복지개론. 서울 : 서울대학교출판부.

장인협 · 최성재(2006). 노인복지학. 서울 : 서울대학교출판부.

장휘숙(2004). 청년심리학. 서울 : 학지사.

전용호(2003). 장애인복지. 서울 : 학문사.

전재일 외(2001). 사회복지개론. 서울 : 형설출판사.

전재일 외(2009). 사회복지개론. 서울 : 형설출판사.

정무성 외(2007). 장애인복지개론. 경기 : 학현사.

정민숙 외(2005). 여성복지론. 경기 : 양서원.

정민숙 외(2007). 사회복지개론. 경기 : 공동체.

정영숙 외(2008). 장애인복지론. 경기 : 학현사.

정정길(1989). 정책학원론. 서울 : 대명출판사.

정현태 외(2017). 사회복지정책론-이론과 실제. 서울 : 창지사.

조원탁 외(2010). 사회복지법제론. 경기 : 양서원.

조추외 외(2001). 가족복지론. 서울 : 창지사.

조흥식 외(2008). 사회복지학개론. 서울 : 창지사.

조흥식 외(2009). 사회복지학개론. 서울 : 창지사.

최 웅 · 황희숙(2008). 사회복지개론. 서울 : 형설출판사.

최병민(1999). 정신과 입원환자의 퇴원계획 프로그램이 퇴원 후 서비스 이용에 미치는 영향요인 연구. 정신보건사회사업, 9.

최일섭(2007). 민간사회안전망과 지역사회복지. 민간사회안전망운동 범국민협의회.

최일섭 · 류진석(1999). 지역사회복지론. 서울 : 서울대학교출판부.

최일섭 · 이현주(2006). 지역사회복지론(개정판). 서울 : 서울대학교출판부.

통계청(2004). 고령자통계.

______(2011). 장래인구추계결과.

______(2015). 장래인구추계.

한국사회복지행정학회(2014). 사회복지정책론(제2판). 경기 : 양서원.

한국사회복지사협회(2003). 제5회 전문사회복지사 자격시험 자료집.
한국사회복지협의회. www.bokji.net
한미현 외(2008). 아동복지. 서울 : 창지사.
한성심 외(2009). 아동복지론. 서울 : 창지사.
한인영 외(2000). 의료사회사업론. 서울 : 학문사.
한인영 외(2011). 사회복지개론. 서울 : 학지사.
현외성 외(2011). 사회복지학의 이해. 경기 : 양서원.
황선영 외(2009). 사회복지정책론. 서울 : 창지사.
홍봉수 외(2017). 사회복지개론. 경기 : 공동체.
仲村優一外 編(1982). 現代社會福祉辭典. 全國社會福祉協議會.

Abraham H. Maslow(1954). *Motivation and Personality*. New York : Harper & Row.
Baldock, Cora Vellekroop(1990). *Volunteers in Welfare*. Sydney : Allen and Unwin.
Beck, A. T.(1967). *Depression : Clinical, Experimental and Theoretical Aspects*. New York : Harper & Row.
Biestek, F. P.(1957). *The Casework Relationship*. Chicago : Loyola University Press.
Bradshaw, J.(1972). The Concept of Social Need. *New Society, 496*.
Compton, B. K., & Galaway, B.(1984). *Social Work Processes*. Homewood, Ill : The Dorsey press.
D. Donnison(1964). *Social Policy and Administration*. London : Allen & Unwin.
Dunham, A.(1970). *The New Community Organization*. New York : Crowell.
Forder, A. et al.(1984). *Theories of Welfare*. London : RKP.
Fridlander, W. A.(1959). *Introduction to Social Welfare*. Englewood Cliffs, N. J. : Prentice-Hall.
Friedlander, Walter. A., & Apte, Robert. Z.(1980). *Introduction to Social Welfare*. Englewood Cliffs, N. J. : Prentice-Hall.
Furniss, N., & Tilton, T.(1979). *The Case for the Welfare State From Social Security to Social Equality*. Bloomington : Indiana University Press.
Gibert, N., & Terrell, P.(2002). *Dimensions of Social Welfare Policy*. Boston : Allyn and Bacon.
Gilbert Neil & Specht Harry(1974). *Dimensions of Social Welfare Policy*. Englewood Cliffs, New Jersey : Prentice-Hall, Inc.
____________(1986). *Dimensions of Social Welfare Policy*(2nd ed.). Englewood Cliffs, N. J. : Prentice-hall.
Gulick, L., & Urwick, L.(1966). *Papers on the Science of Administration*. New York : John Wiley.
Hasenfeld, Y.(1983). *Human Service Organizations*. Englewood Cliffs, New Jersey : Prentice Hall.
Kirst-Ashman, K. K.(2003). *Introduction to Social Work and Social Welfare : Critical Thinking Perspectives*. CA : Thomson.

Macrov, D.(1978). *The Design of Social Welfare*. New York : Halt. Rinehart and Winston.

Mauss, M.(1990). *The Gift : The Form and Reason for Exchange in Archaic Societies*. Translated by W. D. Halls. W. W. Norton.

Murdock, George P.(1949). *Social Structure*. New York : Macmillian.

NASW(1995). *Encyclopedia of Social Work*. 조흥식 외 공역(1997). 가족복지학. 서울 : 학지사.

Neugeboren, B.(1985). *Organization, Policy and Practice in the Human Service*. New York : Lonman.

Niebuhr, R.(1932). *The Construction of Religion to Social Work*. New York : Columbia University Press.

Perlman, H. H.(1974). *Social Casework*. Chicago : University of Chicago Press.

Piccard, B. J.(1975). *An Introduction to Social Work*. Homewood : The Dorsey Press.

R. Titmuss.(1974). *Social Policy*. London : Allen & Unwin.

Regensburg, J.(1938). An Attempt to See Casework Apart from the Related Professions. A. AP. S. W. Newsletter, 7.

Rejda, G. E.(1999). *Social Insurance and Economic Security*(6th ed.). N. J. : Prentice-Hall.

Richmond, M.(1922). *What is Social Casework* 7. New York : Russell Sage Foundation.

Ross, M. G.(1967). *Community Organization : Theory, Principles, and Practice*(2nd ed.). New York : Harper & Brothers.

Rothman, J.(2001). Approaches to community intervention. In J. Rothman, J. L. Erich, & J. E. Tropman(Eds.), *Strategies of Community Intervention*(5th ed., 6th ed.). Itasca, IL : F. E. Peacock Publishers, Ins.

Skidmore. R. A., & Thackeray, M. G.(1982). *Introduction to Social Work*(3rd ed.). Englewood Cliffs, N. J. : Prentice-Hall, Inc.

________________(2000). *Introduction of Social Work*(8th ed.). Boston : Allyn and Bacon.

Strauss, A.(1964). *Psychiatric Ideologies and Institutions*. New York : The Free Press.

Strong, B., & Devault, C.(1992). *The Marriage and Family Experience*. West Publishing.

Sutherland, Edwin H.(1947). *Principles of Criminology*(4th ed.). Philadelphia : Lippincott.

Titmuss, R. M.(1974). *Social Policy : An Introduction*. London : Allen & Unwin.

Toseland, R. W., & Rivas. R. F.(1995). *An Introduction to Group Work Practice*. Needham Height, M. A. : Allyn and Bacon.

Townsend, Peter et al.(1970). *The Fifth Social Service*. London : Fabian Society.

Watson, D.(1985). *A Code of Ethics for Social Work*. London : RKP.

Weil, M., & D. Gamble(1995). *Community Practice Models, Encyclopedia of Social Work*(19th ed.). New York : National Association of Social Workers.

WHO(1980). *International Classification of Impairment, Disabilities and Handicaps*. Geneva.

_____(1997). ICIDH-2 : *International Classification of Impairment, Disabilities. and Participation* (Beta-1 Draft). Geneva.

_____(2001). ICF : *International Classification of Functioning. Disability and Health*.

Wikenden, E.(1965). *Social Welfare in a Changing World*. U. S. Department of health, Education and Welfare.

Wilensky, H. L., & Lebeaux, C. N.(1965). *Industrial Social and Welfare*. New York : The Free Press.

Woodrow, J. D.(1983). Casework : A Psychosocial Therapy. In C. H. Mayer(Ed.), *Clinical Social Work in the Eco-systems Perspective*. New York : Columbia University press.

Zastrow, C.(2000). *Introduction to Social Work and Social Welfare*(7th ed.). Belmont, CA : Wadsworth.

_________(2000). *Social Work with Groups*. Brooks/ Cole.

Zastrow, C., & Kirst-Ashman, K. K.(1997). *Understanding Human Behavior and the Social Environment* (4th ed.). Chicago, IL : Nelson-Hall Publishing.

Zastrow, R., Thackeray, M., Farlly, O., Smith, L., & Boyle, S.(2000). *Introduction to Social Work*(8th ed.). Boston : Allyn & Bacon.

찾아보기

인 명

내 용

저/자/소/개

■ 서보준

대구가톨릭대학교 대학원 졸업(사회복지학 석사)
대구한의대학교 대학원 졸업(사회복지학 박사)
현) 한국국제대학교 사회복지학과 교수
한국공공사회학회 운영이사, 경상남도 하동군 노인종합복지관 운영위원장 및 사례관리 솔루션 자문위원, 경상남도서부권지역 노인보호전문기관 위원장 外 다수

〈주요 논문 및 저서〉

- 출산장려금 지원 정책에 대한 사회적 인식 연구 : 빅데이터 및 네트워크 분석을 중심으로(공저, 2022).
- 사회복지전공 대학생의 전공만족도와 진로준비행동과의 관계에서 진로결정자기효능감의 매개효과-(서보준, 2021) 外 다수
- 사례관리론(2022), 사회복지정책론(2022), 노인복지론(2020), 사회복지조사론(2018), 아동권리와 복지(2017) 外 다수

■ 김우호

경운대학교 대학원 졸업(사회복지학 석사)
대구가톨릭대학교 대학원 졸업(사회복지학 박사)
현) 성운대학교 아동보육복지상담과 교수

〈주요 논문 및 저서〉

- 독거노인의 사회적지지가 죽음불안에 미치는 영향관계에서 자아통합감의 매개효과(공저, 2020)
- 특수교육실무원의 직무환경이 소진에 미치는 영향-자기효능감의 매개효과를 중심으로(공저, 2019)
- 사례관리론(2022), 사회복지행정론(2021), 사회복지조사론(2018) 外 다수

■ 김영자

대구가톨릭대학교 대학원 졸업(사회복지학 석사)
대구대학교 대학원 졸업(철학 박사)
현) 대구공업대학교 사회복지경영계열 조교수

■ 서민호

대구대학교 대학원 졸업(사회복지학 석사)
대구한의대학교 대학원 졸업(사회복지학 박사)
현) 영남외국어대학교 사회복지과 교수

사회복지학개론

|공저자| 서보준 · 김우호 · 김영자 · 서민호

|1판 1쇄| 발행 2023년 3월 3일

|발행인| 김 동 훈
|발행처| 공 동 체

|주소| 경기도 고양시 일산동구 호수로 358-39
동문타워 I 905호(백석동)
|전화| 031) 814-3000(대표)
|팩스| 031) 814-3100
|홈페이지| http://www.compub.co.kr
|전자우편| compub@naver.com
|출판등록| 2005년 10월 6일
|등록번호| 제396-2005-36호

|ISBN| 979-11-6725-266-1
정가 22,000원